BEI ZEUS

BEI ZEUS!

Die klassischen Sagen der Griechen
mit heidnischer Freude
neu erzählt von
Michael Korth

 Eichborn.

Die Deutsche Bibliothek – CIP-Einheitsaufnahme

Korth, Michael:
Bei Zeus! : die klassischen Sagen der Griechen / mit
heidnischer Freude neu erzählt von Michael Korth. –
Frankfurt am Main : Eichborn, 1995
ISBN 3-8218-2130-2

© Vito von Eichborn GmbH & Co. Verlag KG,
Frankfurt am Main, Oktober 1995
Umschlaggestaltung: Rüdiger Morgenweck
Gesamtherstellung: Fuldaer Verlagsanstalt GmbH,
36003 Fulda
ISBN 3-8218-2130-2
Verlagsverzeichnis schickt gern:
Eichborn Verlag, Kaiserstraße 66, D-60329 Frankfurt am Main

Inhalt

MYTHOLOGIE

ist die Gesamtheit der Glaubensinhalte eines primitiven
Volkes, betreffend seinen Ursprung, seine
Frühgeschichte, seine Heroen, seine Gottheiten und so
weiter, im Unterschied zu den wahren Berichten, die es
später erfindet.

Ambrose Bierce

1
Die Erschaffung der Welt
– So wie es wirklich war –

Am Anfang kein Wort. Nicht einmal ein Mucks. Die Welt ist ein rabenschwarzes geflügeltes Chaos und grenzenlos langweilig. Irgendwo in der Dünsternis flattert Eros, der Liebesgott, und schießt blind Liebespfeile in die trostlose Nacht. *Nicht mal 'ne Sternschnuppe als Zielscheibe*, quengelt er.

Just in diesem Augenblick verirrt sich ein Pfeil und trifft Gaia, die ebenfalls im Nichts umherirrende Erdgöttin, mitten ins jungfräuliche Dreieck. Gaia greift sich erschrocken an die empfindsame Stelle. Ein süßer Schmerz durchrieselt ihren Leib. Sie ringt nach Luft – ein Liebesseufzer hallt durchs All. Ihre Augen funkeln vor Lust. Sie weiß nicht ein noch aus. Weit und breit kein Mann.

Eros, das einzige Lebewesen außer ihr, ist längst zweihundert Lichtjahre entfernt. Er hat gar nicht gemerkt, wen sein Pfeil geritzt hat.

Vor Sehnsucht nach einem Liebhaber umarmt Gaia sich selbst, streichelt ihre Brüste, kost ihr Rosensträuchlein und stöhnt: *Je t'aime* (auf altgriechisch natürlich).

Ihre Verwirrung ist grenzenlos wie das düstere Nichts. Doch wunderbarerweise gelingt es ihr, den fehlenden Partner zu ersetzen. Ein phänomenales Kunststück. Madame ist plötzlich schwanger und weiß nicht von wem. Sie denkt: *Du lieber Himmel!* Und damit hat der Bengel, der wenig später aus ihrem Schoß in die Finsternis blinzelt, seinen Namen: Uranos, wie die alten Griechen sagen.

Gaia strahlt vor Mutterglück, als das Kerlchen an ihren Brüsten lutscht und so sonnig lächelt, daß es Tag wird.

Die schöne Stillzeit währt so lange, bis Uranos in den Stimmbruch kommt und ihm Haare auf der Brust wachsen. Da mag er schließlich keine Muttermilch mehr, er verlangt nach delikateren Sachen.

Und Mama sagt nicht nein. So werden Gaia und Uranos das erste Liebespaar der Weltgeschichte.

Jede Nacht umarmen sich Himmel und Erde, verströmt Uranos fruchtbares Naß in die geheimen Öffnungen ihres Leibes. Aus dem Schoß der schönen Erde sprießen Gras und Gänseblümchen, Kuckucksblumen und Kartoffeln, Birken und Stinkmorcheln, Mondastern, Sonnenblumen, Glücksklee und Pechnelken; entspringen Grashüpfer und Filzläuse, Frösche, Känguruhs und Gamsböcke; entschweben Nachtigallen und Motten, Tagfalter und Bremsen, Fledermäuse, Mücken und Adler – kurz, alles Getier und Gepflanz dieser Erde.

Uranos' Himmelsnaß sammelt sich in Rinnsalen auf Gaias Haut. Es wird zu Bächen und Strömen, füllt Falten und Mulden. So entstehen Seen, Teiche, Meere, Tümpel und Ozeane.

Die hemmungslose Lust wird jede Nacht rauschend befriedigt. Dabei machen sich Mutter und Sohn so herzhaft Luft, daß all die Winde entstehen, die seitdem um die Erde jagen.

Aus Gaias erlöstem *Aahh* wird der sanfte Zephir, der duftige Westwind; aus Uranos' Gestöhn der von Norden stürmende Boreas; aus dem erstickten Gekeuch der brennende Schirokko; aus dem sehnsüchtigen Gedanken die aufmunternde Brise; aus den Bächen dampfenden Schweißes der schwüle Monsun.

Aber diese Luftgespinste sind nur die Stiefkinder ihrer stürmischen Leidenschaft. Denn in Gaias Schoß wachsen die tollsten Monster heran; gegen sie sind Rübezahl und Godzilla harmlos.

Zuerst kriechen aus dem tunnelgroßen Geburtskanal die hundertarmigen Riesen Briareos, Gyges und Kottos, ungeschlachte Glatzköpfe mit Glupschaugen, Metzgerhänden und Spatzenhirnen.

Danach schenkt Uranos seiner Holden ein weiteres Paar Drillinge, drei herzige Brüder mit nur je einem Auge. Dies schmückt ihre Stirn so apart, daß die poetischen Eltern sie Kyklopen nennen, verdolmetscht:

Ringäugige. Die klobigen Kerle werden Schmiedemeister und Mauerbauer. Einem wird später Odysseus ein Dorn im Auge sein.

Eines Tages werden die drei ihrem Erzeuger unheimlich. Ihre Pubertät macht sich unangenehm bemerkbar. Sie lungern verdächtig nah um die einzige Dame des Weltalls herum und versuchen, sich an sie ranzumachen. Da taucht Uranos auf. Seine Stirn umwölkt sich, die Augen sprühen Blitze. Wortlos packt er die Ringaugen an den Zotteln und schmeißt sie vor ihrer entsetzten Mutter in den Abgrund unter der Erde. Tartaros heißt dieser infernalische Keller. Er ist von der Erde so weit weg, daß nach den Berechnungen eines antiken Mathematiklehrers ein abstürzender Amboß genau neun Tage braucht, um am Estrich dieser Schummerwelt zu zerschellen.

Tagelang noch heulen die triebhaften Opfer über ihren Rausschmiß. Aber ihr Gewinsel wird mit zunehmender Tiefe immer dünner und verhallt schließlich.

2
Ein unnützes Glied der Gesellschaft
– Uranos wird entmannt –

Gaia ist empört über den Rausschmiß ihrer Lieblinge. Aber sie läßt sich nichts anmerken. Sie gibt sich lasziv und verführerisch, um so rasch für weiteren Nachwuchs zu sorgen. Uranos hat ein schlechtes Gewissen.

Um sich wieder lieb Kind zu machen, steigt er aus seinem Lendenschurz, läßt sich an Gaias Seite nieder und zeugt drauflos. Dabei strengt er sich so phantastisch an, daß es diesmal Zwölflinge werden; sechs kantige Knaben und sechs mollige Mädels. Die glücklichen Eltern nennen die urigen Kleinen Titanen und verpassen ihnen Namen, die so schwer zu behalten sind wie die russischer Außenminister: Okeanos, Koios, Krios, Hyperion, Iapetos und Kronos, der Jüngste. Die lieblichen Töchter hören auf Theia, Rhea, Themis, Mnemosyne, Phoibe und Thetis.

Die Zwölflinge haben gesunden Appetit. Sie wachsen so kräftig heran, daß Uranos bald Futterneid hat. *Haltet euch ein bißchen zurück*, schreit er und steckt die verfressene Brut kurzentschlossen in eine Höhle. Damit sie nicht wieder naschen können, rollt er ein halbes Gebirge davor.

Er ahnt nicht, daß Gaia ihm den Rausschmiß der Kyklopen noch immer nicht verziehen hat. Die neue Untat ist der Gifttropfen, der ihre Galle schäumen läßt. Gaia sinnt auf Rache. Sie brütet ein Strafe aus, die den Prügelvater ihrer Kinder Mores lehren soll.

Heimlich nimmt sie mit den eingebuchteten Titanen Kontakt auf. Sie beklagt sich: *Kinder, euer Papa ist ein Mistkerl. Erst hat er eure großen Brüder, die Kyklopen, in den Tartaros geworfen, dann hat er euch in diese naßkalte Höhle gesperrt. Wir müssen ihn zu Verstand bringen.*

Das finden die Kellerkinder auch. Es entsteht eine langatmige Diskussion, bis Mama ihnen im richtigen Moment einen Sicheldolch aus Feuerstein unter die Nasen hält. Die Maulhelden erbleichen. Nur Kronos, Vater der Zeit, rasch und nicht zu bremsen, greift energisch nach der Gelegenheit, Chef des Clans und Herr der Welt zu werden.

Mach dir keine Sorgen, Mutter. Wir werden uns den Alten schon vornehmen und seine Macht beschneiden. Gaias Augen glänzen. Sie faßt Kronos bei der Hand und führt ihn zum Tatort. Dort verbirgt sie ihn in der Nähe des Lagers.

Mitten in der Nacht kommt Uranos. Gaia hat ihn schon erwartet. Sie räkelt sich lüstern und geizt nicht mit ihren Reizen. Uranos ist schnell über ihr. Das Drama nimmt seinen Lauf. Gaia gibt dem lauernden Kronos einen Wink. Mitten im Akt kriecht er von hinten an seinen Papa heran, streckt die Linke aus und greift energisch nach Uranos' Gemächt. Der Sicheldolch zischt funkelnd durch die Nacht. Uranos' Lustgestöhn schlägt in Schmerzgeheul um. Es wird ein schrecklicher Interruptus, denn als der Herr sich eilig von der Dame zurückzieht, spritzen Blut und Sperma in Gaias Schoß. Die mächtigen Genitalien fliegen zusammen mit dem Kastriermesser vor der Insel Kythera ins Mittelmeer.

Da hab' ich einen guten Schnitt gemacht, höhnt Kronos, als er seinen Papa hodenlos davonrasen sieht.

Uranos' letztem Liebeskampf entspringen drei gräßliche Weiber, die Erinnyen namens Allekto, Tisiphone und Magaira, wahre Furien, die Vatermord und Meineid rächen, sowie die Eschennymphe Meliai.

Die Hoden samt Glied treiben herrenlos auf den Meereswogen. Aus ihnen wächst das lieblichste Geschöpf aller Zeiten (siehe Kapitel 7).

Uranos aber hängt wehmütig an der verlorenen Liebe. Nacht für Nacht steigt er zu Mutter Erde herab, um sie zu begatten. Aber daraus kann nichts mehr werden. Ohne Hobel keine Späne.

3
Kyklopen machen Kulleraugen
– Auf Segelohren in den Tartaros –

Kronos ist der Held der Stunde. Seine Schwestern umschwärmen ihn, die Brüder verehren ihn, und Gaia schwebt vor Mutterglück: *Junge, jetzt sei so lieb und hol deine großen Brüder, die Kyklopen, aus dem Tartaros zurück.* Kronos strahlt in Siegerlaune. Er stellt sich breitbeinig vor seine Geschwister: *Meine Lieben. Dank Mutters Feuersteindolch und meiner Tatkraft ist die Welt vom Tyrannen befreit. Zur Friedensfeier möcht Mutter ihre verbannten Söhne einladen. Dafür müßt ihr eine neun Tage lange Strickleiter zusammenbasteln.*

Behend machen sich die Titanen an die Häkelarbeit. nach 36 499 Tagen ist die Kletterausrüstung fertig.

Kronos betrachtet das kilometerlange Wunderwerk. *Erstklassige Titanenarbeit. Koios soll die Kellerkinder anrufen, damit sie sich zum Aufstieg fertig machen.*

Koios brüllt mit seiner Trompetenstimme neun Tage in den Tartaros, bis den Kyklopen die Hosenbeine flattern.

Durch den Höllenlärm wabert dünn die Antwort der Verbannten. Die Titanen lassen die Strickleiter in den Abgrund hinab. Das dauert siebzehn Tage, denn ihr spezifisches Gewicht ist geringer als das eines Ambosses.

Neugierig linsen die Titaninnen. Zunächst riechen sie nur, dann hören sie asthmatisches Keuchen, bis sie klobige Schatten sehen und entsetzt davonrasen. Sie haben das erste Kyklopen-Glupschauge ihres Lebens gesehen. Ein unvergeßlicher Anblick.

Blöde Weiber, schreckhaft wie Hühner, raunzt Kronos nervös. Gebannt stehen Gaia und ihre Söhne um die Strickleiter. Auf der obersten Sprosse erscheinen klodeckelgroße Hände mit Maulwurfskrallen. Dann schiebt sich teleskopartig ein Glupschauge über den Rand, und ein 33 Meter langer Lulatsch hüpft Gaia an den Hals. Schon kriechen zwei weitere aus dem Tartaros.

Die Titanen sind entsetzt zurückgewichen. So häßlich haben sie sich ihre Brüder nicht vorgestellt.

Gaia trocknet die Freudentränen und stellt die verlorenen Söhne dem neuen Familienchef vor: *Das ist Kronos, euer Heldenbruder.*

Hallo, Kleiner. Danke für die Strickleiter, grinsen die Kyklopen. Mit Zwergen wie den Titanen geben sie sich erst gar nicht ab. Denn eben tauchen die hundertarmigen Riesen auf.

Die Drillinge kennen sich von früher. Sie schütteln sich so lange die Hände, bis es Kronos mulmig wird. Die großen Brüder scheinen sich verdammt gut zu verstehen. Kronos wittert Konkurrenz. Es wurmt ihn, wie die sich an seine Schwestern heranmachen.

Tatsächlich knutschen die Glupschaugen inzwischen die knackigen Titaninnen ab. Kronos und die Titanen beben vor Eifersucht.

Ehe die dösigen Kyklopen dies bemerken, kriegen sie eins aufs Stielauge, daß ihnen Hören und Sehen vergeht. Dann werden sie am Schlafittchen gepackt und als Fallschirmspringer eingesetzt. Ohne Schirm versteht sich. Und weil sie so gut in Fahrt sind, schmeißen ihnen die Titanen gleich die hundertarmigen Riesen in den Tartaros nach. Gaia heult vor Schmerz. Schließlich hat sie sich das Familienfest anders vorgestellt:

Kronos, du Hundesohn! Verflucht sollst du sein von Ewigkeit zu Ewigkeit. Das wird dir heimgezahlt werden wie einst deinem Vater.

Sie verpaßt ihrem Jüngsten eine Ohrfeige, zieht sich den Schleier übers verhärmte Gesicht und entschwebt ins All. Seitdem rotiert sie dort um die eigene Achse.

4
Liebe geht durch den Magen
– Kronos' babyzarter Speiseplan –

Das häßliche Gesindel hat die Fliege gemacht, ruft Kronos gutgelaunt. *Nun wird gefeiert und getrunken, das Pack ist in den Tartaros gesunken.*

Das lassen sich die Titanen nicht zweimal sagen. Sie saufen, bis ihre Schwestern ihnen schöner als Rauschengel erscheinen. Rhea zwinkert Kronos aufmunternd zu. Brüderchen und Schwesterchen kommen sich näher, und ein paar Jahrzehnte später bekommt sie ein hübsches Mädchen, das sie auf den unchristlichen Namen Hestia tauft.

Kronos findet die Kleine lustig. Er spielt von morgens bis abends mit ihr. Plötzlich aber fällt ihm Gaias Fluch und Prophezeiung ein. Wenn das nun Wahrsagerei war? Ihm bricht der Schweiß aus. Hestia plärrt.

Schluß mit dem Geschrei, du Vatermörderin!

Wütend reißt Kronos das Maul auf und verschlingt das herzige Baby. *Nun hat die arme Seele Ruh*, ächzt der Unmensch und wird richtig schön müde.

Kurz darauf wird er unsanft am Bart und aus dem Schlaf gerissen: *Kronos, wo ist Hestia?*

Kronos, Blickkontakt meidend: *Was weiß ich. Ich bin doch kein Kindermädchen.*

Rhea rast davon, um ihr Kind zu suchen.

Der Kannibale schleckt sich genüßlich die Lippen.

Hestia bleibt verschollen, und nach und nach verschwinden auf rätselhafte Weise Demeter und Hera, Rheas weitere Töchter. Dann sind auch die kleinen Brüder Hades und Poseidon wie vom Boden verschluckt.

Rhea ist verzweifelt. Sie weint sich bei Gaia aus: *Kaum sind die Kleinen ein paar Monate alt, sind sie plötzlich weg. Immer wurden sie zuletzt bei Kronos gesehen. Ich habe einen entsetzlichen Verdacht.*

Gaia geht ein Licht auf: *Du hast recht. Er frißt die Kinder auf, damit er nicht vom eigenen Sohn abserviert wird.*

Rhea wird hysterisch: *Dann frißt er auch den Kleinen auf, den ich übermorgen zur Welt bringe. Was soll ich bloß machen?*

Gaia weiß Rat: *Beruhige dich. Übermorgen ist Neumond. Da steigst du, sobald es dunkel ist, auf den Berg Lykaion in Arkadien. Dort wirft kein Wesen Schatten. Nicht mal ein Gespenst. Wenn du den Kleinen abgenabelt hast, wäschst du ihn im Neda. Das ist der Fluß, der unten vorbeigurgelt. Dann legst du ihn trocken und gibst ihn mir. Den Rest besorge ich.*

Und wenn Kronos das Kind sehen will?

Kein Problem. Der ist dümmer als sein Vater.

Gesagt, getan. Kaum schreit das Baby in der Nacht, rast Rhea zum Fluß, wäscht es und reicht es Gaia.

Bei Zeus! Ein munteres Kerlchen, freut sich die Großmutter. Seitdem heißt er so.

Sie blinzelt Rhea verschwörerisch zu, stopft Zeus in ein Tragetuch und saust nach Kreta. Dort verbirgt sie den Säugling in der Diktischen Höhle. Kaum hat sie ihn niedergelegt, brüllt er wie am Spieß. Im Höhleneingang erscheint ein gehörntes weibliches Wesen mit freundlichem Gemecker. Es ist Gaias Vertraute, die Ziegennymphe Amaltheia, die Zarte. Sie stillt den Kleinen.

Wenig später kommen weitere Gäste. Die Eschennymphen Adrasteia und Io. Sie bringen dem Kleinen Honig und Gesellschaft, damit er sich nicht langweilt. Und Zeus bekommt einen Spielkameraden. Der Milchbruder heißt Pan, hat schon als Säugling imposante Geschlechtsteile, bläst bereits in der Wiege betörend Flöte, hat Bocksbeine, Hörner und ist scharf auf Nymphen und Schabernack.

Die Rettungsaktion verläuft wie geplant.

Doch Kronos hat den Braten gerochen. Schnüffelnd tigert er durch Griechenland *auf der Suche nach dem gestrigen Tag*, wie er Rhea munter versichert. Aber Rhea ist nicht von gestern und Gaia beunruhigt. Sie muß Zeus noch sicherer verstecken. Damit Kronos ihn weder im Himmel noch auf Erden oder im Meer findet, hängt sie Zeus in einer goldenen Wiege in eine Eiche. Um den Baum postiert sie bis an die Zähne bewaffnete Krieger.

Die Leibgarde sind die Kureten, Halbbrüder von Zeus aus Rheas Seitensprüngen mit unbekannten Liebhabern.

Mit ihren Speeren hauen sie fröhlich auf die Schilde und schreien dabei wild durch die Gegend, damit der Lärm das Kindergeschrei übertönt.

Die List glückt. Kronos brüllt: *Seid ihr verrückt?! Das ist Ruhestörung!*

Er ist das Babysuchen nun leid und fragt Rhea nach dem Nachwuchs.

Rhea mimt Verzückung: *O Kronos. Du willst unser Kind sehen? Ich dachte schon, es wäre dir egal. Es schläft auf dem Berg Thaumasion in Arkadien.*

Kronos schnauft befriedigt. Rhea lächelt ihm böse nach.

Mit Riesenschritten stürmt Kronos zum Gipfel. Tatsächlich liegt dort ein babygroßes Bündel. Er nähert sich ihm auf Zehenspitzen und piekst es vorsichtig mit dem Zeigefinger. Nichts rührt sich. Seine Rabenvaterhand schnellt vor. Ein Griff, ein Biß.

Anschließend reibt Kronos sich zufrieden den Bauch. *Ein harter Brocken. Das kann nur der kleine Vatermörder gewesen sein.*

Er ist erleichtert und beschließt, Rhea nicht mehr sexuell zu belästigen, damit sie kein weiteres Kuckucksei ausbrüten kann.

5
Der Kinderfresser kriegt das Kotzen
– Mit welcher List Zeus seine Geschwister rettet –

Jetzt, wo die Nachfolgeprobleme gelöst sind, geht Kronos entspannt seiner Lieblingsbeschäftigung nach: dem Zeittotschlagen. Doch er wird gestört. *Was bist du bloß für ein Dummbart*, zischt es. Kronos fährt auf:

Was? Ich bin der Herr der Welt!

Das wirst du nicht mehr lange sagen. Eine Klapperschlange ringelt sich um seinen Daumen. *Während du hier faulenzt, übt dein Sohn Zeus Karate.*

Unsinn, herrscht Kronos die Schlange an, *das Würstchen habe ich längst verspeist.*

Denkst du! Dein Sohnemann haust tatendurstig in einer Höhle auf Kreta... Und Kronos erfährt, was wir schon wissen.

Er rast los. Dabei tobt er über die Hinterlistigkeit der Weiber, daß man es bis Kreta hört. Als Zeus seinen Rabenvater heranbrausen sieht, erfindet er blitzschnell den ersten Zauberspruch der Weltgeschichte: *Timpe, timpe, timpe dei, dreimal schwarzes Schlangenei, dreimal zickzack hin und her, babbeldibu, ich bin der Bär.*

Sofort verwandeln sich seine drei Ammen in Ringelnattern und Zeus selbst in einen Pandabären.

Kronos stürmt von Höhle zu Höhle. Keine Spur von

seinem Thronräuber. Da läuft ihm der maskierte Zeus über den Weg. *He, Petz! Hast du hier zufällig einen kleinen Schreihals gesehen?*

Nö, brummt der zurück, *da hat dir einer einen Bären aufgebunden. Was soll denn auch ein Wickelkind allein in der Wildnis?* Das leuchtet Kronos ein. *Der Regenwurm hat sich mit mir einen Scherz erlaubt,* giftet Kronos, *dem werd ich den Schwanz langziehen.*

Seitdem ist die Klapperschlange zwei Meter lang.

Zeus wechselt eilig die Wohnung und versteckt sich in einer Höhle im Ida-Gebirge. Hier wächst er in knapp 75 Jahren zu einem stattlichen Mann mit klassischem Profil heran. Ein Herr vom Scheitel bis zum dicken Onkel. Und blitzgescheit.

Du bist zu etwas Höherem bestimmt, stacheln ihn Mutter Rhea und deren Busenfreundin, die Titanin Metis, auf. *Du mußt die Prophezeiung einlösen und den Kinderfresser abservieren. Dann bist du der Chef.*

Du hast gut reden, Mama, allein komm ich gegen den nicht an.

Dann mußt du halt deine Brüder und Schwestern aus ihm hervorkitzeln. Rhea entwickelt geduldig ihren Schlachtplan. *Kronos sucht einen Mundschenk. Das wirst ganz einfach du sein.*

Sie verkleidet Zeus und mixt einen höllischen Cocktail für Kronos, der morgens ohne Mettrunk nicht hochkommt.

Kronos klatscht in die Hände und verlangt nach seiner Kreislaufstütze. Zeus flitzt mit dem Becher heran. Kronos trinkt und läßt ein wohliges »Hach« folgen. Dann plötzlich wird er starr, ein Zittern durchläuft seinen Leib, die Augen quellen hervor. *Schnell*, gurgelt er, *Wasser... mir ist so elend.* Er kotzt und kotzt. Schließlich würgt er den Stein hervor, den er als Zeus verspeiste, und dann, gerade noch lebend, Rheas Söhne und Töchter.

Kronos tränen die Augen. Er sieht nichts, er hört nichts. Sein Magen kommt nicht zur Ruhe.

Zeus angelt seine zappelnden Geschwister aus dem Erbrochenen und begibt sich mit ihnen zum Neda, wo er sie gründlich abwäscht. Dann stellt er sich vor: *Ich bin Zeus, euer jüngster Bruder und rettender Engel. Wir werden unserem Erzeuger das Babyfressen abgewöhnen. Macht ihr mit?*

6
Götter üben den Zwergenaufstand
– Die Titanen kommen aufs Altenteil –

Wie erwartet, kommt es zum Bruderkrieg zwischen Göttern und Titanen. Kronos ist von der Kotzerei so geschwächt, daß die Titanen Atlas, einen Riesen mit Bodybuilder-Figur, zum Bandenchef wählen.

Zehn Jahre lang beschmeißen sich die Geschwister mit Felsen, prügeln mit Bäumen aufeinander ein. Ganz Griechenland ist mit ausgerissenen Ohren und Haaren übersät. Mutter Gaia ist fertig mit den Nerven.

Zeus, ruft sie ihren Lieblingsenkel, *hol endlich deine großen Brüder aus dem Tartaros.*

Zeus seilt sich heimlich in den Tartaros hinab. Dort bewacht die Gefängniswärterin Kampe die Kyklopen und die hundertarmigen Riesen.

Mit einem Handkantenschlag haut Zeus sie vom Hocker und reißt ihr den zentnerschweren Schlüssel vom Schürzenband. Kreischend öffnet sich die Eisentür. Die Kyklopen und Hundertarmigen kriechen aus der ewigen Nacht. Sie sehen schlimm aus. Ihre Bärte sind sieben Meter lang, der Lendenschutz schlottert um ihre Hüften. Zeus hat in seinem Rucksack Götterspeise und ein paar Flaschen Nektar-Auslese mitgebracht. Das bringt sie wieder auf die Beine.

Zeus erzählt die Kannibalenstory und bittet die schlagkräftige Verwandtschaft um Hilfe.

Der Chef-Kyklop holt aus einem Versteck eine Art Mistgabel, eine Tarnkappe und eine Handvoll sprühender Funken. Dann klettern die glorreichen Sieben die Strickleiter hinauf. Als sie nach 49 Wochen endlich festen Boden unter den Füßen haben, schenken die glücklich Befreiten ihren Götterbrüdern die Wunderwaffen. Poseidon bekommt die magische Mistgabel, die er Dreizack nennt, Hades die Tarnkappe und Zeus den Feuerzauber.

Mit diesem Kriegsgerät kriegt ihr Kronos klein. Sollte es trotzdem brenzlig werden, helfen wir euch.

Als mittags die Hitze über Griechenland flimmert, schleichen die drei Junggötter zu Kronos, der friedlich Siesta hält. Hades stülpt sich zitternd die Tarnkappe über und robbt nun unsichtbar zu Kronos. Er hockt sich neben den Schläfer und zieht behutsam eine Waffe nach der anderen unter dem Kopfkissen hervor. Beim letzten Stück schreckt Kronos hoch. Er blinzelt umher, sieht aber niemanden und läßt sich wieder in die Kissen sinken. Doch dann springt er auf: *Wer hat meine Waffen geklaut?*

Ich, ruft Hades. Kronos wirbelt auf den unsichtbaren Spötter zu. Aber der ist längst hinter einem Felsen. *Hier, du Kinderfresser.* Kronos jagt wütend der Stimme nach. Hades wechselt vor eine Eiche. Er läßt Kronos' Keule sehen.

Meine Keule! heult Kronos und stürzt auf den Baum zu. Er rennt sich die Nase ein. Als er wieder aufblickt, drückt ihm Poseidon die magische Mistgabel in die Rippen.

Kronos brüllt und will dem Sohn eine langen. Da zuckt ein Blitz. Zeus hat die neue Waffe ausprobiert, und Kronos sinkt bewußtlos in die Disteln.

Während Kronos handlich verpackt wird, bewerfen die hundertarmigen Riesen die Titanen mit Steinen. Es faucht, heult, pfeift und sirrt wie aus einer Stalinorgel. *Das ist unfair*, schreien die Titanen, aber sie halten stand. Erst als Pan kreischt, rasen sie in Panik davon. Jetzt wissen sie, wo das Wort herkommt. Dieser Kriegführung sind sie nicht gewachsen.

Gewonnen! brüllen die Hundertarmigen, just als die Götter mit ihrem Heldenpaket ankommen. *Ihnen nach!* kommandiert Zeus und schickt den Hasenfüßen ein Bündel Blitze hinterher.

Es donnert, knallt und zuckt wie bei einem Gewitter. Jeder Schuß trifft und schlägt in die Hinterköpfe der Titanen ein. Jetzt brauchen sie nur noch die Bewußtlosen einsammeln.

Zeus grinst zufrieden. *Was machen wir mit den Gefangenen? Drehen wir ihnen den Hals um, oder habt ihr einen besseren Vorschlag?*

Vielleicht, sagen die Hundertarmigen wie aus einem Mund (als Drillinge sprechen sie immer im Chor), *könnten wir Kronos zur Stabilisierung der Zeit am Arsch der Welt installieren. Dann macht er sich nützlich, darf sich aber nicht bewegen.*

Als was? Die Götter sind sprachlos.

Kronos wird als Zeitwächter festgenagelt und rund um die Uhr bewacht. Dann dreht sich die Weltzeit um ihn, und jeder weiß genau, wann das Mittagessen auf den Tisch kommt.

Das finden die Götter originell. Kronos wird mit den übrigen Titanen nach England gebracht, in Greenwich installiert und für alle Ewigkeit von den Hundertarmigen bewacht. Seither hat die Zeit einen geordneten Rhythmus.

Für Atlas, den muskelbepackten Titanenführer, denkt sich Poseidon eine ebenso hübsche Strafe aus: *Was ist, wenn wir Atlas als Himmelshüter einsetzen? Das Firmament schlingert immer so umher und hängt an manchen Tagen verdammt schief.*

Eine phantastische Idee, lobt Zeus.

Sie bringen den Verurteilten nach Nordafrika. Dort steht er bis heute auf dem höchsten Berg, stemmt den Himmel auf seinen Schultern ins All und hält ihn so im Gleichgewicht. Seitdem hat keiner mehr Angst, daß ihm der Himmel auf den Kopf fallen könnte.

Und was machen wir mit dem Stein, den Kronos ausge-kotzt hat? fragen die Göttinnen.

Meine Babyattrappe, sinnt Zeus, *den stellen wir als Zeugnis göttlicher Weisheit in Delphi auf. Dort kann er Leuten, die dumme Fragen stellen, stumme Antworten geben.*

7
Die schöne Mutter des Orgasmus
– Die Geburt der Liebesgöttin –

Während all diese sagenhaften Geschichten passieren, treiben Uranos' herrenlose Geschlechtsteile in der jung-fräulichen Ägäis.

Eines Morgens beginnt das Meer zu schäumen. Ge-heimnisvolle Töne steigen auf, vereinigen sich zu Melo-dien. Im Meer entsteht ein Strudel. Langsam zieht er Uranos' Gemächte in den Schoß der Ägäis hinab. Dabei verwandelt es sich in eine weibliche Gestalt. Kopf, Ar-me und Beine, Hände und Füße formen sich.

Vom Grund steigt die Verwunschene schwebend empor und tanzt nackt über die Wellen. Plötzlich schlägt sie ihre Sternenaugen auf: Aphrodite, die schaumgeborene Göttin der Liebe, ist erwacht.

Sie ist ungefähr sechzehn Jahre alt und bei weitem schöner, als Botticelli sie malen wird. Staunend blickt sie über das Meer. Liebesvögel steigen aus ihrem Schoß und umflattern sie.

Sie ruft ein Zauberwort. Eine Muschel zieht heran. Von zwei Delphinen gezogen, gleitet sie ans Ufer der Insel Kythera. Liebeslieder singend steigt sie an Land. Sie tanzt über die Insel, durchschreitet den Peloponnes und reitet von dort übers Meer zur Insel Zypern. Hier wandelt sie am Strand entlang nach Paphos.

Unter ihren Füßen sprießt das Gras, wachsen Blumen, Moos und Flechten. Wo sie ihr lachendes Gesicht zeigt, breitet Wärme sich aus. Themis' Töchter, die vier Jahreszeiten, fliegen herbei und schmücken sie. So kommt die Liebe in die Welt. Und jeder, der sie erblickt, ist ihr verfallen.

8
Seitensprung ins Tierreich
– Zeus verliebt sich in Hera –

Nachdem die Titanen strafversetzt sind, ist nichts mehr los. *Wo ich hinkomme: Langeweile*, klagt Zeus.

Er klettert auf den Berg Thornax in Argolis. Dort zumindest sollen hübsche Mädchen herumlaufen. Er verkriecht sich in einem Gebüsch, um die Lage diskret zu sichten.

Eines dieser Wunderwesen nimmt gerade, nur mit Ohrringen bekleidet, ein Sonnenbad.

Zeus kriegt Kyklopen-Augen. Behutsam nähert er sich. Da knackt ein Ast.

Zeus bleibt eine Entschuldigung im Halse stecken. Denn als sie sich umdreht, sieht er, daß es Hera, seine große Schwester, ist.

Hera ist blaß vor Wut. *Hau ab, du Spanner!*

Zeus kommt dennoch grinsend näher und kriegt von Hera schließlich eine geknallt.

Er ist verdattert, damit hat er nicht gerechnet.

Hera schnappt ihr Kleid und eilt davon.

Zeus ist geknickt. Ein paar Tage später trifft er auf Poseidon.

Der lacht: *Du bist ja verknallt, Junge.*

Sie will aber nichts von mir wissen, jammert Zeus.

Stell dich nicht so an. Folg deiner Intuition! Du mußt dich einschmeicheln.

Zeus folgt und legt sich wieder auf die Lauer. Außer dem Sonnenbaden hat Hera ein weiteres Hobby. Sie beobachtet Vögel. Um diese anzulocken, streut sie Krumen aus und baut Vogelhäuschen. Mit der Zeit gewöhnen sich die Vögel an sie und picken ihr aus der Hand.

So gut möchte ich's auch mal haben, seufzt Zeus, der jeden ihrer Schritte vom Wipfel einer Eiche aus verfolgt.

Plötzlich strahlt er. Dann reimt er drauflos, bis der Zauberspruch stimmt, den er für seine dubiose Tat braucht.

Zeus schrumpft zusammen. Klein und nackt hockt er auf dem Ast. Federflaum sprießt auf seiner Haut. Seine Nase biegt sich zum Schnabel. Auf Vogelkrallen hüpft er von Ast zu Ast. Närrisch vor Freude kreischt er: *Kuckuck, kuckuck.* Das klingt so komisch, daß er sich lachend überschlägt. Er flattert über die Wiese, wo Hera wieder sonnenbadet.

Kuckuck, ruft Zeus. Hera blickt auf. *Komm*, lockt sie und freut sich, als der Piepmatz tatsächlich näherhupft. Sie streicht sein Gefieder glatt, setzt ihn auf ihre Brust, wo er sich lüstern kuschelt. Sie kichert und schließt schlummernd die Augen.

Zeus flüstert schnell den Gegenzauber. Er beginn zu wachsen. Verwirrt schlägt die Vogelfängerin die Augen auf.

Keine Angst, dein Bruder ist bei dir, lacht da Zeus triumphal.

Sosehr Hera sich auch wehrt – Zeus ist nicht zu bremsen. Schließlich gibt sie auf.

Du Tier, weint Hera, *ich war noch Jungfrau. Das verzeih ich dir nie.*

Doch Zeus ist bereits selig eingeschlafen. Hera läuft jammernd zu ihrer Mutter.

Unerhört, tobt Rhea, *die eigene Schwester. Der kann was erleben.*

Da biegt Zeus beschwingt um die Zypresse.

So eine Schande, faucht Rhea, *auf der Stelle wirst du sie heiraten*, und würdigt ihn keines Blickes mehr.

Zum Trost schenkt Großmutter Gaia Hera einen Baum mit goldenen Äpfeln. Die sind so begehrt, daß Hera sie in ihrem Garten im Atlasgebirge von den drei Hesperiden bewachen läßt. Denn wer einen Goldenen Delicious ergattert, kommt umsonst ins Paradies.

Die Hochzeit findet auf Samos statt, wo es den goldenen Wein gibt. Die Hochzeitsnacht selbst dauert 300 Jahre. Zwischendurch badet die Jahrhundertbraut regelmäßig in den Quellen von Kanathos bei Argos. Das soll gut für die Haut sein. Jedenfalls kehrt Hera dann jedesmal als Jungfrau ins Brautbett zurück.

Die Kinder sind Ares, Hephaistos und Hebe. Böse Zungen behaupten allerdings, daß Hera ihrem Partner lauter kleine Kuckucke ins Nest gelegt habe. Zur Erinnerung an das Vogelabenteuer.

9
Götter pokern um Profite
– Hades, Zeus und Poseidon verteilen die Welt –

Nach der dreihundertjährigen Hochzeitsnacht hat Zeus kein Gramm Fett mehr auf den Rippen. Er betrachtet sein Spiegelbild und läuft gutgelaunt zum Strand. Eben streut die Sonne ihr rotes Gold über die Ägäis. Zeus klettert auf eine Klippe, da hört er sportlichen Lärm.

Zeus blickt erstaunt in die paradiesische Landschaft. Hundert Meter entfernt sieht er einen nackten bärtigen Mann mit einer Mistgabel herumfuchteln. Plötzlich rast er im Zickzack, läßt sich fallen, springt wieder auf, boxt, schreit, flucht. Dann bricht er zusammen und rührt sich nicht mehr.

Zeus läuft zu ihm hin. Er ist k.o. *Poseidon, was ist los?*

Dein feiner Bruder Hades hat mich angegriffen.

Der lügt, tönt es da. Hades nimmt die Tarnkappe ab und Gestalt an. Zeus neugierig: *Worum geht's denn, Brüder?*

Er hat meinen Haifisch geklaut, raunzt Poseidon.

Was heißt: mein Haifisch? Wieso gehört der dir?

Ja, wieso eigentlich? will nun auch Zeus wissen.

Irgendwem muß er ja gehören, murmelt Poseidon. *Du siehst ja, wohin das führt, wenn die Besitzverhältnisse nicht geklärt sind.*

Dann teilen wir eben auf. Jeder kriegt ein Drittel, sagt Hades mit gierigem Blitzen im Blick.

Kalos kai agathos, nickt Zeus, was auf deutsch *gut und schön* heißt, *wir haben vier Erbteile: Himmel, Erde, Meer und Underground. Damit wir uns nicht gegenseitig auffressen, schlage ich vor, wir klammern Großmutter Gaias Erdreich aus. Das wird allgemeiner Familienbesitz. Okay?!*

So soll es sein, schwören Poseidon und Hades. *Um den Rest knobeln wir.*

Machen wir lieber eine flotte Pokerpartie. Zeus zieht einen Stoß Karten aus der Badehose. Während er mischt, erklärt er die Regeln.

Gerade wollen sie loszocken, da fragt Hades: *Und was kriegen unsere Schwestern?*

Wenn sie brav sind, einen Mann. Also los, wer gewinnt, darf wählen. Sie pokern vierzehn Tage lang. Es nimmt kein Ende. Da zaubert Zeus diskret ein As aus dem Bart. Er wirft es triumphierend in die Runde: *Auf ein As ist stets Verlaß! Ich nehme den Himmel über Athen.*

Es kommt eine mörderische Stimmung auf. Hades will unbedingt die Unterwelt mit ihren Edelsteinen, Ölquellen und Goldadern haben. Gewitzt schielt er dem cholerisch schnaufenden Poseidon in die Karten. *Oje, der hat ein besseres Blatt. Wenn ich nicht ein bißchen mitmische, reißt sich die Wasserratte mein Gold unter die*

Mistgabel. Lüstern blickt er über Poseidons Schulter: *Alle Wetter, was ist denn das für ein göttlicher Käfer?* Zeus und Poseidon schnellen herum. *Wo?*

Seid ihr blind? Dort!

Die Götter sehen nix. Hades beugt sich über Poseidon und hält ihm den Zeigefinger als Wegweiser unter die Nase. Dabei vertauscht er flink die Karten. Endlich fallen Poseidon die Schuppen von den Augen: *Das ist doch bloß ein stinknormaler Skarabäus.*

Hab ich doch gesagt, spielt Hades den Entrüsteten. *Zeus ist mein Zeuge. Hab ich recht?*

Ja, schon, aber warum machst du solchen Wirbel um einen Mistkäfer? fragt Zeus irritiert.

Du willst doch nur ablenken. Spiel weiter. Mir knurrt der Magen. Die Partie ist eh gleich zu Ende, knurrt Poseidon siegessicher.

Du scheinst ein Hellseher zu sein, höhnt Hades und läßt die Hosen runter, wie es so schön auf Zockerlatein heißt. *Full house.*

Poseidon kann es nicht fassen. *Das darf doch nicht wahr sein. Du spielst mit meinen Karten!*

Hades harmlos: *Das Blatt hat sich halt gewendet. Ich nehme den Underground.*

Du hast mich beschissen! heult Poseidon auf. Er nimmt den Dreizack und springt bei Euboia ins Meer. Wütend schlagen die Wogen ans Land.

Zeus und Hades lachen über den schlechten Verlierer. Dann hebt Zeus den Zeigefinger: *Weißt du was, wir sollten einen gemeinsamen Familiensitz auf der Erde errichten.*

Finde ich gut, nickt Hades. *Und wo?*

Ich denke, auf den Olymp. Schöne Aussicht. Kein Regen, kein Schnee. Der Wind liegt dort an der Kette. Angenehmes mediterranes Klima und nicht weit vom Zentrum.

10
Knoten um Knoten
– Zeus entdeckt die Mutterliebe –

Seitdem der Olymp Familiensitz ist, rauscht jedes Wochenende eine Götterparty. Dabei gibt es immer Zoff. Zeus funkt dann mit seinem Donnerkeil dazwischen. *Das war die letzte Fete,* flucht er an einem Samstagabend, *jedesmal ist die Bude verwüstet, jedesmal muß ich aufräumen.*

Wir brauchen ein Ordnungsprinzip, überlegt Rhea, *eine Art klassisches Grundgesetz, Vereinbarungen, an die sich jeder halten muß.*

Im Handumdrehen erfinden Zeus und Rhea Gesetze, Gebote, Verbote, kurz alles, was die juristische Kunst ausmacht. Das erste Gebot lautet: Ich bin der Herr, dein Zeus. Du darfst jede Menge Götter neben mir haben, aber ich bin der Boß.

Rhea begutachtet das Konzept: *Sehr ordentlich, aber das Wichtigste ist, daß jeder Eid erfüllt wird. Wer dagegen verstößt, wird ohne Ansehen der Person von den Erinnyen zu Tode gekitzelt. Der Eid ist die Grundlage unseres Rechtssystems.*

Prima, freut sich Zeus. *Aber was machen wir mit dem Verkehrschaos am Firmament? Jeder Stern düst herum, wie es ihm paßt. Die Milchstraße ist ständig verstopft.*

Zeus entwirft ein Verkehrssystem. Seitdem sausen alle Fix- und Wandelsterne auf genau festgelegten Flugbahnen durchs All.

Rhea will auch eine Verkehrsordnung, die Eheverstöße sollen bestraft werden. *Wenn Ordnung, dann überall.*

Zeus blickt sie gebannt an. *Wie hübsch du bist, wenn du in Eifer gerätst.* Er versucht sie zu küssen. Rhea windet sich. Aber Zeus setzt nach. Rhea stammelt ein Stoßgebet, und Zeus hat plötzlich eine Sandviper im Arm. Erschrocken springt er zurück.

Er erklimmt einen Ölbaum. Rhea giftet vor Zorn. Sie bäumt sich auf und ringelt ihm nach. Zeus flüchtet in die höchsten Äste. Gerade will er als Adler die Fliege machen, da kommt ihm ein magischer Spruch in den Sinn. Sein Kopf wird faustgroß, nur der Bart bleibt, Arme und Beine schrumpfen, doch der Schwanz wächst und wächst. Als er drei Meter lang ist, jagt er als Viperich wie der Blitz auf die überrumpelte Rhea, umschlingt sie und zieht drei Knoten um ihren glatten Leib. Festgeknotet muß Rhea die Schlängelei über sich ergehen lassen. Nachdem Zeus seine tierischen Lüste befriedigt hat, kriecht er ermattet und zufrieden in eine Felsspalte.

11
Ein Genie auf dünnen Beinen
– Hephaistos, der Düsentrieb des Olymp –

Als Heras Bauch immer dicker wird, läßt Zeus sich kaum noch blicken.

Könntest du nicht ausnahmsweise mal zu Hause bleiben? keucht Hera unter der gesegneten Last. *Nach dem Horoskop kriege ich Drillinge.*

Geht leider nicht. Habe einen wichtigen Termin, gähnt Zeus unbehaglich.

Zeus ist seit dem Techtelmechtel mit Rhea auf den Geschmack gekommen. Gestern hat er am FKK-Strand von Aphrodisia einen Paradiesvogel entdeckt: Maia, die Tochter seines erledigten Sportfreundes Atlas.

Während er wenig später der hübschen Maibraut im Schoß liegt und sie in die Fruchtbarkeitsgöttin verwandelt, die dem Mai den Namen gegeben hat, setzen bei Hera die Wehen ein.

Nach den vorchristlichen Regeln der sanften Geburt hängt sie an einem Lindenast. Nach drei Klimmzügen wallen die Preßwehen in Wellen durch ihren Leib. Schließlich plumpst ein Baby ins Körbchen unter ihr. Strahlend vor Glück hebt sie es hoch: *Ein Mädchen. Du sollst Hebe heißen, denn später wirst du als Mundschenkin der Götter noch manches Glas heben.*

Mit Hebe am Busen setzt sie den Geburtssport fort. Aber das zweite Kind kommt nicht. Um sich zu lockern, joggt sie ein bißchen um den Olymp. Endlich rutscht es aus ihrem Schoß. *O Gott, ein Killer,* entsetzt sich Hera, als sie das Monster sieht. Seufzend legt sie den grunzenden Brocken an ihre Brust. Es ist Ares, der spätere Kriegsgott.

Als nächstes flutscht ein zappelnder Zwerg aus ihr hervor. Mißtrauisch hebt sie ihn hoch: *Das soll ein Gott sein? Mein Sohn? Dünne Beine, Hinkefuß! Nie im Leben!*

Sie packt den gebrechlichen Himmelskörper an der Nabelschnur, wirbelt ihn durch die Luft und schleudert ihn vom Olymp.

Der Bengel rast plärrend durch den strahlenden Äther und schlägt vor der Halbinsel Kassandra ins königsblaue Mittelmeer. Kaum ist er dort gelandet, umkreisen ihn zwei Haie.

Hübsche Götterspeise. Teilen wir brüderlich oder streiten wir um die Delikatesse? gurgelt der eine.

Nix da! Ich habe ihn entdeckt, zischt der andere und schnappt nach der Beute. Doch sein Rivale hält ihn am Schwanz fest. Während Fetzen und Flossen fliegen, tauchen die Meerweiber Thetis und Eurynome auf: *Sieh dir das an! Diese verdammten Biester.*

Mit einem Griff hat Thetis den halbersoffenen Gott an sich gerissen und ist mit ihm in ihre Tiefseegrotte verschwunden.

Schau dir die Hände an, freut sich Thetis, *das ist ein echter Künstler. So einen schmeißt Hera einfach weg.*

Die Nymphen sind ganz vernarrt in das Kerlchen. Sie bringen ihm Gold, Korallen, Haifischaugen, Seeschlangen und Edelsteine zum Spielen. Daraus bastelt er mit flinker Hand feinste Ohrgehänge, Armreifen, Nasenringe und anderen Schmuck. Im zarten Alter von sieben Jahren richtet das Wunderkind sich eine alchimistische Werkstatt ein. Hier schmiedet er Wunderdinge wie Nagelscheren, Schrauben, Rädchen, Büroklammern, Sicherheitsnadeln und jede Menge Schnickschnack für die modebewußten Wasserweiber.

Eines Tages stolziert Thetis mit einer raffinierten Lapislazulibrosche am wippenden Busen durch die olympischen Gefilde. Dort begegnet ihr Hera. Ihr Blick fällt auf das Kleinod:

Was hast du denn da für ein tolles Kunstwerk?

Thetis stottert herum. Hera quetscht sie so lange aus, bis sie das Geheimnis der Broschenproduktion kennt. So wird die Thetis ihren Kunsthandwerker wieder los.

Hera richtet dem fingerflinken Hinkefuß ein professionelles Laboratorium ein. Darin pusten 20 Blasebälge, getrieben von den Weltwinden, um die Wette und sorgen für gleichbleibende Hitze. Hephaistos schmiedet rund um die Uhr. Aber die Göttinnen sind so scharf auf seinen Tinnef, daß er mit der Produktion nicht mehr nachkommt.

Ich brauche Assistentinnen, grübelt der häßliche Feinmechaniker. Und veranstaltet Hobbykurse für Göttinnen, um ihre Fähigkeiten zu prüfen. Aber die feinen Damen sind zur Arbeit einfach nicht geboren. Er flucht. Doch da kommt ihm die Idee. Mit einem Stück Holzkohle malt er einen Konstruktionsplan an die Wand seiner Werkstatt. *Was ist denn das?* fragt Aphrodite, die gerade die Schnalle ihres magischen Gürtels zur Reparatur bringt.

Das ist eine Gliederpuppe.

Und was willst du damit?

Sie soll mir zur Hand gehen. Laß den Gürtel da, ich repariere ihn bis morgen.

So nennst du das? grinst Aphrodite anzüglich.

Laß den Gürtel da, ich repariere ihn bis morgen, knurrt Hephaistos.

Kaum hat er den erotischen Riemen in der Hand, brennt ihm die Liebe ein Loch in den Solarplexus. *Aphrodite,* ächzt er liebeskrank.

Inspiriert bastelt er an seiner Roboterin weiter. Sie wird ein getreues Abbild der Göttin der Liebe. Er schmiedet ihr ein Herz aus Gold, lehrt sie sprechen und stellt die unglaublichsten Versuche mit ihr an. Doch die künstliche Dame ist nur begrenzt verwendungsfähig. Da weint er verzweifelt. Von Mitleid bewegt gibt ihm seine mechanische Gehilfin einen Tip: *Warum bittest du nicht Hera um Hilfe? Sie wird dir Aphrodite ins Brautbett schmeicheln.*

Hephaistos bastelt ein wunderschönes Diadem aus Platin und Monddiamanten und besucht seine Mutter.

So, Aphrodite, lächelt Hera, *keine schlechte Wahl. Wird auch Zeit, daß diese Düse unter Verschluß kommt. Sie macht alle Götter verrückt. Selbst Zeus kriegt Stielaugen, wenn er ihren Hintern sieht. Laß mich nur machen, Kleiner.*

12
Der Waldschrat aus Arkadien
– Pans geruhsames Hippieleben –

Während Zeus nach Gutsherrenart für Ordnung sorgt, führt sein Milchbruder Pan ein Aussteigerdasein in den Bergen und Wäldern Arkadiens. Streß kennt er nur vom Hörensagen: *Was wir nicht haben, brauchen wir nicht*, erklärt der Naturphilosoph seinen Yuppie-Verwandten auf dem Olymp.

So ein Spinner, lachte Aphrodite, *und er riecht, wie er aussieht. Den würde ich nicht mal mit der Zuckerzange anfassen.*

Laß ihn doch, meint Poseidon, *wer spielt sonst Hofnarr und verscheucht uns Grillen und Zikaden?*

Der Verulkte taucht just im Marmorsäulengang auf. *Wenn man vom Waldschrat spricht...*, grinst Ares, der halbstarke Kriegsgott.

Hallo, Leute, wollte euch was erzählen. Bei uns ist ja der ganze Wald voller Abenteuer.

Was du nicht sagst, staunt die feine Verwandtschaft.

Also, ich döse gerade neben meinen Bienenstöcken, da höre ich was tapsen. Und als ich wütend die Augen aufschlage, was sehe ich? Einen Grizzlybären, der von meinem Honig nascht. Er hätte ja was haben können, aber nicht, wenn ich Siesta halte. Ich schreie los, und ihm sträubt sich sofort der Pelz. Er sieht aus wie ein Stachelschwein und zittert zum Erbarmen. Ich tröste ihn: »Wehe, du naschst noch mal in meiner Mittagspause, dann zieh ich dir das Fell ab, und du mußt nackt herumtappen.«

Der Grizzly macht sich erleichtert davon. Ich schleiche ihm hinterher. Und was passiert dann? Hinter der nächsten Eiche steigt der Petz aus seinem Pelz! Und vor mir steht nymphennackt Pitys, die Fichtenfee, die immer Rühr-mich-nicht-an spielt. Ich springe aus dem Busch: »Jetzt hab ich dich erwischt, du Honigklauerin.« Sie gerät in Panik: »Bitte, tu mir nichts, ich hab's doch nur mal versucht.« »Das tu ich jetzt auch«, sage ich und stürze mich auf sie. Erst zappelt sie, dann ist sie ganz ruhig, und plötzlich reißt sie sich los. Sie ist verdammt gut trainiert, und ich rase ihr über Berg und Tal hinterher. Aber da bleibt sie mit dem Fuß in der Wurzel eines meiner Zauberbäume hängen. Kaum liegen wir aufeinander, da wird sie poetisch. Nach dem seltsamen Reim wird ihre Haut borkig. Zwischen meinen Armen wächst eine ranke Fichte in den Himmel.

Da steh ich nun dumm rum. Um wenigstens mit einem Trost heimzukommen, pflücke ich der Hübschen ein paar Zweige ab und winde sie zum Kranz der Hoffnung.

Ich denke, was du nicht hast, brauchst du nicht, sagt Hera spitz.

Ich nicht. Aber mein Anhängsel hat manchmal seinen eigenen Willen, sagt Pan treuherzig.

Um mich abzukühlen, gehe ich also zum Ladon. Kaum angekommen, sehe ich was neues Hübsches. Syrinx badet selbstvergessen. Aber als sie mich wahrnimmt, taucht sie ab. Ich springe ins Wasser und kraule ihr hinterher, will sie fragen, was sie vor mir flüchten läßt. Da sind wir schon mitten im Schilf. Fixe Nixe, das muß man ihr lassen. Endlich kriege ich sie zu packen, da wird sie selbst zum Schilfrohr. Ich wirble herum und vergesse in der Aufregung, welches Schilfrohr sie ist. Schließlich taste ich jedes einzeln ab und frage: »Bist du's?« Aber keine Antwort von Syrinx.

Zur Erinnerung an die Wasserbraut schneide ich ein paar Schilfstengel ab. Unterwegs blase ich auf ihnen Trübsal. Plötzlich klingt's ganz melodisch. Hört euch das an!

Pan holt eine Panflöte hervor und beginnt zu trällern. Der Rhythmus geht den Göttern mächtig in die Beine.

Nach dreizehn Stunden olympischen Tanzfiebers will Aphrodite auch mal flöten. Sie kriegt's aber nicht so richtig hin, und Pan verspricht, ihr Privatunterricht zu geben.

Als der Morgen naht, trabt Pan matt nach Arkadien zurück.

Um nicht so schnell wieder diesem Streß ausgesetzt zu sein, erfindet er ein wahrhaft panisches Gerücht.

Juhu, Thamos, ruft er aus einem Gestrüpp auf Korfu einem Schiffer nach, *wenn du nach Palodes kommst, er-*

zähle, daß ich, der große Pan, tot sei. Der Sex habe mich fertiggemacht.

Das Lügenmärchen verbreitet sich schnell in ganz Griechenland, und überall jammern und klagen die Ziegen und Nymphen um den strammen Burschen.

13
Unsichere Methode der Geburtenkontrolle
– Wie Artemis und Apollon zur Welt kommen –

Hera bebt vor Eifersucht. Eben hat sich Maias Vergewaltigung bis zum Olymp herumgesprochen. Sie tobt. Zeus kaut nervös Bart. *Ist die geladen. Ich muß mich wohl ein bißchen zurückhalten.*

Ein paar Tage herrschen Friede, Freude, Eierkuchen. Zeus mimt den liebenden Vater und unternimmt brav Ausflüge mit Ares und Hebe. Immer wenn Hera ihm begegnet, hat er schon ein Kompliment auf den Lippen.

Jetzt muß es aber wieder gut sein, denkt er sich nach ein paar Sonnenuntergängen. Auf einem Kinderspielplatz hat er nämlich Leto, die Tochter der Titanen Koios und Phoibe kennengelernt.

Ich gehe joggen, verkündet er harmlos beim Frühstück. Aber Hera hat das Theater durchschaut. *Beweg dich nicht zu heftig in der Hüfte, das könnte Folgen haben,* warnt sie eindringlich.

Nachdem Zeus sich getrollt hat, stößt Hera einen magischen Pfiff aus. Ein paar Minuten später schlängelt sich ein 21 Meter langer, geflügelter Python in die Küche. Hera tätschelt ihn am Hals: *Zeus ist wieder losgezogen. Wenn es schon nichts mehr zu verhüten gibt, dann paß du wenigstens auf, daß keine Kinder folgen. Falls also welche geboren werden, nimm sie dir zum Frühstück.*

Python düst in den Himmel. Er läßt seinen Basiliskenblick schweifen. Er flattert über die nördlichen Sporaden, stürzt im Sturzflug auf jedes Eiland der Kykladen hinab: Nirgends etwas zu sehen.

Im Vorbeiflitzen sieht er allerdings ein turtelndes Wachtelpärchen und ruft anzüglich: *Hey, wenn das die Mutter wüßte.* Er lacht sich über den blöden Witz so krumm, daß er ins Trudeln gerät und haarscharf über eine Zacke des Chelmos-Gipfels schrammt. Tief erschrocken landet er auf einer Platane und schnappt nach Luft. *Moment mal!* Python richtet sich jäh auf. *Vögelnde Wachteln im Winter? Spinn' ich oder träum' ich?*

Weder noch. Zeus hat aus Gründen der Tarnung sich und seine Partnerin befiedert. Just als Python vorbeisaust ist, ist das Vogelstündchen vorbei. Zeus kleidet Leto und sich wieder in die Originalgestalt. Er winkt einer Wolke, springt auf und schaukelt davon.

Leto läuft traurig in den Wald. Der Liebhaber ist weg, die Unschuld dahin. Sie weint bitterlich. Python späht aus dem Gestrüpp. Leto dreht sich mißtrauisch um. Kaum schwanger, funktioniert bereits ihr siebter Muttersinn. Sie sucht sich eine dunkle Höhle, um unbehelligt zu brüten.

Nach sieben einsamen Monaten trifft sie zufällig auf Pythons Schwanzspitze. Der ist bei der Geburtenkontrolle eingeschlafen. Leto schreit auf. Obwohl Python den Schwanz flink einzieht und davonzischt, hat sie ihn gesehen. *Die Flügelschlange. Ich wußte es. Das hat also immer so eklig gerochen.*

Wenn ich nur wüßte, wo Zeus ist! Der Wachtelvater hat seit dem Turtelspiel den Verkehr abgebrochen. *Ich muß hier weg. Das Biest hat es auf meine Kinder abgesehen.*

Leto packt und huscht vom Mond begleitet davon. Sie versteckt sich in einem hohlen Baum. Doch das Monster folgt ihr, als wäre es ein Hellseher. Als Leto vorsichtig durch ein Astloch späht, sieht sie Pythons faustgroße Augen aufleuchten.

Da bemerkt sie einen Höhlengang zwischen den Baumwurzeln. Behutsam klettert sie hinein und kriecht im Dunkeln weiter. Nach 100 Metern endet der Gang zwischen den Klippen einer Meeresbucht. Leto atmet auf. Unterdessen ringelt sich Python in trügerischer Gewißheit um den Baum. Leto steht am Strand und ruft den Südwind. Der weht herbei, setzt sie auf seine Flügel und trägt sie sanft nach Ortygia bei Delos. Es ist höchste Zeit. Der Aufregungen wegen setzt bereits die Geburt ein. Noch bevor sie die Erde erreicht, springt Artemis, die Göttin der Jagd, aus ihrem Schoß. Sie wächst sogleich zur sportlichen Jungfrau heran und hilft ihrer Mutter beim Überqueren der Meerenge zur Insel Delos. Dort legt sich Leto erschöpft zwischen einen Olivenbaum und eine Dattelpalme am Berg Kynthos. Sie kreißt neun Tage, bis endlich Apollon schlüpft.

Das war eine schwierige Geburt, seufzt Leto erleichtert, *aber glücklicherweise ohne Python als Geburtshelfer.*

Der hängt noch immer im Baum und träumt von leckeren Babys.

14
Riesenschlange macht die Fliege
– Apollon tötet Python –

Kaum hat Klein Apollon festen Boden unter den Füßen, beginnt er zu wachsen. Jede Stunde zwei Zentimeter. Seine Tante Themis nährt ihn liebevoll mit Nektar und Ambrosia-Babykost. Am vierten Morgen ist Apollon bereits einsfünfundachtzig groß und ein Beau wie aus dem Katalog von Phidias.

Leto erzählt ihrem stattlichen Sohnemann vom gräßlichen Abenteuer mit Python: *Um ein Haar hätte er dich und deine Schwester zum Frühstück verspeist.*

O Mutter, stelzt Apollon als Gott der Poesie in klassisch wohlgesetzten Worten, *wäre es nicht wünschenswert, dieses Scheusal von der Welt zu erlösen?*

Wie schön du das sagst, freut sich die junge Mutter über ihr Wunderkind, *niete das Biest um!*

Und womit, o Frau Mutter? Weil er noch so jung ist, kennt er sich noch nicht in Kriegstechnik aus.

Geh zu Hephaistos, deinem Halbbruder. Er soll dir ein Gerät zur Drachenvernichtung bauen.

Apollon macht sich auf die Sandalen. Wenig später steht er in Hephaistos' rußigem Labor. *Kalimera, Bruder. Wie doch stets den Gleichen ein Gott gesellet zum Gleichen.* Dem Feinmechaniker entgleisen die Gesichtszüge. *Schraube los? Oder ist dir ein bißchen heiß?* Er schüttet dem edlen Jüngling kurzerhand einen Eimer Kühlwasser über die Frisur. *So, wo brennt's denn?*

Apollon hat's die klassische Sprache verschlagen. Nach ein paar Anläufen bringt er stotternd heraus, was ihm auf der Seele brennt.

So, ein Schießeisen zur Drachenjagd! Hephaistos malt ein stromlinienförmiges Instrument an die Wand, dann eine gespitzte Stange, anschließend mißt er Apollons Figur. Wenig später sind Pfeil und Bogen erfunden. *Hier. Schon mal was von Zen in der Kunst des Bogenschießens gehört?*

Nein, o Meister.

Er zeigt dem kleinen Bruder die Technik. Apollon übt ein bißchen hinter der Werkstatt. Dann hat er den Dreh raus.

Apollon kraxelt auf den Mont Parnass. Dort hängt Python immer noch um den Baum. Apollon schleicht auf Schußweite heran:

Servus, Python. Leto, meine Mutter, läßt grüßen.

Python schreckt hoch. Er kann es nicht glauben. Vorsichtig peilt er durch ein Astloch. Doch von Leto ist tatsächlich nicht mal ein Schatten übrig.

Hastig ringelt er sich ab und zwängt sich durch den Baumschlitz. Dort entdeckt er den Fluchtweg. Er windet sich durch den Gang. Am Meer schnuppert er intensiv nach der Fährte. Aber die ist weg.

Python macht sich rasch auf den Rückweg. Vor dem Baum steht Apollon immer noch stramm wie ein Seekadett und erwartet seinen Feind. Python schnellt züngelnd auf ihn zu: *Mach dein Testament, Rotznase...* Zu weiteren Empfehlungen kommt er nicht. Apollon knallt ihm einen Pfeil ins Zäpfchen. Python spuckt Gift und Galle. Aber Hephaistos' Pfeil steckt. *Na warte,*

krächzt er und will Apollon mit dem Schwanz nieder-
mähen. Doch der spickt seelenruhig die Riesenwurst
mit Spießen, bis Python aufgibt und zum Orakel nach
Delphi flieht. Wer es erreicht, ist gerettet, geht die Sage.
Aber leider kennt Apollon sie nicht, weil er noch zu
jung ist. Python hat sich unter dem Schrein neben einem heiligen Spalt verkrochen und fleht um sein Leben. Doch Apollon schießt ihm einfach die Augen aus.
Dann durchspießt er die Kehle des Ungeheuers und
reißt die Zunge heraus. Er stopft sie in seine Jagdtasche
und kehrt zu Hephaistos' Labor auf dem Olymp zurück.

Na, hat's geklappt? fragt der antike Düsentrieb.

Wortlos holt Apollon den prächtigen Leckerbissen
hervor. Er stellt eine Gußeisenpfanne auf die Esse und
schnippelt die Zunge ins heiße Olivenöl. Ein verfüh-
rerischer Duft zieht durch die Werkstatt.

In diesem Moment fliegt die Tür auf. Zeus stürmt
herein und wirft einen zornesblitzenden Blick auf die
Esser. Doch ehe er losbrüllen kann, steigt ihm der Duft
in die Nase. Er schnüffelt.

Komm, setz dich, grinst Hephaistos. *Der Kleine hat mit
seinem Flitzebogen für Abwechslung auf der Speisekarte
gesorgt.*

Zeus läßt sich nieder und angelt sich ein Stück Zunge
aus der Pfanne.

Leider ein einzigartiges Exemplar, schmatzt Hephaistos, als er sieht, wie es Zeus schmeckt.

So? Warum? will Zeus wissen.

Python hieß das Biest. Ich habe ihn waidgerecht zur Strecke gebracht, nachdem er meine Mutter belästigt hat, wirft Apollon stolz ein.

Was? schreit Zeus auf. *Du hast Python kaltgemacht und seine Zunge gebraten?!*

Hat sie dir nicht geschmeckt? wundert sich Hephaistos. *Vielleicht hat ein Hauch Senf gefehlt…*

Zeus' Zornesader schwillt erneut. *Deswegen bin ich hier. Python war Heras spezieller Freund und Gaias Liebling. Der konnte in Zungen reden. Wir kommen in größte Schwierigkeiten, wenn die von unserem Spezialitäten-Menü erfahren.*

Apollon rutscht unbehaglich hin und her.

Gaia hat wegen deines Jagdzaubers eh schon eine Szene gemacht.

Die drei Feinschmecker blicken sich belämmert an. Zeus rülpst nachdenklich. *Wenn ich dich nicht bestrafe, machen mir Gaia und Hera das göttliche Leben zur Hölle.*

Apollon und Hephaistos nicken.

Python war ihr Nachrichtendienst. Er wußte immer den neuesten Klatsch. Versteht ihr?

Selbst wenn ich Python wieder lebendig mache, ist seine Zunge inzwischen kompostiert.

Ha! Plötzlich hat Zeus die Idee. Er blinzelt Apollon an. *Ich werde dich verdonnern, die Orakelrolle selbst zu übernehmen. Du wirst in Delphi, genau dort, wo du ihm die Zunge rausgeschnitten hast, wahrsagen und in Rätseln sprechen. Und zu Ehren des Verstorbenen richtest du die Pythischen Spiele ein.*

Gesagt, getan. Apollon richtet das Prognosecenter ein. Und seitdem dürfen Neugierige aus aller Welt dem Orakel Fragen stellen. Auf altgriechisch natürlich. Und jeder, der es kann, kriegt Antwort. Nur enträtseln muß er sie selber.

15
Ein Baby klaut Kühe
– Hermes linkt Apollon –

Die meisten Griechengötter sind zwar nicht von gestern, aber Hermes ist immer zwanzig Lichtjahre voraus: findig, flink und schlau.

Während Apollon Python totmacht, bringt Zeus' Maibraut Maia auf dem Berg Kyllene in Arkadien Klein Hermes zur Welt. Schon bei der Geburt ist Hermes vorwitzig. Zwei Preßwehen, und er ist da.

Die junge Mutter nabelt den kleinen Schreihals ab. Sie

wickelt ihn in vorsintflutliche Pampers und läßt ihn an ihrem galaktischen Busen nuckeln. Danach kommt der Kleine in eine Hängematte zwischen zwei Zypressen. Der Schatten dieser Baumart soll nämlich das geistige Wachstum fördern. In Hermes' Fall scheint's zu stimmen: Nach zehn Minuten spricht er bereits akzentfrei altgriechisch. Und als Maia ihn für ein paar Minuten allein läßt, schwingt sich Hermes aus der Hängematte und geht auf Abenteuersuche. Als erstes klaut er einem Satyr dessen gefiederten Hut. *Ein Hut ist der Hüter des Kopfes und der Kopf Hüter der Gedanken*, sagt er sich und bleibt zeitlebens ein Anhänger schmucker Kopfbedeckungen.

Apollon hat inzwischen im Wahrsagezentrum von Delphi eine sehr hübsche Priesterin namens Pythia zum Orakel ernannt. Um diese seltene Fähigkeit zu erhalten, muß sie einen nicht näher bezeichneten Teil ihres wohlgestalteten Leibes schonen.

Durch die Mitarbeiterin hat Apollon mehr Zeit, sich um seine Ranch in Pireia zu kümmern. Dort hat er eine Herde englischer Parklandrinder mit goldglänzendem Fell aus dem Nichts gezaubert. Auf sie ist er mächtig stolz. Denn bisher gab es in Hellas außer Schaf- und Ziegenherden nur ein paar Affenbanden. Als Hermes herumstrolcht, steht er plötzlich vor den goldigen Wiederkäuern.

Wow. Alles eßbar! Er schleicht sinnierend durch die Rhododendronbüsche.

Als Gott der Geschäftsleute ist er natürlich auch ein Erfinder flotter Sprüche. Zum Beispiel: *Ist der Hammel dir zu fett, iß dich schlank an Rindskotelett.*

Es gibt kein Rindskotelett, Kindskopf! krächzt da ein vorbeiflatternder Rabe.

Du scheinst ja Bescheid zu wissen. Vielleicht weißt du auch, wem diese glückliche Herde gehört?

Apollon, aber der wird nicht eins seiner Viecher heraus-rücken.

Das laß mal meine Sorge sein.

Okay, nickt der Rabe, *aber für die Beratung kriege ich fünf Prozent.*

Will sehen, was sich machen läßt. Wo steckt denn Apollon?

Der ist vorhin zum Berg Oita gedüst. Dort hütet die Nymphe Dryope mit ihren Freundinnen ihres Vaters Ziegen.

Hermes zaubert ein zusammenschiebbares Fernrohr aus dem Hut und läßt seinen Blick durch die arkadische Landschaft schweifen.

Schließlich entdeckt er seinen Halbbruder. Der lauert hinter einem Felsen. Hermes fixiert die Mädels. Eines schöner als das andere. Er braucht nicht lange zu war-ten. Die Girls veranstalten ein Schildkröten-Wettren-nen. Apollon kriecht jetzt auf allen vieren vorsichtig durchs Gestrüpp. Plötzlich beginnt er zu schrumpfen.

Nanu, staunt Hermes, als Apollon sich in eine gemeine griechische Landschildkröte verwandelt.

Mittlerweile ist Apollon auf Dryope zugerobbt. Sie sieht das kleine Wesen und legt es lachend an ihren Busen.

Hermes hält die Luft an. Denn Dryope hat plötzlich eine Klapperschlange am Busen. Ihre Freundinnen stürzen entsetzt davon. Dryope selbst sitzt wie erstarrt und fixiert die Schlange. *Vielleicht hat er sie hypnotisiert*, denkt Hermes, während sich Apollon langsam in einen Gott zurückverwandelt.

Hermes reibt sich vergnügt die Hände. Sein Blick streift wohlgefällig die hübschen Rindviecher.

Wenn du sie einfach wegtreibst, sieht Apollon die Kuhspuren und kriegt dich, krächzt der Rabe.

Weiß ich auch, knurrt Hermes. *Flieg zum Berg Oita, wenn du dir 'ne schnelle Drachme verdienen willst, und stell fest, wie lange mein Bruder mit seinen Leibesübungen beschäftigt ist.*

Hermes kratzt sein kluges Köpfchen. Und schon funkt es. Aus Eichenrinde schnitzt er geschwind antike Sandalen und bindet sie mit geflochtenen Grasriemen unter die Rindshufe.

Inzwischen wird es finster. Auf schwarzen Schwingen kommt Hermes' Berater zurück. *Ich glaube, dein Bruder kommt heute nicht mehr.*

Hermes treibt schnalzend die Herde an.

Als Apollon am nächsten Morgen lendenlahm zurückkehrt, ist von seinen Rindviechern keines mehr zu sehen. Er untersucht den Boden. Keine Spur.

He, Rabenaas, hast du zufällig meine Goldaugen gesehen?

Erstens heiße ich Hugin und zweitens ist gestern ist hier eine Nymphenschar nur mit Sandalen bekleidet vorbeigekommen. Vielleicht haben die sie verscheucht.

Apollon betrachtet erneut den Boden. Tatsächlich. Auf dem feuchten Grund zeichnen sich deutlich Sandalenspuren ab. Aber weit und breit kein Kuhhuf.

Vielleicht haben die Mädels sie huckepack mitgenommen, meint der Rabe maliziös.

Quatsch. Apollon ist sauer. *Die hat wer geklaut. Hör mal, Hugo, wer einen Hinweis auf die Ergreifung des Täters gibt, kriegt 30 Drachmen.*

Nicht schlecht, krächzt Hugin und rechnet blitzschnell nach. *Hab leider nichts gesehen.* Fünf Prozent von Hermes sind günstiger. *Außerdem heiße ich Hugin*, ruft er Apollon nach.

16
Der singende Darm
– Hermes erfindet die Leier –

Apollon rennt wütend Richtung Westen bis Pylos. Er hechelt nach Osten bis Onchestos. Keine Spur. Frustriert setzt er sich unter einen Feigenbaum. Plötzlich grüßt jemand von oben herab. Apollon verrenkt den Hals. Im Baum über ihm hockt eine Art vorchristlicher Krampus mit Schweinsohren, Pferdeschwanz und Eselshufen und im Gesicht ähnelt er Sokrates. Sonst ist er durch und durch göttlich. Es ist Silenos, der nun auch den Baum hinabrutscht. *Wo fehlt es denn, Apollon?*

Mein Liebstes ist mir genommen. Meine Kühe sind weg.

Silenos schaut Apollon erstaunt an. *Kühe, ja? Und wie sahen die aus?*

Apollon verträumt: *Golden.*

Was du nicht sagst! Darauf muß ich einen Schluck nehmen. Was kriegt denn der, der sie findet? Ich könnte mit meinen Kumpels die Gegend abgrasen.

Apollon ist großzügig: *Soviel du willst.* Silenos zwinkert erneut. *Bei einer kleinen Anzahlung sind meine Jungs aber motivierter.*

Seufzend zieht Apollon seinen Geldbeutel hervor.

Silenos trollt sich grinsend zu seinen Satyrn. Sie durchkämmen ganz Hellas, was natürlich seine Zeit dauert.

Silenos ist schon fast am Ende seiner Kräfte, da kommt ein kleiner Satyr auf ihn zu.

Ich habe was gehört. Seltsames Gezirpe. Gleich um die Ecke beim Berg Kyllene aus einer Höhle. Als ich hin bin, sitzt da vor dem Höhleneingang die Nymphe Kyllene. Sie erzählt mir stolz, daß sie Babysitterin eines Wunderknaben sei:

Klein Hermes ist erst ein paar Tage alt und hat bereits eine Leier gebastelt. Und zwar bloß aus einer toten Schildkröte und ein paar Metern Kuhdarm. Damit hat er seine Mutter sofort in den Schlaf gespielt.

Ich höre ihr noch ein bißchen zu. Auf einmal sehe ich zwei Kuhhäute hinter der Höhle zum Trocknen aufgespannt. Da macht es klick bei mir: Wo hat dein Wunderknabe denn den Kuhdarm für die Leier her?« Kyllene errötet und fängt an zu stottern: »Hat er irgendwo gefunden, vielleicht hat er ihn auch geschenkt bekommen.« Ach ja, antworte ich, und was ist mit den Kuhfellen da drüben?

Auf Kyllenes Näschen tritt Schweiß. »Willst du behaupten, der Kleine hätte die Kühe geklaut?« zetert sie los. Ich versuche sie zu beruhigen, da taucht Apollon auf. »Wo sind meine Kühe?« brüllt er mich an. Mich!

Was weiß ich, sag ich. Aber den Finderlohn kriegen wir. Ich habe nämlich die Kuhfelle entdeckt. Und aus dem Darm hat dein Halbbruder eine Leier gebastelt.

»Welcher Halbbruder?«

Hermes, der Hosenscheißer in der Höhle.

Apollon wirft mir ein paar Münzen zu und rauscht in die Höhle. Ich raffe schnell alles zusammen und nehme die Bocksfüße in die Hände.

Gut gemacht, lobt Silenos, *gib mal die Kohle her. Das übrige geht uns nix an.*

17
Schlau, schlauer, am schlausten
– Hermes kungelt mit Apollon –

Apollon blinzelt durchs trübe Höhlenlicht. Da liegt Maia einladend ausgestreckt auf einem Bärenfell. Aber Apollon hält sich zurück. Er tätschelt ihr die Rosenwangen.

Sie schlägt die Augen auf. *Was willst du?*

Ich habe im Vorübergehen ein paar Fragmente meiner Rinderherde gesehen.

Ein paar was? fragt Maia.

Meine Rinder haben sich in Luft aufgelöst, und ein gewisser Hermes soll sie hier in der Gegend wieder materialisiert haben. Wo sind sie?

Das ist doch lächerlich. Maia zeigt auf das schlafende Babybündel. Hermes hat natürlich alles mitgekriegt.

Darf ich mal sehen, fragt Apollon onkelhaft. Er geht leise zur Wiege und beugt sich hinab. Flutsch, hat er den Bengel hochgerissen und zischt wie der geölte Blitz mit dem Kuhklauer davon.

Hilfe, Kidnapper! kreischt die verzweifelte Mutter. Aber da ist Apollon mit dem Baby bereits über den Monte Chelmos. Von dort düst er direkt weiter zum Olymp.

Atemlos kommt er bei Zeus an und zeigt stumm auf den kleinen Dieb.

Zeus linst interessiert. Er fragt leise, damit Hera nichts mitkriegt: *Aha, ein Fehltritt. So was kann passieren. Wer ist denn die Mutter?*

Apollon stößt hervor: *Maia. Vielleicht noch etwas jung.*

Zeus flüstert nervös: *Nicht so laut. Hera schläft.* Er blickt sich ängstlich um. *Wie heißt denn der Bankert, und wie kommst du zu dem?*

Da legt Apollon los und erzählt vom Rinderraub. *Und hier*, sagt er triumphierend, *ist der Beweis.* Er zaubert die zwei Rindshäute aus dem Jagdbeutel.

Zeus ist gerührt und blickt stolz auf den kleinen Klauer. *Könnte glatt von mir sein, bei der Intelligenz*, denkt Zeus.

Bin ich auch, tuschelt Hermes.

Und du behauptest, der unschuldige Kleine sei ein Dieb, wendet sich Zeus entrüstet an Apollon. *Um ihn vor deinen Anschuldigungen zu schützen, nehme ich ihn an Sohnes Statt an.*

Apollon denkt, ihn streift der Schirokko. Erst schleppt er den jugendlichen Verbrecher zu Zeus, damit er bestraft wird, und dann ist Hermes Liebkind beim Chef.

Apollon jagt die Zornesröte über die klassische Nase. *Wenn dein Seitensprung nicht sofort zugibt, daß er meine Rinder geklaut hat, hole ich Hera*, schreit er, daß die antiken Säulen zittern.

Das wirkt. Zeus verharrt lauschend. Dann angelt er sich Hermes: *Komm, mein Kleiner. Ist ja nicht so schlimm, wenn du's zugibst.*

Na ja, druckst Hermes und errötet. Im Lügen ist er noch nicht so geübt wie die älteren Götter. *Sie standen da so alleine rum, da hab' ich mich halt ihrer angenommen.*

Apollon grient vielsagend. Doch bevor er was sagen kann, fährt Zeus dazwischen: *Du siehst, er hat aus reiner Tierliebe gehandelt.*

Reizend, säuselt Apollon. *Dann laß uns wieder von hier verschwinden.*

Zum Berg Kyllene zurückgekehrt, fällt Mutter Maia ein Stein vom Herzen. Dankbar gibt sie Apollon einen Kuß. Hermes saust zu seinem Schaffell und holt etwas darunter hervor, das Apollon noch nie gesehen hat.

Eine Art Mehrschußbogen? fragt er neugierig, denn Bogenschießen ist seine liebste Sportart.

Statt lange zu erklären, läßt Hermes sein Plektron über Apollons Kuhdarm flitzen. Der Sound läßt dem staunenden Gott den Unterkiefer herunterfallen. Und als Hermes dazu eine Lobeshymne auf ihn anstimmt, ist Apollon ganz verzückt. Nun, da sein Bruder nicht mehr sauer ist, führt Hermes ihn nach Pylos. Dort hat er die Goldrinder in einer Höhle versteckt. Den ganzen Weg lang dudelt er auf dem antiken Hobel, bis Apollon das Gerät schließlich haben will.

Sag mal, was hältst du davon: Du behältst meine Goldies und gibst mir dafür dein Instrument?

Genau das hat Hermes bezweckt. Er hält dem großen Bruder die Hand hin: *Gebongt.*

So kommt Apollon zu seiner Leier.

18
Cowboygott und Hellseher
– Zweiter Deal unter Brüdern –

Während Apollon glücklich auf einer Wiese liegt und drauflosklimpert, treibt Hermes die halbverhungerten Rindviecher auf die Weide. Dann setzt er sich zu dem Anfänger und hört dem schrägen Geklampfe zu.

Schon ganz gut, oder? freut sich Apollon, stolz wie alle Anfänger.

Es wird. Wenn du noch ein paar Jahre weiterübst, kriegt die Sache Form, lobt Hermes und steht auf. Das Geleier geht ihm auf die Nerven. Er läuft zum Fluß. Dort läßt eine Trauerweide ihr Geäst ins Wasser hängen.

Er langt in die Weide und schneidet sich ein paar Äste ab. Aus den besten schnitzt er eine Blockflöte. Nach ein paar Fingerübungen trillert er gekonnt über die Löcher. Zunächst macht er alle Vogelstimmen nach, dann erfindet er die unterschiedlichsten Rhythmen.

Das wilde Konzert schallt bis zu Apollon. Der läßt die Leier sinken und kommt zum Fluß.

Phantastisch. Apollon ist gefangen. *Was willst du dafür haben?*

Auch damit hat Hermes gerechnet. Seine Kaufmannsnase hat ihn nicht verlassen.

Weiß nicht. Eigentlich will ich das Ding gar nicht verkaufen, sagt er treuherzig und pfeift fröhlich weiter.

Bitte, gib die Flöte mir. Apollon wird ungeduldig.

Na, meinetwegen, weil du mein Bruder bist, sagt Hermes großzügig und läßt die Blockflöte durch die Finger jonglieren.

Was kriege ich dafür?

Du bekommst meinen goldenen Stab zum Kühehüten.

Damit bist du für alle Ewigkeit der Gott der Cowboys und Hirten.

Gott bin ich sowieso, hämt Hermes, *göttlicher kann ich gar nicht werden.*

Er trillert kunstfertig weiter. Apollon zerrt an seinem Arm.

Hermes läßt die Flöte sinken. *Na gut. Aber dafür bringst du mir die Kunst der Wahrsagerei bei.*

Kann ich nicht, gesteht Apollon kleinlaut. *Aber wenn du mir das Ding gibst, werde ich dich meinen Ammen, den Thrien vom Parnassos, empfehlen. Das sind Expertinnen. Nach ein paar Tagen bei den alten Tanten kannst du durch jeden Kieselstein in die Zukunft blicken.*

Das ist ein Wort! Hermes gibt Apollon die Blockflöte. Und ab geht's zum Olymp, um Zeus die Verbrüderung zu berichten.

19
Der Kurier des Himmelszaren
– Hermes wird Mädchen für alles –

Du scheinst mir nicht auf den Kopf gefallen, lobt Zeus.

Bei dem Vater, flötet Hermes. *Aber ich würde gern meine Fähigkeiten in den Dienst einer höheren Sache stellen.*

Und das wäre? fragt Zeus verwundert.

Ich möchte für dich als Sonderbeauftragter arbeiten. Lügen würde ich nur noch in diplomatischen Situationen und natürlich nur zu deinem Vorteil.

Hört sich gut an, meint Zeus. *Ich habe mich schon des öfteren nach einem Assistenten umgesehen, aber leider,* er schaut zu Apollon, der selbstvergessen die Leier übt, *bin ich hier nur von Schöngeistern umgeben.*

Das wird sich nun ändern, sagt Hermes selbstsicher. *Wie sieht mein Job aus?*

Zeus erläutert: *Du bist zuständig für die juristische Kunst, Verträge, Kleingedrucktes, Gummiparagraphen etc., bringst den Handel in Schwung und bist als Verkehrsminister verantwortlich für die Sicherheit der Land-, Luft- und Wasserwege.*

Kleinigkeit, sagt Hermes schlicht. Als Manager faßt er sich knapp.

Daraufhin langt Zeus nach einem Heroldstab mit weißen Flatterbändern. *Dieser Prügel ist das Zeichen deiner Macht. Dienstnummer ist oben eingeritzt: 007. Jeder, dem du das Ding unter die Nase hältst, muß parieren. Wer's nicht tut, dem ziehst du damit eins über. Und hier,* Zeus kramt noch einen Hut hervor, *hast du einen Sombrero gegen Regen.*

Hermes hebt grüßend die Hand: *Danke, Pa, dann will ich mal.*

Halt, halt, hält ihn Zeus zurück, *zu Fuß bist du lahmer als eine Nacktschnecke. Hier habe ich zwei flotte Sohlen.* Er reicht ihm ein Paar goldene Flügelsandalen.

Hermes schlüpft in die Überschallsandalen und macht einen kleinen Probeflug über Griechenland.

Herrlich, welch Panorama, ruft er, als er wieder auf dem Olymp landet, *hier bauen wir eines Tages eine blühende Touristenindustrie auf.*

Doch bevor Hermes dem verwirrt schauenden Zeus den Plan erklären kann, treten die noblen Familienmitglieder ein.

Gute Gelegenheit, Hermes zwanglos vorzustellen, denkt sich Zeus.

Meine Lieben. Das ist Hermes, Halbwaise. Ich habe ihn als Botenjungen adoptiert, damit die Koordination unter uns in Zukunft besser klappt.

Er wirft einen ängstlichen Seitenblick auf Hera. Die hat das Theater natürlich sofort durchschaut. Ihr Blick bleibt finster. Was Hermes nicht entgeht.

Um bei der versnobten Verwandtschaft anzukommen, muß ich Kunststücke zeigen, die bisher keiner gesehen hat, kombiniert er, und sofort hat er eine Idee.

Nach dem Kuhklau in den arkadischen Alpen hatte er frostige Zehen. Er streckte sie zum Wärmen ins Mondlicht. Dadurch wurden sie noch kälter. Schließlich rieb er sie so lange, bis sie glühten.

Wenn Reibung Wärme erzeugt, muß mehr Reibung Glut entfachen, denkt er sich nun und holt ein paar dürre Pinienzweige. Er reibt, unterlegt mit Heu und bläst, bis Feuer herausspringt. So hat Hermes den Urtyp der Zündhölzer erfunden.

Durch diesen Feuerzauber will er mit der coolen Verwandtschaft warm werden.

Etwas kalt hier, sagt Hermes nebenbei zu Aphrodite, seiner Tante, die oben ohne geht und leicht friert.

Er schleppt ein paar archaische Zündhölzer heran und führt seinen pyrotechnischen Trick vor. Die Olympier staunen.

Und um sich bei den drei mächtigen alten Tanten, den Schicksalsgöttinnen, einzuschmeicheln, zaubert Hermes gleich ein weiteres Kunststück aus dem Hut. Er hilft ihnen bei der Komposition des Alphabets.

Wir müssen uns immer notieren, wem wir gerade den Lebensfaden spinnen, abmessen und abzwacken, klagen Klotho, Lachesis und Atropos. Man kann sich vorstellen, wie glücklich sie sind, als Hermes ihr wirres Gekrakel in Ordnung bringt, so daß sich jede im Abc zurechtfindet.

Apollon kriegt von all dem nichts mit. Er hockt im Keller und müht sich mit seiner Leier ab. *Jault da nicht eine Katze?* fragt Zeus. Alles verstummt und lauscht. *Ja*, sagt Artemis, *klingt, als ob ihr der Schwanz klemmt.*

Als Göttin der Jagd kennt sie sich in Tierstimmen

aus. Nur diesmal hat sie sich geirrt. *Hermes*, Zeus schnippt mit den Fingern, *sieh doch mal nach!*

Hermes weiß es ohnehin. Er flitzt dennoch in den Keller.

Wie geht's? fragt er seinen großen Bruder.

Na ja, so lala. Apollon ist frustriert.

Laß mich mal. Hermes stimmt durch. Dann legt er los.

Toll, wie du das machst, staunt Apollon. *Warum kann ich das nicht?*

Ich bin ein Naturtalent, sagt Hermes. *Lauter Halb- und Vierteltöne, Cluster, Flageoletten. Das hat man oder hat man nicht.*

Er denkt ein bißchen nach. *Jetzt laß mal nicht den Kopf hängen. Ich entwerfe dir eine Tonleiter von Prime bis Oktave. Zwei Viertonreihen. Mit diesen acht Tönen legst du Elegien und Walzer hin. Das nennen wir apollinisch.* Er spielt Apollon was vor. *Probier auch mal.*

Apollon zupft verzagt. *Nicht schlecht*, lobt Hermes.

Wirklich?

Aber Hermes ist schon wieder im Salon. So erfährt Apollon nie, daß der Kleine sein Gezupfe zum Einschlafen findet.

Oben hocken die Aristocats und langweilen sich gediegen. *Gut, daß du kommst*, freut sich Zeus, *hier ist nichts los.*

Während Hermes den Olympiern was von dem Katzenschicksal im Keller vorflunkert, schnitzt er nebenbei an einem Stück Elfenbein. Plötzlich hat er den Würfel erfunden und kurz darauf das Spiel. Die Götter würfeln wie toll. Die Stimmung steigt, bis sich Zeus und Hades in den Haaren liegen. Da legt Hermes den Zwist bei, indem er allen die Zukunft aus den Würfeln liest. Er hat zwar noch nicht das Wahrsageseminar bei Apollons Ammen besucht, aber er lügt bereits märchenhaft das Blaue vom Himmel. Er ist eben ein Naturtalent.

20
Gebärvater wird Leihmutter
– Wie Zeus Dionysos ausbrütet –

Alles wäre in schönster Himmelsordnung, wenn Zeus nicht ständig was am Laufen hätte. Er ist nämlich total verrückt nach Jungfrauen. Während Apollon verklärt an der Leier zupft und Hermes durch den Himmel fegend die Astronomie erfindet, um sich nachts an den Sternen orientieren zu können, ist Zeus auf Aufriß unterwegs.

Diesmal lungert er in menschlicher Gestalt und als Jägersmann verkleidet durch Thessalien, um Semele, der mondsüchtigen Tochter des Königs Kadmos von Theben, aufzulauern.

Der Vollmond strahlt, die Zikaden zirpen, da öffnet sich die Seitentür der Königsburg.

Zeus hält den Atem an. Eine schleierumflorte Gestalt schwebt vorbei.

Zeus schleicht der Schlafwandlerin nach, umtanzt sie, nimmt sie sanft in seine Arme.

Sie lösen sich vom Boden. Was weiter passiert, verschweigen die Quellen. Aber wer ein bißchen Phantasie hat, kann sich das wohl vorstellen.

Nach zehn Tagen jedenfalls, der Vollmond ist längst verschwunden, kommt Semele noch immer jede Nacht zum Hügeltanz mit dem Jägersmann. Jetzt hat sie eine andere Sucht.

Das geht so lange gut, bis sie sich eines Tages schwanger fühlt.

Bitte, Liebster, flüstert sie, als sie mit Zeus mal wieder Sterne zählt, *sag mir, wer du bist. Ich bin nämlich schwanger.*

Oha, besser nicht, entfährt es dem Kindermacher. Wegen Heras ständiger Eifersucht hat er eine Art Paranoia, zu deutsch: er leidet unter Verfolgungswahn. Doch Semele bleibt zunächst hartnäckig.

Weil er aber so erbärmlich zu zittern anfängt, verspricht sie ihm schließlich hoch und heilig, nie mehr zu fragen. Sie findet die geheime Liebschaft einerseits zwar aufregend, andererseits fürchtet sie ihren Vater. *Was geht uns dein Alter an*, meint Zeus trocken. *Liebe ist eine Himmelsmacht.*

So zieht sich die Sache hin. Hera allerdings bekommt davon Wind. Sie verwandelt sich in eine Oma und spioniert Zeus nach.

Kaum sieht sie Semele aus dem Schloß kommen, ist ihr alles sternenklar.

Zeus hat diesmal wenig Zeit. Semele will gerade traurig ins Schloß zurückkehren, da steht Hera wie ein Gespenst in der Burgpforte.

Huch, entfährt es Semele, *wer bist du?*

Keine Sorge, Kind, deine Nachbarin. Erkennst du mich nicht? Hera zieht das schwarze Tuch etwas zurück. Sie hat sich das Knitterface der Nachbarin ausgeborgt.

Semele atmet erleichtert auf. *Bei Zeus! Hab ich mich erschreckt!*

Das ist nicht gut in deinem Zustand, sagt Hera mütterlich.

Wieso? Semele wird rot.

Vor mir brauchst du nichts zu verheimlichen. Die Männer sind Schurken. Kaum ist der Spaß vorbei, sind sie auf und davon. Was meinst du, was dein Vater dazu sagt? Das Beste wäre, der Kerl würde dich heiraten. Wer ist er denn überhaupt?

Semele fängt an zu schluchzen. *Das ist es ja. Er will es mir nicht sagen.*

Was? gifet die Alte. *Bist du des Wahnsinns?*

Was soll ich denn machen? heult Semele.

Sag ihm, daß du das Theater satt hast. Vielleicht ist er ein Ungeheuer, das Jungfrauen schwängert und ihre Kinder frißt. Wer weiß?

Semele sträuben sich die Haare. Das hat sie noch gar nicht bedacht.

Verlange, daß er sich dir in seiner wahren Gestalt zeigt. Solange er das nicht tut, läßt du ihn darben.

Da kräht der Hahn. Semele schrickt auf.

Ich muß zurück, bevor mich jemand sieht. Danke für den Tip.

Hera lächelt böse.

Drei Nächte später verweigert sich Semele ihrem Liebhaber. *Aber warum denn, Herzchen,* ölt Zeus und streichelt sie sachte.

Ich bin im sechsten Monat und will endlich wissen, mit wem ich es zu tun habe, heult sie auf.

Aber, aber. Ich habe dir doch gesagt, daß wir dadurch nur in Schwierigkeiten kommen, sagt er lahm und versucht es mit sanfter Gewalt. Semele bleibt eisern.

Woher soll ich wissen, ob du nicht ein verkleideter Zombie bist, kreischt sie schließlich so entsetzlich, daß Zeus das Trommelfell schmerzt.

Spinnst du? tobt er. *Spiel nicht die keusche Unschuld, sonst fahre ich aus der Haut!*

Genau das will ich, keift sie hysterisch. *Zeig, wer du bist!*

Das hätte sie besser nicht gesagt. Denn jetzt läuft Zeus heiß vor Zorn. Aus seinen Augen schießen Blitze, er schreit, daß der Donner von den Bergen des Pelions zurückprallt. *Du hast es nicht anders gewollt!*

Semele reißt fassungslos die Augen auf. Ein Gewitter bricht los. Der nackte Jäger verwandelt sich in einen Blitzschlag. *Ich bin Zeus!* donnert es. Der Schreck fährt ihr so heftig in die Gebärmutter, daß sie eine Frühgeburt kriegt. Der göttliche Embryo purzelt heraus und kegelt den Abhang hinunter, während Semele in der ungeheuren Energie ihres Lovers verglüht.

Zeus erkennt zu spät, was er angerichtet hat. *Hermes,* brüllt er, *SOS, SOS!*

Kaum hat Hermes den Hilferuf vernommen, kommt er mit Überschallgeschwindigkeit zur Unfallstelle. *Wo brennt's denn?*

Zeus steht da, als hätte ihn der Blitz getroffen: *Meine Liebste ist durchgebrannt und hat mir einen Embryo zurückgelassen. Hilf mir!*

Hermes holt das sturzgeborene Früchtchen. *Noch alles dran. Er braucht nur eine Leihmutter, sonst geht er ein wie ein Kaktus im kaledonischen Winter.*

Dann tu was! schreit Zeus. Hermes überlegt angestrengt. Bis sie eine Leihmutter aufgetrieben haben, ist das Früchtchen über den Jordan.

Wir brauchen sofort eine konstante Temperatur von 37 Grad und einen passenden Nährboden. Leg dich hin! befiehlt er Zeus auf einmal sachlich wie ein Chefarzt. *Wir benutzen dich als Leihmutter.*

Zeus bricht der Schweiß aus. *Aber ich habe doch gar keine Gebärmutter.*

Komm schon! Sonst ist jede Erste Hilfe zu spät. Wenn du so zimperlich bist, nähe ich den Kleinen halt in deinen Schenkel ein.

In Gottes Namen, stöhnt Zeus und schließt ergeben die Augen.

Hermes zaubert ein Skalpell aus dem Hut. Ein Schnitt, ein paar Handgriffe, und schon ist der Kleine geschickt verstaut. *Fertig. Jetzt kann Dionysos noch drei Monate brüten.*

Wieso Dionysos? fragt Zeus und tastet den geschwollenen Schenkel ab.

Klingt doch gut. Kommt von Dio-Nyssa: der zweimal durchs Ziel Gesauste oder einfach: der zweimal Geborene.

Was dir immer einfällt, seufzt Zeus.

Auf einmal wird er ganz nervös. *Sag mal, was soll ich bloß Hera sagen, wenn das Kind kommt? Die reißt mich in Stücke.*

Hermes macht eine wegwerfende Handbewegung.
Kommt Zeit, kommt Tat. Das fällt uns dann schon ein.
Du weißt ja: Kleine Lüge ziert die Rede.

21
Fast als Jungfrau zum Kind
– Zeus erlebt Mutterfreuden –

Hermes kennt Hera nicht.

Was hast du denn da am Bein? fragt Hera eines Nachts
ihren Angetrauten.

Wo? Zeus spürt, wie ihm sichtbar heiß wird.

Da oben am Schenkel.

Das weißt du doch.

Nein, nicht das. Links daneben.

Och... ich hab' mich ein bißchen beim Sport verletzt.
Hermes hat die Wunde genäht.

Jetzt ist Hera erst recht mißtrauisch. Beim Sport! Wo
der Kerl doch seit Wochen bis zum Mittag pennt und
nachmittags abgeschlafft in der Hängematte rumhängt.
Warum, weiß sie auch: Semele.

Argwöhnisch beobachtet sie, wie die Geschwulst am
Oberschenkel wächst. Zeus schleppt sich durch den Palast.

Hirnrissige Idee, zischt er seinen Gynäkologen Hermes an. *Hera schnüffelt mir überall nach.*

Hermes untersucht den Hochschwangeren. *Alles in Butter. In zwei Tagen etwa setzen die Wehen ein. Paß auf, daß du ihr dann nicht ins Schußfeld kommst.*

Wie alle Schwangeren hat Zeus tierische Gelüste. Er plündert die Vorratskammer, nascht heimlich in der Küche.

Auf einmal ist ihm kotzelend. Er schwankt. Plötzlich frühstückt er rückwärts.

Hera hört das. Sie eilt keifend herbei. Zeus wälzt sich unterdessen winselnd auf dem Marmorboden. *Die Wehen!* heult er.

Hast du Fieber? Hera fühlt seinen Puls. Der rast. Sie tastet vorsichtig den Schenkel ab. *Da bewegt sich was!* schreit sie auf.

Hermes, hilf! hechelt Zeus. Er verwechselt Hera mit seinem Vertrauten. *Du mußt einen Schnitt machen! Einen Kaiserschnitt!*

Wie kannst du schwanger sein? kreischt Hera und faßt sich an den Kopf. Das ist ja wie im Kino.

Zeus japst bloß noch.

Hera holt eine Schere. Behutsam tastet sie ein zweites Mal den Schenkel ab. Jetzt fühlt sie es: Kopf, Arme, Beine. *Tatsächlich. Er kriegt ein Kind. Seit wann können Männer Kinder kriegen? Ob er's mit Hermes getrieben hat? Die beiden waren in letzter Zeit sehr intim.*

Zeus heult vor Schmerz. Das macht Hera angst. Immerhin ist Zeus nicht nur ihr Göttergatte, sondern der Boß des Universums. Mit zitternden Händen fummelt sie an der vernarbten Geburtsspalte. Ein kleiner Schnitt, und ein Kinderärmchen fährt heraus. Noch ein Schnitt, und ein kleiner Krauskopf mit Hörnern und Schlangenkrone drängt in die Welt. Zeus hechelt wie ein Marathonläufer.

Jetzt – pressen! kommandiert Hera und schiebt den Rest des göttlichen Frischlings durch die Öffnung ins Freie. Zeus schreit schrill auf. Das Kind ist da. Der Gebärvater verliert das Bewußtsein. Kein Wunder. Schließlich ist er der erste Mann der Weltgeschichte, der ein Kind kriegt.

Hera schneidet mit der Schere die Nabelschnur durch. Dann erst kann sie einen forschenden Blick auf das plärrende Bündel werfen, den Bankert von zwei Schwulen, wie sie meint. Hastig rafft sie das Neugeborene an sich und verschwindet.

22
Zartes Fleisch für Grillparty
– Heras scharfe Hexenküche –

Kaum ist Hera mit dem Baby zur Tür hinaus, kommt Hermes durchs Fenster gesegelt. Der Wöchner liegt erschöpft auf der Matte. *He!* Hermes rüttelt ihn sanft.

Zeus kapiert plötzlich, was passiert ist. *Sie hat mir mein Kind weggenommen*, heult er. *Sie hat mich behext. Jetzt war alles umsonst. Ich will mein Kind.*

Hermes schlägt die Bettdecke zurück und untersucht den jungen Mutterich. Zweifellos: das Kind ist weg.

Wo ist es geblieben? will Hermes wissen.

Weiß nicht.

Hermes hetzt durch die siebenhundertfünfzehn Zimmer und Säle des Palastes, schaut in jede Besenkammer und kontrolliert sogar jedes Klo. Nix. Von Hera keine Spur.

Die ist längst über alle Berge und stößt einen geheimen Pfiff aus. Sofort kommt im Eilschritt eine Horde Titanen aus der Verbannung angetrabt. Was die eigentlich nicht dürfen, da sie unter Hausarrest stehen.

Hallo Süße, wo hakt's denn? fragen die drei Lulatsche und machen ihr schöne Augen. Hera hat zwar eine Ätzzunge, messerscharf und spitz, aber sonst ist sie rund wie Marilyn Monroe.

Ihr kennt doch Zeus, meinen Nichtsnutz von Mann?

Die Titanen heulen auf vor Haß. Mit einer Handbewegung sorgt Hera für Ruhe.

Auch ich habe eine Meinungsverschiedenheit mit ihm und möchte, daß er endlich mal was abkriegt. Aber ihr kennt ihn. Wenn's brenzlig wird, wirft er seine teuflischen Molotowcocktails.

Die Titanen nicken.

Deshalb hab' ich zur Rache etwas Babyleichtes mitgebracht.

Sie zerrt den plärrenden Dionysos hervor und hält ihn am Bein hoch: *Dieser Giftzwerg hier ist sein frischgeborener Sohn. Den liebt Zeus geradezu abgöttisch. Wenn ihr den zu Schaschlik verarbeitet, ist es für ihn schlimmer, als wenn ihr ihm das Herz auslutscht.*

Hera hat den Ton getroffen. Die Titanen lecken sich begehrlich die Lippen.

Dionysos, der wie die meisten Götter schon ein paar Minuten nach der Geburt ziemlich helle ist, fängt vor Angst zu kreischen an: *Kannibalen*... Wo er das karibische Wort herhat, wissen die Götter.

Hera gruselt es. *Rasch. Macht ihn kalt. Sonst lockt sein Gewinsel die Götter an.*

Die Titanen kommen zähnefletschend näher. Dionysos klammert sich an Hera. Aber die haut ihm was auf die Finger, und schon haben ihn die Titanen gepackt.

Vierteilen! kommandiert Hyperion, das ist der, der mit seiner Schwester Theia Eos, Helios und Selene (Morgenröte, Sonne und Mond) gezeugt hat.

Jeder packt ein Beinchen oder Ärmchen.

Hau ruck, hau ruck. Sie zerren, und Dionysos kreischt herzerweichend.

Heras empfindsame Nerven halten das Todesgebrüll nicht aus. Mit den Fingern in den Ohren flüchtet die Göttin der Mutterliebe.

Kaum ist sie weg, bricht das Babygeschrei ab. Die Titanen zerpflücken das zarte Knäblein zu Gulasch. Das Blut haben sie bereits ausgesaugt. Dort, wo beim Schlachtfest Blutstropfen zu Boden gefallen sind, schießt plötzlich ein Granatapfelbaum aus der Erde.

Sieh mal einer an! Göttersaft düngt fabelhaft, lachen die Ungeheuer, während das Babyfleisch im Kessel schmort.

Der Bratenduft wabert lieblich durch die thessalische Landschaft und sticht Babysucher Hermes in die Nase. Er schnüffelt.

Riecht formidabel. Flink saust er durchs Gebüsch dem Duftfaden nach.

Aha! Er sieht die Titanen durchs Blattwerk und hört: *Noch zehn Minuten, und er ist gar. Wenn der Kleine so gut schmeckt, wie er riecht …*

Hermes braucht nicht lange zu grübeln, wer im Topf ist. Er rast zum Olymp zurück.

Zeus liegt noch immer apathisch im Wochenbett.

Hoch, Alter, dalli! Die Titanen haben Dionysos zur Grillparty eingeladen – leider als Grillfleisch. Los, sonst ist von ihm nur noch Kompost übrig.

Zeus kriegt einen Adrenalinstoß, der ihn von der Matte reißt.

Wo sind sie? brüllt er und transformiert sich in einen Kugelblitz. Hermes düst los, so dicht gefolgt von Zeus, daß ihm der Hintern brennt. Zwei Sekunden später sind sie am Tatort.

Ein Titan hat bereits seinen Löffel im Topf. Da knallt es plötzlich. Zeus ist wie eine Granate in die Kannibalenbande gesaust und hat sich in drei Kugelblitze geteilt. Jedem Babyfresser glüht plötzlich ein Feuerball unter dem Hintern. Entsetzt lassen sie alles Küchengerät fallen und stürzen in Panik bis zum Rand des Tartaros.

Ich brenne, heulen sie und hechten verzweifelt in den Abgrund.

Nachdem sich Zeus wieder gesammelt hat, saust er, einen Kometenschweif hinter sich herschleifend, zum Picknickplatz zurück.

Dort hat Hermes bereits die Babyknochen aus der Botanik gesammelt und die Fleischstückchen aus dem Topf geklaubt. Zeus ist außer sich.

Mein Sohn, plärrt Zeus los. *Verdammt auch. Wie sollen wir ihn je wieder zusammenkriegen?*

Hermes: *Vielleicht kann ihn Hephaistos zusammenbasteln?*

Zeus schüttelt den Kopf: *Das ist kein technisches, sondern ein biochemisches Problem. Nur mit Geisterbeschwörung zu lösen.*

Da kommt ihm ein Gedanke: *Rhea, meine Mutter. Die fragen wir.*

Hermes flitzt zu Rhea. Rhea, praktisch wie alle Großmütter, packt sofort ihre Erste-Hilfe-Tasche und folgt Hermes. Dort genügt ihr ein Blick.

Fehlt auch nichts?

Hermes schüttelt den Kopf: *Alles da.*

Rhea klebt das Wickelkind mit einem antiken Alleskleber zusammen. Dann blickt sie sich suchend um.

Die paar Tropfen Blut, die er noch hat, reichen nicht... Wir müssen es strecken...

Ihr Blick fällt auf den Granatapfelbaum: *Das wäre eine Lösung. Leider hat er zuwenig Saft.*

Hermes flitzt suchend durch die Gegend. Er kommt mit ein paar Trauben wieder. *Hier! Diese Beeren habe ich noch nie zuvor gesehen. Blutroter Saft, süß und lecker. Kostet mal.*

Sehr süffig, orakelt Rhea. *Was mag das bloß sein? Ich glaube, dieser Saft ist zum Blutverdünnen vorzüglich geeignet. Hol, soviel du finden kannst!*

Hermes schleppt jede Menge Trauben an. *Das ist alles, was am Busch hing. Weit und breit der einzige, der hier wächst.*

Zeus, befiehlt Rhea ihrem Sohn, *wasch deine Füße in der Quelle und zertritt flott die Beeren im Kessel.*

Zeus macht sich ächzend ans Werk, bis fünf Liter Weintraubensaft gepreßt sind.

Rhea filtriert ihn durch ihr Kopftuch und träufelt ihn sachte in Dionysos' Mund. Dabei spricht sie eine vorsintflutliche Beschwörungsformel.

Plötzlich plärrt der Zusammengeflickte wie ein aufwachender Säugling. Der starke Wein hat den Kreislauf wieder in Schwung gebracht.

Hermes und Zeus legen vor Freude einen altgriechischen Schuhplattler auf den Rasen. Rhea drückt das vitale Bündel Zeus in die Arme: *Hier. Paß in Zukunft besser auf ihn auf!* Damit schwirrt sie ab.

Was jetzt, Hermes? fragt Zeus strahlend. *Wenn ihn Hera ein zweites Mal erwischt, zerkrümelt sie ihn zu Fischfutter.*

Wir bringen ihn zu einer alten Freundin von mir, sagt Hermes. *Die soll den Bengel als Mädchen verkleidet aufziehen.*

23

Königspaar auf Horrortrip
– Heras Überraschungstörtchen –

Hermes' Busenfreundin ist Ino, Gemahlin des Königs Athamas von Orchomenos. Sie ist sofort bereit, die Pflegemutterrolle zu übernehmen. Sie verkleidet Dionysos als Puppe, steckt ihn in die Frauensuite und nennt ihn Diddi.

Diddi spielt begeistert mit Puppen, kocht am Spielzeugherd, lernt häkeln und wird auf diese Weise ein allerliebstes Mädchen.

Hera hat natürlich längst von der vermasselten Grillparty erfahren. Sie schleicht heimlich zum Grillplatz, um nach Resten zu suchen.

Verdammt, flucht sie, *was haben die mit den Abfällen gemacht?*

Sie stößt einen magischen Pfiff aus. Eine Elster kommt eilends herangeflattert.

Hast du gesehen, was Zeus hier gemacht hat?

Als die Titanen stiften gegangen sind, haben Zeus und Hermes die Reste zusammengesucht, und Rhea hat das gebratene Fleisch mit Traubensaft wieder auf Touren gebracht.

Hera bleibt vor Ärger der Fluch am Zäpfchen kleben.

Zu Ino haben sie das Hurenkind gebracht.

Hera tarnt sich als altes Mütterchen und saust nach Orchomenos. Dort sitzen Ino und Athamas gerade bei Kaffee und Kuchen auf der Terrasse, als Hera auftaucht.

Sie wackelt altersschwach am Parkzaun entlang und späht durchs Gitter. Von Dionysos ist nichts zu sehen. Sie überlegt, wie sie aufs Grundstück gelangen könnte, und klappt kurzerhand zusammen.

Die mildherzige Königin springt entsetzt auf. *Oh, Athamas, die arme alte Dame! Wir müssen ihr helfen.*

Athamas winkt hektisch dem Butler. Der läßt die alte Dame von zwei Wächtern in den Park tragen. Der Leibarzt untersucht sie: *Nichts Ernstes. Kleiner Schwindelanfall.*

Hera läßt die Augenlider flattern, dann kommt sie zu sich. *Hach,* ächzt sie, *wo bin ich?*

Ino sagt's ihr. Man kommt ins Gespräch. Hera lenkt es unauffällig aufs Thema Kinder und erfährt, daß Töchterchen Diddi Röteln hat und nicht in die Sonne darf.

Die arme Kleine, heuchelt Hera. Dafür will sie sich jetzt an den Pflegeeltern rächen und zieht aus ihrer Handtasche zwei leckere Törtchen.

Nehmt diese Küchlein zum Dank für eure Hilfsbereitschaft. Ich hatte sie für meine Enkelkinder gebacken.

Das Königspaar will gerührt ablehnen, aber Hera besteht darauf. Um sie nicht zu kränken, nehmen sie die Dinger schließlich.

Hera verabschiedet sich, und während sie durchs Schloßtor trippelt, beißen Ino und Athamas in ihr Unglück. Denn jedes Törtchen ist eine LSD-Bombe. Kaum haben sie mit Kaffee nachgespült, sind sie vollkommen high.

Athamas schleicht durch den Schloßpark. Er hält sich für einen Königstiger und versucht Ino, in der er eine Tigerin erblickt, zu bespringen. Die aber hält sich für ein Eichhörnchen und flüchtet in die Linde. Fauchend und knurrend umkreist Athamas den Baum und brüllt so schrecklich, daß die Lakaien wie die Hasen davonlaufen.

Der Butler informiert Kronprinz Learchos, und der jumpt in den Park. Kaum hat der König seinen Sohnemann bemerkt, geht er zähnefletschend auf ihn los.

Der König hält ihn auf seinem Horrortrip für einen schmackhaften Ziegenbock und springt ihn an. Learchos rennt um sein Leben. Im Zickzack geht's durch den Park. Da bleibt des Jünglings Fuß in einer Baumwurzel hängen. Der Tiger hechtet auf den Ziegenbock und reißt ihm mit einem Biß die Kehle auf.

Hera hat die Jagdszene durch den Parkzaun beobachtet und reibt sich nun die Hände. *Rache ist süß. Die werden keine Knaben mehr zu Transvestiten verhätscheln.*

24
Vom Knaben zum Guru
– Heras Verwandlungspralinen –

Die Schauergeschichte verbreitet sich in Windeseile.

Zeus und Hermes sind völlig aufgelöst. Sie ahnen, daß Hera dahintersteckt. Nur – beweisen läßt sich nichts.

Wir müssen jedenfalls Dionysos sofort eine neue Identität geben und ihn in ein sicheres Versteck bringen, meint Zeus.

Wir verwandeln ihn in einen Hamster, schlägt Hermes vor. *Dann läßt er sich leichter transportieren.*

Hamster, überlegt Zeus. *Zwar ein nettes Wesen, wird aber auch gern von Schlangen und Katzen gefressen. Zu gefährlich.*

Gut, dann in einen Ziegenbock. Davon gibt es so viele, daß er nicht auffällt.

Zeus nickt. Das gefällt ihm.

Das hätten wir, sagt Hermes. *Aber wohin mit ihm?*

Zum Berg Nysa, da kenne ich eine Nymphenkommune. Alles liebe Mädels. Bei Makris, Nysa, Erato, Bromie und Bakche ist er sicher.

Und wo ist dieser Berg?

Zeus flüstert es Hermes ins Ohr. Der schnallt seine Düsensandalen an und flattert zum Königspalast nach Orchomenos.

Dort herrscht Staatstrauer. Ino reicht Hermes schweigend den Anlaß des Kummers.

Na, Kleiner, sagt Hermes gedämpft, *hast du Lust auf einen kleinen Rundflug über Griechenland?*

Dionysos ist begeistert. *Dazu müssen wir aber ein bißchen Zauberer spielen,* fügt Hermes listig hinzu.

O ja, freut sich der kleine Transvestit und klatscht in die Händchen.

Dann mach die Augen zu.

Dionysos folgt und wartet, was passiert. Zunächst nichts. Denn Hermes findet den Zettel mit dem Zauberspruch, den ihm Zeus diktiert hat, nicht auf Anhieb. Als er ihn schließlich herausgekramt hat, kann er seine eigene Schrift kaum lesen. Hermes probiert's nach Gutdünken – und nach einer Weile klappt's dann endlich auch.

Ino hält Dionysos einen Spiegel vor: *Wie gefällst du dir, mein Kind?*

Mäh, mäh, meckert Dionysos.

Jetzt kann nichts mehr schiefgehen. Hermes stopft das Zicklein in seine Reisetasche und hebt ab.

Am Berg Nysa setzt Hermes nach einer eleganten Kurve sein Fahrgestell ins Gras. Die Nymphen kommen neugierig angelaufen.

Hey Girls, grüßt er salopp.

Willkommen, schöner Fremder, sagen die Nymphen

artig und schielen nach seinen heißen Flügelschuhen.

Zeus läßt grüßen. Er kann leider nicht selbst kommen. Ich soll euch dieses einzigartige Böcklein bringen.

Hermes zieht seinen Copiloten aus der Reisetasche. Dionysos macht brav: *Mäh, mäh.* Die Mädels sind begeistert und führen Hermes und seinen Reisebegleiter in ihre Wohnhöhle.

Was sollen wir denn mit dem Ziegenbock machen? lachen die Nymphen.

Das ist mein Halbbruder Dionysos. Um Haaresbreite wär er jetzt kompostiert, wenn nicht...

Er erzählt den entsetzten Teenies die mörderischen Storys. *Deshalb habe ich ihn zu euch gebracht, weil er nur hier in eurer Weiberclique vor Hera sicher ist. Einmal könntet ihr doch von eurer strengen Regel abweichen, zumal es sich um den Sohn des Chefs handelt.*

Bromie denkt nach. *Okay. Er kann hierbleiben. Aber nur als Frau. Seine wahre Identität verstecken wir unter Kleidern.*

Hermes zaubert wieder, und aus dem Böckchen wird ein rosiger Knabe. Die Frauen sind ganz weg. Während Hermes zum Olymp zischt, verwöhnen sie ihr Leihkind nach Tantenart über die Maßen.

Daß er nicht völlig verzärtelt wurde, verdankt er wahrscheinlich Hera. Eines Tages steht die herbe Himmelsmutter nämlich vor der Tür. Die Nymphen sind alle ausgeflogen.

Woher Hera den heißen Tip hat, ist nicht mehr zu ermitteln, weil die Story rund 4937 Jahre her ist. Jedenfalls haben ihre Spione ganze Arbeit geleistet.

Hera klopft, als Bergtouristin verkleidet, an den Höhlenbalken.

Dionysos öffnet gähnend: *Wir geben nichts. Was kann ich sonst für dich tun?*

Hera erkennt den Bengel kaum wieder, so mädchenhaft zart und fast schon erwachsen.

Ich habe mich verirrt, jammert sie.

Wer das Ziel kennt, findet den Weg, tönt Dionysos wie ein alter Chinese.

Hera glaubt nicht recht zu hören, der sülzt ja wie Apollon.

Könnte ich ein Glas Wasser bekommen? bittet sie.

Dionysos trollt sich mit dem Krug zum Bergquell. Als er zurückkommt, hat sich Hera gründlich umgeschaut.

Wohnst du allein hier?

Nein, wir sind eine Frauengemeinschaft. Die anderen Frauen sind aber im Moment nicht zu Hause.

Hera trinkt aus. *Köstlich.* Sie kramt eine Packung Pralinen aus dem Rucksack.

Danke für deine Gastfreundschaft. Ich muß weiter, be-

vor es Nacht wird. Sie gibt Dionysos die Pralinen. Der will erst nicht annehmen: *Ist aber nicht nötig.*

Doch kaum ist Hera um die Ecke, fällt Dionysos gierig über die Pralinen her. Er lutscht eine nach der anderen, bis die Packung leer ist. *Himmlisch, wer die Alte bloß war?*

Eine Stunde später hat er violette Spiralen in den Augen und Durst wie ein Wüstenbataillon. Jede Praline war ein LSD-Bömbchen, und davon hat er 42 Stück intus. Der Speed fetzt ihm durchs Nervensystem. Und weil in seinem Kreislauf sowieso neunzig Prozent Wein und nur zehn Prozent Blut fließen, hebt er ab. *Wasser,* lechzt er und beugt sich über den Brunnen. Da sieht er sein Spiegelbild. Entsetzt springt er davon und landet im Gestrüpp.

Plötzlich riecht er etwas Vertrautes: Trauben. Gierig pflückt und verschlingt er sie.

Er schwebt zur Höhle zurück, schleppt Eimer, Schüsseln, Amphoren herbei und erntet die Früchte bei Mondenschein.

Hera beobachtet ihn belustigt hinter einer Zypresse. Sie ist mit ihrem Werk zufrieden und dampft heim. Dionysos schleppt die überreifen Trauben in die Höhle und fällt in tiefen Schlummer. Als er nach drei Tagen erwacht, kostet er von seinem neuen Lieblingsgetränk. In der Affenhitze ist inzwischen fast alles vergoren und hat erheblichen Alkoholgehalt.

Dionysos' Augen beginnen außerirdisch zu strahlen, und er erkennt bald: *Das Getränk hat mich verwandelt. Ich bin der Künder der Lebensfreude.*

Er läßt sich den Bart bis zum Nabel wachsen, flicht seine schwarzen Locken zu dünnen Zöpfen, setzt sich einen Kranz Grünzeug in die Afrofrisur und trägt bevorzugt lange, den Körper umschmeichelnde Gewänder. Zufrieden betrachtet er sein Spiegelbild und wirft ihm Belehrungen zu:

Wenn du losläßt, bist du frei.

Dann tanzt er um die Weineimer: *Ich bin der Erlöser der Welt. Der Guru der Betrübten. Kommt, die ihr dürstet: Ich will euch erquicken.*

25
Bumsfidele Orgien
– Dionysos missioniert die Welt –

Nach drei Tagen kehren die Nymphen zurück und entdecken den wirren, vor dem Spiegel herumkaspernden Weingott.

Bist du krank? ruft Bromie besorgt. *Was trinkst du da? Himbeersaft?*

Dionysos schüttelt die Zöpfe. Die Nymphen kosten.

Hhhhm. Süß und stark!

Bald sind die Flaschen leer und die Nymphen voll.

Wo – hicks – hast du diesen phantastischen – hicks – Saft her?

Aus der Schatzkammer der Natur. Flüssiger Rubin. Er verdünnt das Blut und macht das Hirn leicht. Die verkrampfte Seele löst sich und weint vor Freude. Darum habe ich die Medizin Wein genannt.

Sehr gut, befinden die Nymphen und saufen weiter. Sie vergessen dabei all ihre Vorsätze und sind schließlich so enthemmt, daß sie über Dionysos herfallen. Dieses Ausflippen heißt griechisch maino. Folgerichtig nennt man die Weiber Mainaden.

Dionysos jedenfalls ist von seinem Erfolg hingerissen und glüht vor Missionseifer. Er will nicht wie Jesus die Welt als Schaf erlösen, wie Karl und Groucho Marx die Freaks zum Lachen bringen oder wie Martin Luther einfach Gottes Wort vor den heiligen Teufeln in Rom retten. Er will Götter und Menschen bescheiden zu Alkoholikern machen.

Wein für die Welt, predigt er seinen Bacchantinnen, die vom vielen Weinsaufen inzwischen rote Näschen haben.

Wir verwandeln Hellas in ein Feuchtbiotop, jauchzen sie und hauen auf ihre Tamburine. Der Krach lockt die herumstreunenden Satyrn unter ihrem Boß Silenos an.

Der streckt seinen Schweinskopf durch den Ginster:

Was ist denn hier los?

Flinkhufige Freunde, die Welt ist trunken vor Freude, begrüßt sie Dionysos. *Kommt alle her zu mir, ich will euch erquicken.*

Auf Dionysos' Wink schleppen die Bacchantinnen eine Badewanne voll Rotwein an. Kurz darauf geht's zu wie beim Karneval in Rio. Die Nymphen steppen, die Satyrn machen Bocksprünge, Tamburine schwirren, Gläser klirren. Silenos säuft einen Eimer nach dem anderen: *Bevor die alten Griechen gehen, trinken sie noch eins im Stehen.*

Schließlich fallen die aufgekratzten Wald- und Wiesengeister über die hüftschwingenden Nymphen her.

Als Vereinsabzeichen tragen die Flippies einen efeuumrankten Knüppel mit Kienapfelspitze und Weinkränze im Haar und die Satyrn ausnahmslos Adams Kostüm.

So bewaffnet und herausgeputzt, begleitet von Giftschlangen, dreiköpfigen Hühnerhunden und lärmenden Ratschen, segelt Dionysos von Hellas mit einem Schiff voll Wein nach Ägypten.

Ägypterkönig Proteus, ein windiger Verwandlungskünstler, begrüßt die muntere Gesellschaft am Strand von Kairo: *Seid gegrüßt, Freunde, mir scheint, ihr habt schwer geladen.*

Dionysos füllt den alten Faxenmacher ab, pflanzt einen Weinstock an die Cheopspyramide zum Zeichen, daß das Land dem Alkohol verfallen ist, und segelt weiter zu den Amazonen nach Libyen.

Mit seinen Horden treibt Dionysos die harten Weiber in den Suff und bringt sie auf gänzlich andere Gedanken. Sogar die eiserne Königin verliert ihre Unschuld.

Von Libyen geht's weiter nach Indien, Traumziel aller Hippies. Unterwegs gibt's unerwartet Zollprobleme. Am Euphrat macht der König von Damaskus die Grenze dicht.

Was heißt hier Missionar? brüllt er seinen Oberzöllner an, als dieser von 14 000 Weinschläuchen berichtet. *Das ist Rauschgift! Wird beschlagnahmt. Die Dealer kommen in den Knast.*

Es kommt zur Schlacht. Natürlich siegen die aufgekratzten Zecher. Der miesepetrige König wird gefangengenommen und vor Dionysos gebracht.

Was machen wir mit einem Abstinenzler? ruft Dionysos.

Wir ziehen ihm das Fell ab, kreischen die Schluckspechte und reißen den armen Teetrinker in Stücke.

Jetzt ist der Weg ins gelobte Land frei. Nur ein Übersetzungsproblem ist noch zu lösen. Sie müssen nämlich einen Fluß überqueren. Kein Problem. Dionysos läßt eine Hängebrücke aus Efeu und Weinranken über den

Euphrat wachsen. Kurz darauf stehen sie allerdings am nächsten Fluß.

Dionysos schickt ein Blitztelegramm an Zeus. *Habe Geburtstag. Stop. Geschenk wird gern angenommen. Stop. Brauche Brücke.*

Zeus schickt einen Riesentiger, der aber zahm wie eine Hauskatze ist. Er stellt sich über den Fluß, und die fröhliche Schar wandert den Schwanz hinauf von Wirbel zu Wirbel über Schulter und Vorderpfötchen hinab ans andere Ufer. Der Brückenkatze wegen heißt der Strom seitdem Tigris.

Trunken vor Begeisterung ziehen die Missionare mit blauen Fahnen durch das antike Persien und treiben Ungläubigen das Teetrinken aus.

Wer sich zur neuen Religion bekehrt, wird reichlich belohnt. Verstockte Antialkoholiker werden in Früchtetee ersäuft. Für die Weinanbeter organisiert Dionysos Weinbaukurse, schafft neue Gesetze, die das Tee- und Wassertrinken verbieten, und läßt in den neugegründeten Städten Weinkeller einrichten.

26
Wie Weiber Leiber fetzen
– König Pentheus wird zerlegt –

Nachdem Dionysos mit seinem Hippie-Gefolge Südasien, die Türkei und Nordafrika heimgesucht hat, kehrt er nach Griechenland zurück. Als Missionar ist er besessen in der Verfolgung Anderstrinkender. Davon zeugen seine drastischen Strafen.

Wein, Wein, Wein, singen die Satyrn im Kanon. Wer den Text vergißt, wird in ein Weinfaß gesperrt, bis er sich wieder darauf besinnt.

In Theben flippen alle braven Ehe- und Jungfrauen aus, als die verwahrloste Bande auftaucht und auf dem Marktplatz leicht bekleidet rituelle Tänze aufführt. Jedenfalls geht's plötzlich in Theben schlimmer zu als im alten Rom. Sämtliche Frauen der Stadt verlassen den heimischen Herd, um mit den Trunkenbolden auf den Berg Kithairon zu ziehen.

Pentheus, der König von Theben und ein Ordnungsfanatiker wie Karl der Große, rückt mit seinen Kriegern den losen Weibern nach, die mittlerweile sogar von seiner Mutter Agaue angeführt werden.

Am Berg hat die Horde ein riesiges Freudenfeuer angezündet, singt altgriechische Weisen und feiert eine dionysische Orgie.

Da bricht Pentheus mit seinen Mannen über sie herein. *Fesseln und abführen*, befiehlt der König.

Im Nu hat die Nahkampftruppe die torkelnden Satyrn und ausgeflippten Weiber eingekesselt und gefesselt.

Von der Schreierei ist Pentheus die Zunge trocken. Er greift zur nächstbesten Flasche und trinkt gierig in langen Zügen. Die Wirkung ist bei dem Alkoholunerfahrenen phänomenal. Just in diesem Augenblick trabt eine Rinderherde, geführt von einem stattlichen Stier, auf die Waldlichtung. Pentheus, was Wunder, sieht plötzlich doppelt, dann dreifach. Er schüttelt sich und torkelt auf den Stier zu, der neben Dionysos Gras kaut.

Fesseln und köpfen! brüllt er.

Sein Adjudant versucht Dionysos die Hände auf den Rücken zu binden.

Blödmann, schreit der König, *nicht den*. Er reißt dem Mann den Strick aus der Hand und fesselt dem Stier die Vorderhufe.

Den Kriegern bricht der Schweiß aus. Was ist denn mit dem Alten los? Sie können ja nicht wissen, daß er völlig abgefüllt ist.

Die Offiziere stehen ratlos um ihren Chef, derweil genehmigt sich die Mannschaft manchen Schluck. Schnell beginnen die Männer die Welt aus einem neuen Blickwinkel zu sehen und torkeln umher.

Diesen Moment der Verwirrung nutzt Dionysos. Er schneidet den Mainaden und seinen weiblichen Fans die Fesseln durch. Die springen kreischend zu den Satyrn und befreien diese. Und dann geben sie Fersengeld. Mit Affenzahn flüchten sie über die Hügellandschaft. Auf der anderen Seite des Berges laufen ihnen ein paar friedliche Kälber entgegen. Die hysterischen Weiber halten sie für Gendarme und fallen kratzend und beißend über die armen Rindviecher her, bis nur noch blutige Fetzen übrigbleiben.

Inzwischen haben die Offiziere ihren König und seine Truppe wieder auf Trab und zum Schlachtplatz gebracht. *Was treibst du da?* schreit Pentheus seine kälberzerfetzende Mutter Agaue an. Sie schreit zurück: *Willst du mich immer noch nerven?* und stürzt sich zusammen mit anderen auf den armen Kerl. Singend dreschen sie auf ihn ein, zerren an seinen edlen Gliedern wie zuvor an den Kälbern.

Die Mannschaft nimmt angesichts der gräßlichen Behandlung ihres Anführers sofort Reißaus.

Als von Pentheus nur ein zuckender Rumpf übrig ist, dreht ihm Agaue eigenhändig den Schädel ab. Während der rituellen Königsschlachtung umtanzen Dionysos und die Satyrn die Szene und lassen schauerlich die Trommeln dröhnen.

So missioniert Dionysos die hellenische Welt bis Indien, und alle bis auf ein paar verstockte Antialkoholiker huldigen ihm heute.

Nachdem er endlich die Anbetung der gesamten Welt erzwungen hat, steigt Dionysos zum Olymp auf und sitzt Zeus zur Rechten als einer der großen Zwölf.

27
Triebtäter bleibt auf der Strecke
– Daphne läßt Apollon abblitzen –

Unterdessen übt Apollon fleißig auf seiner Leier. Mit seinen Schnulzen und verliebten Blicken gewinnt er jedes Mädchenherz. Was Wunder, daß eine Nymphe nach der anderen schwanger wird. Mit Pythia zeugt er Doros und seine Brüder, Koronis hängt er den späteren Medizinprofessor Asklepios an, die kleine Aria trägt den Miletos und Kyrene den Aristaios aus, um nur ein paar seiner Abenteuer zu nennen.

Mit der Zeit bekommt er einen sagenhaften Ruf als Playboy.

Eines Tages sieht er Daphne, eine, die immer auf allen Partys herumstreunt. Ihr Anblick läßt selbst Greise wieder munter werden. Sie soll die Tochter des Flußgottes Ladon sein. Oder des Wassermanns Peneios. Wer der

Vater ist, weiß man ja nie so genau, selbst wenn die Eltern verheiratet sind.

Als Waldnymphe geht sie viel im Wald spazieren. Apollon sieht sie und ist gefangen. Er folgt ihr zunächst unbemerkt und greift dann in seine Liebesleier, daß es rauscht. Die Nymphe bleibt stehen. Sie beginnt zu tanzen. Der Groove zieht sie magisch an. Als sie nahe genug ist, wirft Apollon die Leier weg und hechtet auf sie zu. Sie rennt, was das Zeug hält. Aber Apollon kommt näher. Schon spürt sie seinen heißen Atem.

Die Nymphe ruft voll Verzweiflung: *Papa! Papa!*

Ihr Vater lugt aus dem Flußbett hervor und verzaubert sie kurzerhand in einen Lorbeerbaum. Apollon rauscht heran und stößt mit der Nase hart an den Baum. Der Triebtäter blickt verdutzt auf. *Wo kommt denn der Baum auf einmal her?*

Er umschreitet das hübsche Gewächs. Aus Daphnes Händen schlagen Blätter, ihre Locken bilden Zweige, die schönen Beine wurzeln im Boden. Er streichelt das Holz. Frustriert greift er nach seiner Leier. So schnell können Liebesgeschichten zu Ende gehen.

28
Gelegenheit macht Liebe
– Zeus vernascht Metis –

Seit der Affäre mit Semele ist Zeus vorsichtiger geworden. Seine Gedanken weilen jetzt lieber bei Metis, der verwandlungsfrohen Titanin. Zwar ist sie seine Großtante, aber für ihn dennoch äußerst attraktiv. Leider ist sie nur ziemlich prüde.

Zeus entwirft einen finsteren Plan, um sich an sie ranzumachen.

Aber was er auch unternimmt, er kommt keinen Zentimeter weiter. Kaum erscheint er in ihrem Blickfeld, hat sie auch schon einen Zauberspruch auf den Lippen und verwandelt sich mal in eine Rose, mal in ein Stachelschwein, wird zur Salzsäule oder rutscht auf einem Mondstrahl ins All.

Zeus ist verzweifelt. *Bei ihren Zauberkünsten kann ich einpacken.*

Eines Abends trifft er sie bei einem Spaziergang mit ihrem Schoßhündchen. Das kläfft ihn böse an. Das reicht. *Heute ist sie fällig*, knurrt der Göttervater und folgt der Spaziergängerin unauffällig. Plötzlich hat er eine Idee. Sein edler Körper beginnt zu schrumpfen, Haare sprießen, und aus Zeus wird eine Hündin. Verwandelt folgt er ihren Spuren.

Kaum hat Metis' Vierbeiner die Hundedame entdeckt, reißt er sich von der Leine. Metis ruft vergeblich, denn ihr kleiner Freund hat die Jagd aufgenommen. Doch schon bald vergehen ihm Hören und Sehen. Nur riechen kann er noch. Zeus läßt seinen Hundekörper zum Berg Athos jagen. Als sie oben ankommen, will Metis' Hund mit letzter Kraft zum Lustsprung ansetzen. In diesem Augenblick löst die Hündin sich in Luft auf, und Metis' Liebling segelt in den Abgrund.

So, der ist fürs erste aus dem Verkehr gezogen, grinst der Tierquäler und macht sich auf den Rückweg. Schon von Ferne hört er Metis' verzweifeltes Rufen.

Zeus nimmt hinter einer dicken Plantane die Gestalt ihres Schoßhündchens an und kommt schwanzwedelnd zurückgesprungen. *Brav*, lobt ihn Metis erleichtert. *Dafür bekommst du zu Hause einen dicken Knochen.* Zeus will aber nicht bloß einen. In Metis' Küche kriegt das Hündchen seine Belohnung und jede Menge Streicheleinheiten.

Metis kleidet sich aus, um zu Bett zu gehen. Sie bemerkt die auf ihr ruhenden, leuchtenden Hundeaugen.

Na, lacht sie, *du siehst heute so glücklich aus. Hast du deine Dame gekriegt?*

Metis läßt sich in die Kissen sinken und löscht das Licht. Da springt das Tier winselnd auf sie.

Schluß! schreit Metis. *Was ist denn heute mit dir los?*

Doch ihr kleiner Liebling ist wie ausgewechselt. Sogar sein rauhes Fell verändert sich auf einmal, wird glatt und weich.

Ein warmes Lachen streift ihr Ohr. Metis verzweifeltes Geschrei geht im Lustgestöhn des Untiers unter. Vor Schreck vergiß sie ihre Zauberkünste. Ihr schwinden die Sinne. Als sie wieder zu sich kommt, hört sie den Hund neben ihrem Bett hecheln, als ob nichts gewesen wäre.

Metis macht Licht. Hat sie das alles nur geträumt? Sie geht kopfschüttelnd ins Bad. Da fällt ihr Blick in den Spiegel. Sie schreckt zurück: Knutschflecken am Hals und auf den Brüsten.

Metis schlägt sich schluchzend die Hände vors Gesicht. Sie versucht sich zu erinnern. Indes hat sich Zeus davongemacht und ihr den echten Hund zurückgezaubert.

Nach einer schlaflosen Nacht geht sie zum Orakel der Mutter Erde.

In deinem Bauch sehe ich ein Mädchen. Du bist schwanger.

Entsetzlich, stöhnt Metis. *Hoffentlich wird's kein halber Hund.*

Das Orakel beruhigt sie. *Keine Sorge, alles in Butter, aber hier,* das Orakel schaut forschend ins Glas, *sehe ich etwas sehr, sehr Interessantes.*

Metis kaut vor Aufregung Fingernägel: *Ja?*

Falls du es noch einmal mit dem Kindesvater treibst, kriegst du einen Sohn.

Niemals, schreit Metis.

Aber dieser Typ ist ein Jahrtausendtyp, prophezeit das Orakel weiter. *Der hat Power und wird Zeus vom Sockel stoßen, wie Zeus Kronos vom Sockel gekippt hat und zuvor Kronos Uranos.*

Metis hat gebannt zugehört. Durch das Orakel hat sie jetzt erfahren, wer der Vergewaltiger war und wie sie sich an ihm rächen kann.

Metis bedankt sich mit vor Haß glühenden Augen und eilt nach Hause. Dort zieht sie ihr schärfstes Kleid an, steckt sich eine Rose in den tiefen Ausschnitt und stöckelt zur Strandpromenade.

Inzwischen weiß natürlich ganz Hellas von der sensationellen Vergewaltigung. In den besseren Kreisen am Olymp zerreißt man sich das Maul.

Hermes, ruft Zeus, *wo steckst du?*

Hier. Zeus fährt erschrocken herum. Die Antwort klang sehr nah. Doch hinter ihm steht bloß eine Marmorstatue. Zeus hat sie bisher nicht gesehen. Plötzlich hebt sie grüßend die Hand.

Ich probiere gerade neue Methoden der Informationsbeschaffung aus, sagt Hermes und steigt vom Sockel.

Du kannst dich doch nicht einfach hinstellen und mein Eheleben ausspionieren, brüllt Zeus.

Was gibt es da schon zu spionieren? meint Hermes trocken.

Auch wieder wahr, nickt Zeus beruhigt. *Du hast von dieser pikanten Schwängerung gehört...? Es wäre dem werdenden Vater eventuell unangenehm... na ja, du verstehst schon.*

Hermes grinst und ist im Bilde. Er kennt seinen Papa.

Schau doch bitte mal nach, ob meine Tante Trost braucht. Du weißt, ich bin bei so was stets voll Mitleid.

Hermes versteht. Er soll für Zeus vorfühlen, ob Metis zu einem Rendezvous bereit ist.

Hermes verwandelt sich in einen Schmetterling und flattert zur Strandpromenade. Metis geht mit ihrer Busenfreundin Nomia, einer kurvigen Nymphe, am Strand entlang und erzählt ihr brühwarm den Rat des Orakels. Hermes flattert um die Köpfe der Tuschelnden und spitzt die Lauscher.

Super, lacht die Busenfreundin, *finde ich eine gerechte Strafe für den Typen.*

Hermes hört ein bißchen zu, dann kehrt er eilig zum Olymp zurück.

Zeus staunt. *So ein Biest. Na warte!*

Metis beweist Ausdauer. Sie trippelt immer noch am Strand entlang. Endlich taucht Zeus auf. *Na, meine Schöne*, raunt er fürsorglich, *hast du den Spender deiner Leibesfrucht gefunden?*

Leider nein, haucht Metis und schlägt schamhaft die Augen nieder, *aber vielleicht kannst du mir dabei helfen.*

Zeus ergreift ihre Hand, er führt sie in ein lavendelduftendes Tal. Unter einer schattigen Eiche macht das Pärchen Rast.

Metis legt hilfesuchend ihren Kopf an seine starke Schulter. Und plötzlich, wie es so geht, treffen sich ihre Lippen zu einem langen Kuß.

Nachdem man sich nähergekommen ist, erzählt Metis Zeus das pikante Hundeabenteuer. Zeus tut sehr entrüstet. Sie vergießt ein paar Tränen, er versucht sie nach Kräften zu trösten. Was ohne Schwierigkeiten gelingt. Zeus ächzt wohlig: *Wie glücklich du mich machst. Ich könnte dich vor Liebe fressen.*

Und während Metis sich selig ihrer Lust hingibt, schwillt Zeus sachte auf dreifache Größe an, reißt den Mund auf und beginnt im wahrsten Sinne des Wortes die schreiende Metis zu vernaschen. Stück für Stück schiebt er den schönen Körper in sein riesiges Maul.

Anschließend gähnt Zeus zufrieden und schläft ein. Das Opfer der Vergewaltigung ist zum Schweigen gebracht, und kann ihm keinen Thronräuber mehr gebären.

29

Eine klassische Kopfgeburt
– Zeus wird Athenes Mutter –

Nachdem Zeus seinen Verdauungsschlaf gehalten hat, spaziert er frohgemut heim.

Na, Hermes, grüßt er jovial. *Alles klar?*

Hermes nickt. *Und bei dir?*

Bestens. Ich habe sie erst ein bißchen getröstet und dann... vernascht, flüstert er stolz. *Jetzt schweigt sie wie ein Grab.*

Sie machen ein paar blöde Herrenwitze. Zwei Tage darauf sagt Hera beim Frühstück: *Hast du schon gehört?*

Zeus senkt die »Olympische Rundschau«. *Was?*

Metis ist wie vom Erdboden verschluckt.

Zeus widmet sich wieder dem Blatt: *Sie wird den Kerl gefunden haben und mit ihm Versöhnung feiern.*

Aber... setzt Hera an.

Meine Güte. Was interessiert dich bloß das Intimleben anderer Leute, blockt Zeus scharf ab. *Achte lieber darauf, daß Artemis endlich unter die Haube kommt. Und überhaupt: Ares mit seinem Glatzkopf und dem tätowierten Tyrannosaurus Rex auf der Arschbacke gefällt mir auch nicht. Alles deine Erziehung.*

In der Aufregung hat er glatt vergessen, daß Artemis gar nicht Heras Tochter ist, aber Hera ist ohnehin auf hundertachtzig. Das Thema Metis ist jedenfalls vom Tisch.

Ein paar Wochen später nimmt Zeus' Bauchumfang erheblich zu. *Von nichts kommt nichts*, keift Hera, als sich Zeus bekümmert die Toga weiter machen läßt.

Er konsultiert Hermes. *Frißt du heimlich Schweinshaxen?*

Nie, ich schwöre es dir, beteuert Zeus reinen Gewissens.

Kann ich bei der Wampe kaum glauben, mißtraut ihm Hermes.

Was soll das heißen? tobt Zeus.

Na ja, irgendwas Größeres mußt du doch gegessen haben?

Nicht daß ich wüßte!

Dann treib Sport. Und zwar täglich.

Zeus joggt, hebt Gewicht, macht Yoga, ißt Joghurt und säuft kalorienarmen Nektar, aber der Wanst wächst und wächst.

Der ganze Olymp macht schon hinter vorgehaltener Hand Witze über die »Fettschüssel«, wie sie ihn nennen.

Schließlich ist er so dick, daß er seinen ehelichen Pflichten nicht mehr nachkommen kann. Hera ist total verbiestert.

Zeus zieht geknickt ab. Keine Spur mehr von dem tollen Hecht, der er einmal war. Wehmütig betrachtet er sich im Spiegel. Dann walzt er zum Tritonsee. Trübsinnig denkt er über sein verpfuschtes Leben nach.

Es ist nicht so schlimm, tröstet er sich, *es ist nur das Alter.* Da durchzuckt ihn rasender Kopfschmerz. Ein Schwindelanfall wirft ihn zu Boden. *Mein Schädel! Hermes: SOS!* Er schreit, daß die Planeten durchs Weltall schlingern. Hermes empfängt den Notruf und gibt Gas. Auf das entsetzliche Gebrüll hin stülpt er zusätzlich ein Paar Flügelhandschuhe über, um doppelte Überschallgeschwindigkeit zu erreichen. Atemlos kommt er bei Zeus an.

Wo brennt's?

Im Kopf. Irgendwas quetscht. Es tut schlimmer weh als dieses neue Gesöff von Dionysos!

Hermes fühlt den Puls und untersucht den Patienten.

Wo ist dein Bauch? ruft er überrascht.

Mein Bauch? ächzt Zeus und tastet seinen Leib ab. *Weg. Ich hab ihn verloren*, kann sich Zeus nur schwach freuen. Hermes läßt sein schlaues Gehirn diverse Möglichkeiten durchspielen.

Sag mal offen und ehrlich, was hast du mit Metis gemacht? Seit eurem Techtelmechtel ist sie verschwunden.

Vernascht, stöhnt Zeus.

Du hast sie gefressen? bohrt Hermes. Zeus nickt.

Dann hast du die befruchtete Eizelle mit verschluckt:

Darum ist dein Bauch immer dicker geworden. Und nun weiß das Kind nicht, wo es hinaus soll. Kaiserschnitt hat keinen Zweck mehr, da das Kind dir bereits in den Kopf gestiegen ist.

Tu doch was! bettelt Zeus.

Warte einen Moment. Bin gleich wieder da, ruft Hermes und hebt ab. Kurz darauf ist er bei Hephaistos: *Laß alles stehen und liegen und nimm die Werkzeugtasche mit. Bei Zeus klemmt's.*

Er nimmt Hephaistos huckepack. Zwei Minuten später sind sie zurück. Hermes tätschelt Zeus das Händchen und gibt Hephaistos einen Wink. Hephaistos schleicht von hinten an Zeus heran und zielt mit dem Meißel auf den Scheitel. Ein wuchtiger Schlag, ein schriller Schrei, und aus der klaffenden Kopfwunde springt eine vollbewaffnete Zehnkämpferin.

Zeus ist zu Boden gegangen. Hermes nimmt sich der kleinen Kriegerin an, während Hephaistos dem Entbundenen den Schädelriß mit Silberdraht repariert.

Nach der Operation fällt Hephaistos' Künstlerauge auf die Kleine. Er ist ganz hingerissen.

Hermes: *Frisch geboren in voller Rüstung. Das ist ein Wunderkind.*

Mensch, Hermes, wenn die mal groß ist, hätte ich die gern als Braut. Sozusagen als Honorar für die Geburtshilfe.

Hermes überlegt nicht lange: *Gebongt.*

Hephaistos betrachtet seine Zukünftige genauer. *Wunderbar! Sie hat nur einen winzigen Schönheitsfehler.* Er zeigt auf die Händchen: *Ihr fehlen die Daumenballen.*

Hermes, Spezialist im Handlesen, erklärt: *Das ist ein Zeichen ungeheurer Energie und eines unbeugsamen Willens sowie klarer, analytischer Gedankenkraft. Kurz: Frau mit Power. Vorsicht! Ich würde die Finger von ihr lassen.*

Wieso? freut sich Hephaistos. *Sie könnte doch die Kreativprogramme in der Werkstatt übernehmen.*

Hermes: *Hoffentlich ist Athene auch der Meinung.*

Wer?

Na, sie hier. Die ohne Daumenballen. Dein Griechisch ist auch nicht mehr das beste.

So kommt Athene zur Welt und zu ihrem Namen.

30
Die eiserne Jungfrau
– Athene – Frau mit Prinzipien –

Wo und wie Athene aufwächst, ist leider nicht überliefert. Sie ist einfach da, hat einen IQ wie Albert Einstein, Hildegard von Bingen und Daniel Düsentrieb zusammen und erfindet pausenlos nützliche Sachen. Vielleicht war sie ja tatsächlich Lehrmädchen in Hephaistos' Ideenschmiede. Jedenfalls erfindet die Daumenballenlose den gebrannten Tontopf, den Pflug, den Rechen, das Ochsenjoch, den Zaum, den Wagen und das Schiff. Allein dafür stünde ihr der Nobelpreis zu. Aber das ist nur der Anfang. Später entwirft sie die Mathematik, die Kochkunst, das Spinnen und Weben. Nebenbei trainiert sie jeden Morgen Karate, Bogenschießen, Laufen, Bodenturnen, Tennis und Kunstreiten.

Es gibt eigentlich nichts, was sie nicht kann, und folglich kann ihr keiner das Wasser reichen. Die göttlichen Macker bemühen sich zwar alle redlich, vor allem Hephaistos, ist sie doch jetzt im heiratsfähigen Alter. Eines Tages betritt der Traum seiner schlaflosen Nächte leibhaftig das Labor.

Guten Morgen, grüßt Athene freundlich, *mein Wurfmesser ist kaputt. Kannst du mir den Griff reparieren?*

Selbstverständlich! Er macht sich mit Feuereifer ans Werk, daß die Funken sprühen.

Hier, bitte.

Was bekommst du dafür?

Nichts, sagt Hephaistos, *ich habe es aus Liebe zu dir getan.*

Ja, aber du mußt doch etwas für deine Arbeit bekommen, sagt Athene leicht verwirrt. Sie weiß, alles auf der Welt hat seinen Preis.

Gib mir einen Kuß. Hephaistos kann vor Herzklopfen kaum atmen. Athene haucht ihm einen Kuß auf die Wange. Eine Glutwelle flutet durch Hephaistos' Nervensystem. Er stürzt sich auf sie und reißt an ihrer Toga. *Laß mich, du Dreckskerl!* schreit Athene und verteidigt sich mit Handkantenschlägen. *Ich bin deine Schwester!* Hephaistos taumelt zurück. Athene springt auf und will zur Tür hinaus. Da quetscht der Unhold sie an die Wand. Athene schlägt ihm auf die Nase und rammt ihr Knie in seine Weichteile. Hephaistos brüllt vor Lust und Schmerz. Just in diesem Moment geht die Flinte los. Sein Sperma spritzt auf ihren nackten Schenkel. Die sofortige Ernüchterung folgt. Hephaistos beschämen ihre strafenden Blicke.

Bitte verzeih mir. Ich liebe dich doch.

Liebe? spricht Athene voll Verachtung. Sie spuckt aus und schlägt die Labortür hinter sich zu. Draußen wischt sich Athene angeekelt Hephaistos' Naß mit einem vorsintflutlichen Woll-Tempo vom Bein und wirft das Knäuel weg.

Der feuchte Fetzen fällt in der Nähe von Athen zu Boden und befruchtet Mutter Erde, die dort gerade ein Sonnenbad nimmt.

Gaia ist entsetzt, als sie sich plötzlich von einem Unbekannten schwanger fühlt und läßt überall herumhorchen, wie sie zu dem ungewünschten Kind gekommen ist.

Als Athene von der Schreckensgeschichte hört, kreuzt sie sofort bei Gaia auf: *Bei Zeus. Das tut mir aber leid*, bedauert sie die Schwangere. Gaia regt sich furchtbar über die Geschichte auf: *Dieser Rotzbengel von Hephaistos. Den würde ich nicht mal mit der Kneifzange anfassen. Ich will das Kind nicht. Soll der Wichser sehen, was er damit macht. Ich übernehme keine Verantwortung.*

Athene seufzt und überlegt. *Gut. Ich werde es nehmen*, sagt sie fest.

Sobald der Knabe zur Welt kommt, adoptiert sie das Baby, steckt es in einen Korb und engagiert eine noble Babysitterin, die Prinzessin Aglauros, Tochter des Königs Kekrops von Athen.

31
Lust und Frust mit Blasius
– Athene erfindet den Aulos –

Indes Ziehsohn Erichthonios bestiefmuttert aufwächst, geht Athene wieder rastlos ihren Erfindungen nach. Eines Tages stolpert sie über das Gerippe eines verstorbenen Steinbocks. Sie hebt einen Knochen auf, streichelt ihn liebevoll und setzt ihn an die Lippen. Ein tiefer wohliger Ton entsteht.

Schön, freut sie sich. *Man müßte mehr Töne haben, dann könnte man losjazzen*, überlegt Athene.

Sie setzt den Knochen ab und bohrt mit dem Messer ein Loch ins Rohr. Sie tutet. Das Prinzip hat sie nun entdeckt und bohrt Loch um Loch. Ton um Ton entsteht. Auf diese Weise kommt der Aulos, die Doppelflöte, in die Welt, was nichts weiter als »hohles Rohr« bedeutet.

Blasend tanzt Athene durch Attika und läßt honigsüße Melodien über Wald und Heide schweben. Das lockt die Satyrn und Nymphen aus Bäumen und Brunnen hervor. Die lauschen hingerissen dem tollen Spiel.

Auf dem Olymp startet gerade eine Party. Dionysos soll als vollwertiges Mitglied in die Familie aufgenommen werden. Der Weinguru zieht mit seiner lärmenden Schar schriller Vögel und ein paar Fässern Wein zum Olymp. Zeus bekommt einen Goldpokal voll Burgunder eingeschenkt. Und dann steigt eine Fete, wie der Olymp sie bisher nicht gesehen hat. Und der hat viel gesehen. Die Götter saufen, bis sie vom Boden abheben.

Als die Stimmung ihren Höhepunkt erreicht, zieht Athene ihr neues Instrument hervor und läßt ihre Finger über die Löcher fliegen. Den Göttern bleibt die Spucke weg. Die Ladies reißt es zuerst vom Hocker. Sie schwingen die Hüften und lassen die Bäuche kreisen.

Athene freut sich wie ein Kind. Da sieht sie, wie Hera und Aphrodite kichern und sie spöttisch beobachten.

Was haben die bloß? überlegt die Flötistin. *Ich möchte es zu gerne wissen.*

Es dämmert schon, als die Olympier blau in die Kissen sinken. Bebend vor Neugier eilt Athene nach Phrygien an einen spiegelklaren Weiher und überprüft ihr Äußeres. Sie kann keinen Makel entdecken. Da setzt sie den Aulos an und bläst eine kriegerische Weise. Entsetzt bricht sie ab.

Igitt! Mit dem Ding sehe ich ja aus wie ein Posaunen-engel.

Jetzt weiß sie, warum Hera und Aphrodite gelacht haben. *Gräßlich, diese aufgeblähten Backen. Verflucht soll sein, wer auf diesem Ding herumbläst.* Sie schmeißt den schönen Aulos in ein Rhododendrongestrüpp.

32
Popsound gegen E-Geleier
– Musikwettbewerb zwischen Apollon und Marsyas –

Athenes gepfefferter Fluch trifft einen unschuldigen Satyr namens Marsyas. Der Bocksfuß lungert, kurz nachdem Athene fort ist, am Ufer herum und findet zufällig die Flöte. *Was die Leute alles wegschmeißen*, wundert er sich.

Er hält die Röhre vors Auge und blickt in den Himmel. Dann bläst er hinein. Seine Finger jagen wie von selbst über die Löcher. Er pustet Athenes fetzige Weisen, die sich im Rohr festgesetzt haben, sozusagen automatisch in die Welt.

Dazu erfindet er rhythmische Verschiebungen, läßt Triller steigen, zirpt, gurrt und tanzt wie wild.

Ein Holzfäller beobachtet das ausgelassene Treiben und flippt selbst aus. Spontan klatscht er Beifall.

Sagenhaft. Neulich, als Apollon bei uns ein Konzert gegeben hat, ist der ganze Saal eingeschlafen. Die E-Musik bringt einen zum Gähnen. Dein Sound geht gut ab. Komm mit in unser Dorf. Da ist heute abend eine Hochzeit. Die kannst du in Schwung bringen.

Marsyas nickt begeistert. Gestern wußte er noch nicht, was eine Tonleiter ist, und heute ist er schon ein Popstar. So was ist nur in der U-Musik möglich. Er folgt dem Holzfäller.

Nach der Trauung bläst er einen langanhaltenden Ton, bis allen der Solarplexus zittert. Dann läßt er den Aulos winseln, lachen, stottern und meckern. Die Bauern bestaunen den Waldgeist, als wäre er ein Marsmännchen.

Das ganze Dorf gerät aus dem Häuschen und tanzt

sich die Zehen wund, bis Marsyas die Puste ausgeht. Die Sensation verbreitet sich schnell in ganz Phrygien. Jedes Dorf will die Stimmungskanone haben.

Marsyas gibt ein Konzert nach dem anderen. Die Fans toben. Apollons lahmen Edelsound will keiner mehr hören.

Marsyas schwillt der Kamm. *Ich bin die Nummer eins im Show-Geschäft*, brüstet er sich vor seinem Manager, dem ehemaligen Holzfäller. *Ich bin der Größte. Apollon kann einpacken.*

Das stimmt zwar, aber das hätte er lieber nicht so laut sagen sollen. Denn Apollon hat inzwischen von dem Starflöter aus Phrygien gehört. Vor Hermes' Lauschangriffen ist schließlich keiner sicher.

Apollon fürchtet Schlimmes: *Der macht mit seinem Gedröhn unsere Musikkultur kaputt. Nichts ist ihm heilig. Wo bleibt das Erhabene, der feine Geschmack?*

Ja nun, Hermes überlegt, wie er Apollons langweiliges Geleier aufwerten kann. *Du bist eben der Schöpfer der klassischen E-Musik. Deine Weisen haben den Glanz und die Schwere des Goldes, Marsyas' Tralala die Leichtigkeit eines Bockfurzes.*

Ja, das finde ich auch, freut sich Apollon. *Aber eines bekümmert mein Herz: Der Banause hält sich für besser.*

Hat er ja recht, denkt sich Hermes. Laut aber sagt er: *Das soll er erst mal beweisen. Fordere den Angeber zu ei-*

nem Musikwettbewerb heraus. Erstens hat das Publikum so was immer gern, zweitens kannst du ihm dabei das Fell über die Ohren ziehen.

Apollon ist ganz angetan von der Superidee: der erste musikalische Wettbewerb der Weltgeschichte. *Dem werde ich es zeigen,* nimmt sich Apollon fest vor und reist mit einer Expreßwolke nach Phrygien in die Nordtürkei.

Dort landet er mitten in einer Marsyas-Session. Angewidert hört er die Bauerntrampel Zugabe brüllen.

Schließlich ist das Konzert zu Ende. Während das Volk in die nächste Taverne strömt, macht sich Marsyas in der Künstlergarderobe fit. Groupies gehen ihm dabei zur Hand.

Es klopft. *Herein, wenn's kein Musikkritiker ist,* scherzt Marsyas. Die Tür öffnet sich. Ein düsterer Glanz fällt in den Raum. Apollon steht auf der Matte.

Die Landeier halten die Luft an. Ein Mann wie aus dem Modekatalog. Ihnen ist sofort klar: das ist einer vom oberen Dutzend. Nur Marsyas, der Schafskopf, kapiert in seiner Aufgeblasenheit nicht, wen er vor sich hat.

Ich nehme an, du bist Marsyas, der Knochenbläser? fragt Apollon kalt. Marsyas blickt blöde aus dem Fell.

Mich kennt hier jeder. Willst du mich beleidigen? Er blickt zu dem hochgewachsenen Olympier auf und fühlt sich plötzlich ganz klein.

Hör zu, du mieser kleiner Hosentrompeter. Ich fordere dich hiermit zu einem Wettbewerb. Ich bin nicht bereit, deine musikalische Umweltverschmutzung länger zu dulden. Ich bin Apollon.

Das hat gesessen. Marsyas schnappt nach Luft. *Aber ich . . . wieso denn?*

Du hast behauptet, besser zu sein als ich. Das mußt du erst mal beweisen. Morgen um zehn auf dem Berg Tmolos in Lydien findet das Duell statt. Aulos gegen Leier auf zehn Schritt. Richter sind eine Gruppe Sachverständiger meiner Wahl. Die Musen, neun gebildete junge Damen mit Kunstverstand. Wer gewinnt, darf den anderen nach eigenem Ermessen bestrafen.

Marsyas wird ganz schwindlig. *Ja, aber . . . das habe ich doch gar nicht so gemeint . . .* stottert der Geforderte weinerlich. *Außerdem: Neun Miezen . . .*

Musen! korrigiert Apollon.

Die sind alle deine Fans und parteiisch. Da habe ich ja nicht die geringste Chance.

Apollon denkt kurz nach. Der Flötenfuzzi hat recht. Sein Sieg würde arg nach Vetternwirtschaft aussehen, auch wenn die Musen nur seine Halbschwestern sind.

Gut, wir nehmen den ehrwürdigen Flußgott Tmolos als Vorsitzenden der Jury hinzu und noch einen Mann. Welchen, darfst du entscheiden.

Danke! stimmt Marsyas überglücklich zu und überlegt, wer von seinen Fans eine gewichtige Stimme hat. Aber soviel er auch nachdenkt, ihm fallen nur Bauernlümmel ein. *Wen bloß?* jammert er.

Mach schon! drängt Apollon

Da springt ihm einer der Groupies bei: *Was ist mit König Goldfinger?*

Marsyas strahlt: *König Midas! Wie konnte ich den vergessen.*

Also König Midas. Ich schicke ihm eine Einladung. Dann bis morgen um zehn. Apollon knallt die Garderobentür hinter sich zu. Marsyas sinkt zusammen. *Oje! Besser, ich verschwinde. Der ist ein Studierter. Der kann Noten lesen.*

Doch ein Groupie herrscht ihn an: *Laß dich nicht hängen! Zeig dem Typen, was du drauf hast. Sein Kuhdarmgeleier törnt doch nur Fossilien an.*

Da hat sie recht. Langsam gewinnt Marsyas sein Selbstvertrauen wieder. *Wenn ich gewinne, muß Apollon Flöte lernen, sieben Jahre lang.*

33
Verdruß durch Musenkuß
– Apollons fieser Trick –

Am nächsten Morgen kommt Apollon pünktlich angerauscht. Seine noblen Halbschwestern, die Musen, nehmen im Gras Platz. Tmolos steigt naß und struppig aus
seinem Fluß, und mit der üblichen Verspätung der un-
ermeßlich Reichen kommt Midas angeschlendert.

Hallo, Freunde, winkt Midas den Duellanten zu.
Apollon hebt lässig die Hand zum Gruß: *Nett, daß du
kommst.* Er macht die Herrschaften miteinander bekannt. König Midas küßt allen Musen formvollendet
die Fingerspitzen.

Nur Marsyas steht herum, als wäre er auf der falschen
Party.

Schließlich werden die Regeln festgelegt, und Midas
klopft Marsyas leutselig auf die Schulter. *Jetzt laß mal
den Schwanz nicht hängen, Junge. Denk immer dran:
Nicht siegen, dabeisein ist wichtig!*

Marsyas schluckt. Die halten ihn schon jetzt für erledigt.

Tmolos wirft eine Drachme: *Kopf oder Zahl?* Sie wählen. Apollon darf als erster geigen bzw. zupfen. Er stellt
sich in die Sonne, damit seine Bademeisterfigur auch
voll zur Geltung kommt, wirft einen bezaubernden

Blick zu den Musen, verneigt sich vor den männlichen Juroren und schmalzt dann »O sole mio« auf thessalisch.

Die Musen blicken stolz auf ihren großen Halbbruder und klatschen artig. Tmolos nickt anerkennend, und Midas hüstelt: *Erhaben.*

Apollon strahlt wie Thomas Gottschalk: *Na bitte!* und setzt sich in Siegerpose auf einen Marmorblock.

Tmolos ruft: *Und jetzt: Die zweite Wahl, bitte!*

Marsyas kommt mit linkischen Bewegungen angehoppelt. Um sich Mut zu machen, hat er einen über den Durst getrunken.

Die Musen rümpfen die Nase. Nur König Midas ruft aufmunternd: *Laß hören, Junge!*

Marsyas stößt in den alten Knochen, daß den Musen die Toga flattert. Mit zwei Liter Wein im Blut dudelt er locker vom Hocker wie Benny Goodman. Der Rhythmus geht den jungen Damen in die Beine. Hysterisch springen sie auf und hüpfen entfesselt. Midas zuckt im Sitzen mit, während dem Flußgott Tmolos das Maul offensteht.

Marsyas macht Rumpelstilzchensprünge und läßt Hüften und Hoden hüpfen. Die Musen kreischen. Es ist wie verhext. Nur Apollon starrt finster in das schrille Treiben und hält sich die Ohren zu.

Auf dem Höhepunkt bricht Marsyas ab. Die Musen

Thalia und Erato vergessen ihre Erziehung und stürzen sich auf den Popstar. Der erste Musenkuß der Weltgeschichte. Das Restpublikum klatscht und ruft: *Zu-ga-be! Zu-ga-be!*

Tmolos tritt auf die Bühne. Mit einer Handbewegung sorgt er für Ruhe: *Liebe Juroren. Mir scheint, beide Kandidaten haben ihre Kunst überzeugend dargetan. Apollon getragen innig, Marsyas mit nervenaufreizendem Pep.*

Apollon nagt verbittert an einem Grashalm, indes Marsyas überglücklich tönt: *Gell, ich bin genauso gut wie Apollon.*

Das war des Guten zuviel. Erst die Musenküsse und dann das unverschämte Selbstlob. Apollon platzt der Kragen.

Dein Gewinsel soll Musik sein? wütet der Gott der gehobenen Sprachkunst, *dein Wimmerknochen ein Instrument?*

Musen und Männer sind ob des Ausbruchs perplex. Marsyas hat ihnen immerhin was geboten.

Ein wahres Kunstwerk ist von jeder Seite schön, sagt Apollon. *Jeder dreht sein Instrument um und spielt.* Die Juroren nicken schwach.

Wer jetzt am besten spielt, fügt Apollon hastig hinzu, *ist Sieger nach Punkten.*

Tmolos, der von Instrumentenkunde soviel versteht wie Papst Wojtyla von Geburtenkontrolle, stimmt zu.

Aber…ich…wie… versucht Marsyas zu protestieren. Doch Apollon geht sofort in Aktion. Er dreht seine Leier um und läßt eine Lobeshymne auf die Musen, Tmolos, Midas und die olympischen Obermacker hören.

Fein, wie grazil und durchsichtig, loben die Kunstrichter die Schmeichelarie.

Jetzt du, fordert Tmolos den armen Marsyas auf. Der dreht sein Aulos um. Was rauskommt, ist klar. Nämlich kein Ton. Marsyas steht da wie ein E-Gitarrist mit durchgebrannter Sicherung.

Wer also ist besser? triumphiert Apollon.

Apollon hat den Dreh raus, entscheiden seine Halbschwestern gezwungenermaßen, obwohl ihnen Marsyas' Rhythmen noch immer das Blut durch die Adern jagen. Auch Tmolos, ein bißchen schrullig wie alle Wassergeister, findet Apollons zweiten Auftritt erfolgreicher, denn: *Marsyas hat ja nicht einen Ton rausgekriegt.*

Nur König Midas ist dagegen: *Also, ehrlich, das leichte Flötenspiel geht doch besser ins Ohr. Ich finde, Marsyas hat den Grand Prix verdient.*

Apollon bleibt vor Ärger die Spucke weg. Er krächzt: *Das zahl ich dir heim, dir zieh ich die Ohren lang.* Aber im aufgeregten Musengetuschel geht die Drohung unter.

34
So leicht verliert man seine Haut
– Apollon zieht Marsyas das Fell über die Ohren –

Die Entscheidung ist gefallen. Tmolos verkündet: *Apollon hat gesiegt. Ein dreifaches Hoch auf den Gewinner!* Er setzt dem Leiermann einen Lorbeerkranz auf die Lockenpracht.

Kaum ist das Hurra verhallt, wendet sich Apollon an den Verlierer: *So, Bocksbeutel. Du siehst, wohin dein Gewinsel führt. In Zukunft wirst du keinen Hörnerv mehr quälen.*

Was hast du vor? fragt Marsyas mit bangem Herzen. Er zittert um sein Instrument. *Bitte, laß mir meine Flöte.*

Apollon lacht: *Der passiert nichts.*

Echt? Danke. Marsyas wirft sich ihm zu Füßen.

Apollon kickt ihn an die Nase: *Steh auf! Die Strafe folgt auf dem Fuße.* Marsyas erhebt sich mit blutender Nase. Apollon läßt sein Messer aufblitzen.

Was hast du mit ihm vor? schreit Midas voll Entsetzen.

Ich werde der Pfeife das Fell über die Ohren ziehen, sagt Apollon kühl.

Was? Bist du verrückt? Wir Griechen sind das kultivierteste Volk der Welt!

Marsyas wird käseweiß. Dann kreischt er, daß es den

Musen in den Ohren schmerzt. Er springt auf und flitzt im Zickzack durch die Macchia. Apollon jagt dem Bocksbeinigen nach. Hügelauf, hügelab, und dann am Maiander-Fluß immer die großen Schleifen entlang, nach denen wir die Ornamentbänder Mäander nennen.

Marsyas rennt um sein Leben. Sein Verfolger wird immer kleiner. Schließlich ist er verschwunden.

Au Mann, das war knapp! Jetzt bin ich den Schinder los.

Was Marsyas allerdings vergißt, sind die göttlichen Fähigkeiten seines Gegners. Während Marsyas vor Seitenstechen kaum noch gehen kann, kommt Apollon von der anderen Seite über den Hügel geschlendert. Er läßt sich hinter einer dicken Platane nieder, streckt sich wohlig und wartet. Nach einer Viertelstunde sticht ihm Bocksgeruch in die Nase. *Aha, das Stinktier kommt.*

Er linst vorsichtig hinter dem Stamm hervor. Tatsächlich. Da kommt der Satyr, sich alle paar Meter umblickend, mit heraushängender Zunge angehechelt. Kurz vor der Platane bleibt er stehen. Er lehnt sich an den dicken Baum und schnappt nach Luft.

Na, Sportsfreund, tönt es plötzlich. Marsyas denkt: *Die Stimme kenne ich doch.* Da knallt ihm eine Handkante ins Genick. Der Popmusikus geht auf den heiligen hellenischen Boden.

Apollon bindet dem Bewußtlosen Stricke um die Haxen und hängt ihn wie ein Wildschwein zum Abschwarten an den Baum. Die Hände bindet er mit Seemanns-knoten an der Baumwurzel fest.

Während Apollon genüßlich den Dolch wetzt, kommt Marsyas wieder zu sich und brüllt um Hilfe.

Halt's Maul! herrscht ihn Apollon an. *Wer soll dir schon helfen?*

Aber das ist doch barbarisch! Du kannst mich doch nicht abziehen, wimmert der Gefangene.

Das wirst du gleich sehen, lacht Apollon.

Apollon ritzt mit zwei langen Schnitten das Opfer von den Waden bis zur Schulter auf. Marsyas heult und läßt seine Satyrtränen kullern. *Nur wegen dem bißchen Musik.*

Apollon läßt sich auf keine Diskussion ein. Er zieht genüßlich das Bocksfell Zentimeter um Zentimeter vom zuckenden Fleisch. *Weißt du,* brüllt er dem Satyr ins Ohr, *ich möchte deine Hülle ausstopfen, damit dich alle Welt bewundern kann.*

Nach einer halben Stunde ist die Haut ab. An den Stricken hängt ein wunder Klumpen Fleisch und zuckt. Durch die bloßliegenden Adern pulst das Blut des Ge-marterten.

Marsyas winselt nicht mehr. Er blickt waidwund auf die Scharen von Ameisen, die den Strick emporkrabbeln. Während sie über ihn herfallen, nagelt Apollon das Satyrfell zum Trocknen an die Platane und macht sich auf die Sandalen, um König Midas einen Besuch abzustatten. Der Abgezogene baumelt derweil schutzlos im Wind und verschrumpelt langsam.

Da schrillt Faschingslärm durchs Tal. Silenos kommt mit einer Schar angeheiterter Satyrn und Mainaden daher. *Ja, das ist ja Marsyas! Wie hängst du denn da?* gluckst er. Weil Marsyas nicht zum Scherzen ist, schaut Silenos genauer hin.

Sag mal, wer hat dir denn das Fell abgezogen?

Apollon, der Metzger! plärrt Marsyas und heult Rotz und Wasser, nachdem sie ihn abgeschnitten und ihm Wein zu trinken gegeben haben.

Aber warum? fragt Silenos leicht ernüchtert. *Habt ihr gezankt?*

Nein. Ihm hat mein Flötenspiel nicht gefallen, weint der Geschundene und erzählt vom Musikwettbewerb.

Allerhand! schnaubt Silenos. *Dem Fiesling werden wir's zeigen.*

Er wendet sich an die Satyrbande. *Morgen bastelt sich jeder von euch eine Flöte. Damit verwandeln wir ganz Hellas in eine Disco. Wenn der sich einbildet, den Musikmarkt zu beherrschen, dann hat er sich geschnitten.*

Die Satyrn und Mainaden brüllen vor Begeisterung.

Und jetzt packt den armen Marsyas ins Weinfaß, damit sein Bindegewebe schön frisch bleibt. Wir bringen ihn ins Heilbad nach Kanathos. Das Wasser dort soll so gesund sein, daß sogar Jungfernhäute nachwachsen, grinst Silenos.

35
Gold stinkt nicht
– Midas, der Dagobert Duck der Antike –

Midas ist der Schickimickikönig im makedonischen Bromion. Schon als Baby zieht er Reichtum an wie ein Scheißhaufen Fliegen. Eine Kompanie Ameisen schleppt Weizenkörner an seine Wiege und legt sie dem Königskind zwischen die Lippen. Später baut er Paläste und die schönsten Rosengärten der Welt.

So wächst Midas heran und mit ihm der Reichtum. Eines Tages schaut auf der Reise von Thrakien nach Boiotien Dionysos mit seiner Missionarsgesellschaft vorbei.

Es steigt eine Blitzbekehrung. Nach drei Tagen sind Midas und seine Untertanen überzeugt, daß Wein eine tolle Sache ist.

Dionysos zieht zufrieden weiter. Nur einer verratzt die Abreise: Silenos ist volltrunken im Rosengarten eingeschlafen.

Schau mal, entrüstet sich einer der Gärtner, *da knackt*

doch einer von den Alkoholikern im Beet der Königin der Nacht, unserer edelsten Rose!

Wütend versuchen sie den Chaoten aus dem Rosenbeet zu zerren.

Er hat sie geknickt! schreit plötzlich ein anderer Blumenzüchter. *Die schönste Blume der Welt!* Sie fesseln den Übeltäter mit Blumenkränzen und schleifen ihn zu Midas.

Midas lacht, als er sie kommen sieht: *Silenos, geschmückt wie ein Pfingstochse.*

Priapos berichtet bebend die Untat. Doch Midas winkt ab: *Wo er geschlafen hat, wachsen blaue Tulpen.*

Darüber wird Silenos wach. Inzwischen fast nüchtern, erzählt er Midas und den Gärtnern seinen Traum: *Ihr habt ja keine Ahnung. Die Welt ist rund wie eine Apfelsine. Mein Astralleib war gerade in Kalifornien.*

Wo ist denn das? will Midas wissen.

Auf der anderen Seite des Ozeans, spinnt Silenos weiter. *Wunderbares Weinklima. Was man fallen läßt, wächst von allein weiter. Nette Menschen, schöne Frauen, pulsierende Städte. Und groß. Dagegen sind Athen und Bromion Kuhdörfer.* Midas ist ganz Ohr. Und Silenos schwärmt weiter.

Schließlich nickt Midas amüsiert. Er glaubt natürlich kein Wort. So kommt es, daß man Amerika jahrhundertelang für das Phantasiegebilde eines Saufgenies hält.

Midas läßt Silenos dann von seiner Leibgarde zu Dionysos' Quartier begleiten. Dionysos fällt ein Weinfaß vom Herzen, er hatte Silenos bereits arg vermißt. Dankbar wendet er sich an den Führer der Leibgarde. *Ich bin überglücklich. Midas' gute Tat muß belohnt werden. Frag ihn, was er sich wünscht. Jeder Wunsch geht in Erfüllung.*

Midas kriegt Dollarsymbole in den Augen, als er von Dionysos' Segen hört: *Gold!* bricht es aus ihm hervor. *Alles, was ich anfasse, soll sich in Gold verwandeln.*

Wer zuviel hat, kriegt noch mehr, denkt neidisch der Leibgardist.

Na, dann wollen wir mal. Midas reibt sich die Hände und ruft: *Bringt ein Stück Hundescheiße. Aber nicht zu klein!*

Der Kammerdiener flitzt mit einem Silbertablett los. Drei Minuten später ist er zurück. Midas hat inzwischen seine siebzig Mätressen zusammengetrommelt. Die Mädels rümpfen die Nasen, als Midas seinen rechten Zeigefinger beschwörend über dem Unflat kreisen läßt. *Gold stinkt nicht!* ruft er und sticht mit dem Finger hinein. Die Mädels schreien entsetzt auf. Midas hat gebannt auf seinen Finger geschaut. Aus dem Nagel ist ein goldener Strahl geschossen, eine Sekunde später ist der Scheißhaufen veredelt. Sogar der Geruch ist weg.

Ha! Ich bin der Größte, der Reichste, der Mächtigste. Mit mir hat das goldene Zeitalter begonnen.

Er wirft den Goldklumpen seiner neuesten Eroberung zu, einem Mädchen namens Euphorie.

Sag, was du willst, Geliebte, ich mache es zu Gold.

Und dann zeigt Midas, was er kann. Er ist im Goldrausch. Die ganze Schloßeinrichtung beginnt allmählich zu glänzen: Sessel, Tische, Waschbecken, Kaffeetassen.

Vom Goldmachen etwas matt, zieht sich Midas mit Euphorie ins Hinterzimmer zurück. Midas küßt ihre Brustwarzen. Die färben sich goldig. Beglückt wirft er sich auf sie. *Au,* ruft er plötzlich. Seine Liebste ist unter seinen Berührungen zur Goldstatue geworden. Nur mit Mühe kann er sich aus ihrer Umarmung befreien.

Euphorie! ruft er bang. Aber sie rührt sich nicht. Er schüttelt sie, tastet sie ab. Langsam erkaltet das Gold. Entsetzt springt Midas zurück.

Hilfe! brüllt er und rast auf den Flur.

Midas kriegt einen Nervenkoller. Er tobt, heult und wirft mit Gegenständen um sich. Als er endlich zusammenbricht, verordnet ihm der herbeieilende Arzt einen Becher Wein. *Das stärkt die Nerven und regt den Kreislauf an.*

Midas setzt den Becher an. Doch der Wein fließt nicht. *Ist ja gar nichts drin,* raunzt er. Der Arzt reißt ihm den Becher aus der Hand und blickt hinein. Der Wein ist zu Gold erstarrt.

Ja, aber . . . Midas wird erneut hysterisch. *Dann kann ich ja nichts mehr trinken. Wasser! Vielleicht hilft Wasser!*

Der Arzt befiehlt: *Halt den Kopf zurück. Vielleicht darfst du das Gefäß nicht berühren.* Er schüttet ihm ein paar Tropfen auf die Zunge. Midas kriegt einen Hustenanfall und spuckt Goldklümpchen. *Aaaah!* kreischt er. *Ich bin verflucht. Alles, was ich berühre, wird Gold. Ich muß verhungern.*

Verzweifelt wälzt er sich über den Marmorboden. Es fängt an zu glänzen wie in einer Putzmittelreklame.

Plötzlich plagt ihn unerträglicher Durst. *Helft mir,* fleht der Verseuchte. *Jeder, der mir hilft, bekommt pures Gold.*

Was Gold nicht alles bewirkt! Der Arzt strahlt plötzlich seinen Chef so unverschämt an, daß dieser einen Wutanfall kriegt. *Hör auf, so sonnig zu lächeln, du Goldhamster.*

Aber ich weiß, was dir hilft, triumphiert der Medizinmann. *Ich bitte Dionysos, seine gute Gabe zurückzunehmen.*

Bist du wahnsinnig? kreischt Midas. *Dann werde ich bettelarm.*

Midas dreht und windet sich. *Na gut,* ächzt er schließlich, *aber mach langsam. Ich will noch etwas von der Einrichtung vergolden.*

Dionysos lacht sich krumm, als er von der Goldverseuchung hört. *Er soll sofort ein Neutralisationsbad im Paktolos beim Berg Tmolos nehmen, dann ist er die Seuche los.*

So geschieht's. Der Arzt läßt den Leidenden ins Wasser werfen. Zehn Minuten später ist er von seiner Krankheit geheilt, doch nicht von der Goldgier: *Mein Gold, mein Gold*, klagt er. Seit dieser Zeit führt der Fluß bis heute reiche Mengen des glänzenden Metalls mit sich, und Midas hat seinen Spitznamen Goldfinger weg.

36
Goldfinger mit Eselsohren
– Midas wächst über sich hinaus –

Obwohl Apollon seinen Rivalen Marsyas abgebürstet hat, ist sein Zorn noch nicht verraucht. *Dieser verdammte Goldscheißer*, schimpft er auf Midas. *Wagt der Typ doch glatt, das Flötengewinsel besser zu finden als meine klassische E-Musik. Wer so schlecht hört, kriegt einen Satz heiße Ohren. Aber fortissimo!*

Er wäscht sich seine Metzgerhände in einer Quelle und stattet seinem Kritiker einen Besuch ab.

Midas freut sich ob seines unerwarteten Erscheinens.

Er will Apollon reich bewirten lassen, doch der winkt ab. *Sehr nett von dir. Aber meine Zeit ist begrenzt. Ich wollte mich nur nach deinem Gesundheitszustand erkundigen.*

Midas staunt. *Ich bin eigentlich ganz gut drauf...*

Aber du scheinst mir ein bißchen schlecht zu hören, sagt Apollon gefährlich leise und packt den König bei den Ohren.

Laß los! brüllt Midas. *Au!* Doch Apollon zieht und zieht. Der König heult vor Schmerz.

Schließlich hält Apollon dem Gepeinigten einen Spiegel vors schmerzverzerrte Gesicht. Midas traut seinen Augen nicht. Statt seiner hübschen Muschelöhrchen, auf die er so stolz war, ragen zwei ellenlange Eselsohren aus seinem Haupt.

Als Midas sich umdreht, ist Apollon verschwunden.

Wenn das einer sieht, werde ich zum Gespött von ganz Griechenland, schämt sich der König. Am liebsten möchte er im Boden versinken.

Er wickelt jammernd Stoff um den Kopf. Dann schleicht er in sein Zimmer. Wehklagend holt er eine Baskenmütze aus dem Wandschrank und verbirgt darunter seinen Kopfschmuck.

Was hast du denn da für ein Teil? kichern seine Gespielinnen.

Hat Apollon mir verehrt. Der letzte Modeschrei. Trägt jetzt die Gottheit.

Die Mädels sind beeindruckt. So ein Ding wollen sie auch. Midas gibt erleichtert eine ganze Produktion in Auftrag. So fällt er unter den Speckdeckelträgern seines Hofes nicht weiter auf.

Das einzige Problem ist sein Friseur. Er läßt den Haarkünstler kommen. *Ich habe da ein kleines Problem und hoffe für dich auf deine Diskretion. Dafür wirst du großzügig belohnt. Entgleitet dir hingegen die Zunge,* droht er, *wirst du mit Honig bestrichen in einem Ameisenhaufen begraben. Lebendig!*

Der Friseur beteuert eilig seine Loyalität. Midas reißt die Mütze vom Kopf. Der Friseur bekreuzigt sich und will den Mund aufmachen. *Still!* herrscht ihn Midas an. *Kein Wort. Du hast nichts gesehen. An die Arbeit!*

Als er fertig ist, gibt ihm Midas ein fürstliches Trinkgeld. Stolz zeigt der Friseur die Goldtaler überall in der Stadt herum. *So viel für die paar Haare?* wundert sich seine Frau. *Midas ist doch sonst so geizig.*

Unter uns, hebt ihr Gatte an, da fällt sein Blick auf eine Ameise. Ihm ist plötzlich gar nicht gut. *Schnell! Einen Ouzo,* ruft er zitternd. Hastig stürzt er ihn hinunter.

Das Geheimnis quält ihn. Aber er kann's nicht loswerden. Jeden Morgen nach der Rasur wird das Trinkgeld größer, aber auch der Drink, um die Last zu tragen. Nach einem Monat bricht es aus ihm hervor: *Majestät. Ich kann nicht mehr!*

Klappe! brüllt Midas. *Denk daran, was dir andernfalls blüht!*

Der Friseur beißt sich auf die Lippen. Nach getaner Arbeit stürzt er zum Fluß. Er blickt sich um wie ein Entflohener, versteckt sich hinter Bäumen, kriecht durchs Unterholz. Endlich fühlt er sich unbeobachtet. Er macht im Schilf ein Loch und flüstert, kaum vernehmbar, hinein: *König Midas hat Eselsohren.*

Die Last ist vom Herzen. Rasch schaufelt er das geheimnisvolle Loch wieder zu und läuft ins nächste Cafenion. Dort trinkt er drei Ouzo ex. Wie befreit er sich jetzt fühlt. Und niemand hat's gehört. Niemand?

Ein Schilfrohr hat das Geflüster verstanden. Es wispert die Neuigkeit seinen Schwestern zu: *Habt ihr schon gehört? König Midas hat Eselsohren.*

Was? Das kann doch nicht sein.

Die Schwestern tratschen es herum. Die Bäume raunen das Geheimnis durch den Wald. Die Elstern schnappen es auf und zwitschern es weiter: *Hey, Leute. Schon gehört...?* Bald pfeifen es die Kanarienvögel aus den königlichen Vogelkäfigen.

Die Putzfrauen zerreißen sich das Maul. Die Diener grinsen, wenn Midas vorbeiflaniert. Die ganze Stadt lacht bereits.

Nur Midas weiß nichts davon, bis ihm eine seiner Gespielinnen, als er zu schnarchen beginnt, neugierig die Nachtmütze wegzieht.

Kichernd eilt sie zu den anderen. Als sie nach zehn Minuten zurückkommt, sitzt der König bleich im Bett. Sie hat vergessen, ihm die Nachtmütze wieder über die Ohren zu ziehen.

So, sagt er traurig, *jetzt weißt du es.* Dann zieht er an der Nachtglocke. Der Leibwächter erscheint: *Majestät? Erstens: Dieser neugierigen Ziege werden die Ohren abgeschnitten. Sofort! Zweitens: Der Friseur wird mit Honig eingerieben und an die Waldameisen verfüttert. Drittens: Laß den schönsten Stier schlachten und das Blut abfiltern. Daraus mach sofort einen Salz-und-Pfeffer-Cocktail.* Der Befehl wird auf der Stelle erledigt.

König Midas säuft Liter um Liter Stierblut, weil das gegen Ohrenleiden helfen soll. Und es hilft auch. Als der Barbier seinen letzten Haucher tut, treibt eine Eiweißvergiftung dem reichsten Mann der Welt die todbetrübte Seele aus dem Leib.

37

Schmied wird gehört
– Aphrodite entdeckt den Seitensprung –

Hephaistos' Versuch, Athene zu vergewaltigen, löst einen Sturm der Empörung aus. *Das ist ja wie in Bochum und Andorra,* wettert Hera. *Kann eine Frau bei uns nicht mal mehr am hellichten Tag in eine Mechanikerwerkstatt gehen? Auf der Stelle sorgst du für law and order!* herrscht sie ihren Göttergatten an. Zeus zittert das Knie. Schließlich hat er selbst jede Menge Dreck am Stecken.

Sehr delikat… beginnt er vorsichtig. *Mein armer, zu kurz gekommener Sohn hat es bei Damen schwer. Das Beste wäre, ihn zu verheiraten.* Damit hat er zufällig ins Schwarze getroffen. Als Göttin des häuslichen Segens geht Hera bei diesem Gedanken das Herz auf.

Manchmal hast sogar du einen vernünftigen Gedanken, lobt sie ihren Gatten. Der strahlt und klopft heimlich dreimal auf Holz; jetzt läuft das Thema in eine andere Richtung.

Aber mit wem? fragt Zeus.

Der steht auf Aphrodite, weiß Hera. *Als er die Schnalle an ihrem Gürtel repariert hat, hat's bei ihm gefunkt. Er hat's mir selbst gebeichtet.*

So, Aphrodite, unser Wanderpokal, grinst Artemis schadenfroh. *Ob die den Klempner überhaupt will?*

Die wird gar nicht erst gefragt, bestimmt Hera.

Zeus nickt wohlgefällig und denkt: *Wenn sie unter der Haube ist, kann ich ja mal ihre eheliche Treue testen.* Laut setzt er hinzu: *Gut. Tun wir etwas für die olympische Verkehrsordnung. Beim nächsten Vollmond ist Honeymoon für die beiden.*

Hermes bittet Aphrodite zur Audienz beim Oberboß.

Hallo, Süße, schnurrt Zeus. Mit ihren zarten siebzehn Jahren sieht das Törtchen zum Anbeißen aus.

Hi, Onkel, grüßt das Wunder der Erotik, *was gibt's?*

Du bist jetzt in einem Alter, leitet Zeus ein, *da hat ein Mädel gewisse Bedürfnisse. Vielleicht kann ich etwas zu deinem Wohlbefinden beitragen.* Er hüstelt förmlich.

Aphrodite wirft Zeus einen Lolitablick zu. *Scheißspiel*, denkt der Heiratsvermittler, *jetzt ist mir mal ein Mädel von sich aus hold, und ich muß den Tugendbold spielen.*

Welche Bedürfnisse meinst du denn? fragt das Kurvenwunder naiv.

Du weißt, ächzt er, *die Liebe ist eine ernste Sache.*

Aphrodite kommt näher. *Was ist denn? Sprich weiter*, flüstert sie. Zeus wird mulmig.

Du bist so hübsch, er flüstert nun ebenfalls.

O Zeus, haucht Aphrodite, da springt die Tür auf, und Hera steht im Zimmer.

Zeus stottert erschrocken drauflos: *Sie will, ja, sie will.*

Hera glücklich: *O Kind. Wie freu' ich mich. Hephaistos ist ein guter Junge. Wenn er auch etwas hinkt, dafür hat er geschickte Finger.*

Aphrodite ist völlig überrumpelt. Langsam dämmert ihr, daß sie reingelegt worden ist. Entsetzt malt sie sich die Ehefreuden mit dem hinkenden Schmutzfink aus. Und wie der immer riecht! *Aber ich will doch gar nicht...* kreischt sie.

Ja, ja, fährt Zeus dazwischen, *du willst nicht übermorgen. Sondern erst bei Vollmond.*

Aphrodite verschlägt es die Sprache.

Na ja, bemuttert sie Hera, *auf einen Tag kommt's ja nicht an. Jetzt verkünde ich die frohe Botschaft erst mal im Familienkreis.* Hera klatscht in die Hände, und die gesamte Sippe stürmt herein und beglückwünscht die Braut. Hephaistos drückt der Überrumpelten den Verlobungskuß auf die Lippen. Dann stimmt Apollon einen Festgesang an.

Aphrodite schwört innerlich Rache. Sie nimmt sich vor, dem armen Hinkefuß noch in der Hochzeitsnacht Hörner aufzusetzen, und Zeus, der sie vor Angst verschmäht hat, soll an ihrer Bettkante winseln, bis er blau wird.

Es wird eine richtige Götterhochzeit. Jedenfalls haben Dionysos und seine Helfer dem Bräutigam so herzerfrischend zugeprostet, daß Hephaistos sich in der Brautkammer nur schwer zurechtfindet.

Kaum liegt er neben Aphrodite, beginnt er fürchterlich zu schnarchen.

Aphrodite hat auf der Fete bereits Ausschau gehalten und sich mit Ares heißgetanzt. Der Kerl ist vielversprechend gebaut und hat den Vorteil, der Bruder ihres Gatten zu sein.

Während Hephaistos die Hochzeitsnacht verschnarcht, wirft sich die Braut in den Bademantel und schleicht zum Kaminfeuer. Dort hockt der Ersatzmann mitten unter den im Vollrausch liegenden Göttern und wartet auf seine Tänzerin.

Toll, daß du tatsächlich kommst, freut sich der Glatzkopf. Aphrodite setzt sich auf seinen Schoß. Dem Naivling wird heiß: *Und dein Ehemann?*

Der kommt so schnell nicht zu sich, wispert Aphrodite und krault ihm das Brusthaar.

Ares denkt: *Wie die rangeht.* Das schärfste Mädel unter der Sonne ist heiß auf ihn. Er fühlt sich plötzlich unfähig, ihr das Wasser zu reichen.

Gib mir lieber einen Schluck Wein, sagt sie und knöpft sein Hemd auf. Nach ein paar zarten Handgriffen hat Ares seine Schüchternheit überwunden und bemüht sich nach Kräften, seinen Bruder zu ersetzen. Rundum zufrieden eilt Aphrodite im Morgengrauen ins Ehebett.

Hephaistos hat beim Aufwachen einen mächtigen Kater. Er weiß nicht mal, ob er seine Jungfräulichkeit verloren hat.

Guten Morgen, Liebste, blinzelt er seiner Göttin zu. *Wie war ich?*

Wundervoll, haucht sie. *Unendlich zartfühlend. Du bist der rücksichtsvollste Ehemann hinter dem Mond.*

38
Lustspiel für Voyeure
– Aphrodite und Ares gehen in die Liebesfalle –

Ares zeugt seinem Bruderherz drei süße Kuckuckskinder – Phobos, Deimos und Harmonia, die sich in Psychologie und Musik einen Namen machen wird.

Je voller der Mond wird, um so toller treiben es die Ehebrecher. Wenn Hephaistos müde vom Tagewerk ins Kissen sinkt, steigt Aphrodite munter um zehn bei Ares in die Kiste. Die Sonne bringt es jedoch an den Tag. Eines Morgens haben die beiden verpennt, und Helios, der Sonnengott, sieht zufällig durch Ares' offenes Schlafzimmerfenster.

Als er wenig später bei Hephaistos vorbeischaut, flüstert er ihm die Entdeckung zu. Der will es nicht glauben. Doch Helios erzählt brühwarm die Details.

Hephaistos glüht vor Zorn. Er hängt ein Schild vor die Schmiede: »Heute geschlossen.« Dann macht er sich ans Werk und hämmert ein durchsichtiges Fangnetz aus Bronze, feiner als Spinnweb, aber tausendmal fester. Diesen transparenten Kescher bindet er kunstfertig an die Pfosten seines Ehebettes. Kaum ist er fertig, kommt Aphrodite aus Thrakien angerauscht.

Hallo, Liebster. Hach, hab ich eine Sehnsucht nach dir. Ich war in Korinth zum Wellenreiten.

Sie küßt ihm die schweißige Backe. Hephaistos hält sie auf Abstand. *Leider in Eile, Liebste. Ich muß sofort zur Insel Lemnos. Dringender Auftrag.*

Schön für dich, freut sich Aphrodite, *häng noch ein paar Tage Urlaub dran. In der letzten Zeit kommst du mir etwas abgeschlafft vor.*

Gute Idee, stimmt Hephaistos zu und packt seine Sachen. Kaum ist er zur Tür hinaus, schickt Aphrodite nach Ares. Der schwingt sich in den Hellasexpreß und liegt schon kurz darauf in ihren Armen. Schwager und Schwägerin vergnügen sich bis zum Morgengrauen.

Da graut es auch ihnen: Beim Liebesspiel hat sich das unsichtbare Netz auf sie gesenkt und sie hoffnungslos in ihrer Sünde festgehalten. Sie sitzen nackt in der Liebesfalle.

Aphrodite kriegt einen hysterischen Anfall: *Dein Bruder wird dich kastrieren und mich im Keller anketten, bis ich alt und grau bin!*

Ares läßt resigniert alle Hoffnung fahren. *Stimmt, mein kleiner Bruder ist zu allem fähig.*

Da hast du recht, du Jammerlappen von Kriegsgott! Hephaistos stürmt herbei. *Die Götter sollen sehen, was Bruderliebe ist.* Oktopus, Hephaistos' Lehrbub, muß die Verwandtschaft zusammentrommeln.

Achtung Leute, Sensation! verkündet dieser: *Hephaistos bietet Lustspiel für Voyeure.*

Klingt aufregend, meint Zeus, *dem fällt aber auch immer wieder was Neues ein.*

Das klingt mir zu sehr nach Herrenabend, rümpft Hera die Nase und hält so die Göttinnen vom Skandal fern.

Hephaistos hat einen Vorhang vors Bett gehängt. Feierlich enthüllt er nun das lebende Bild. Die Götter staunen.

Welch köstlicher Anblick, geilt sich Hermes auf.

Mein Gott, stammelt Zeus, *das ist ja meine Adoptivtochter Aphrodite mit meinem Erstgeborenen.*

Ich habe sie in flagranti ertappt. Die Schlampe kannst du wiederhaben, Alter. Aber dafür will ich meine Kunstgegenstände zurück. Der Brautpreis war bei der Qualität ziemlich übertrieben, geifert Hephaistos.

Kommt gar nicht in Frage, blockt Zeus ab. *Außerdem*

spinnst du doch. Wer macht seine Schlafzimmerschande schon selbst zum Gespött der Leute? Jeder anständig Gehörnte trägt sein Geweih mit Würde.

Apollon stößt Hermes in die Seite und sagt halblaut: *Na, Kleiner. Was würdest du dafür geben, mit Ares den Platz zu tauschen?*

Och, für eine Stunde mit Aphrodite nähme ich jedes Opfer auf mich. Apollon und Hermes zwinkern sich zu.

Poseidon hat beim Anblick der nackten Schönen rote Ohren gekriegt. *Ich muß sie kriegen. Koste es, was es wolle,* denkt er.

Na gut. Wenn ich meine Kunstgegenstände nicht wiederkriege, laß ich die beiden im Netz austrocknen, verkündet Hephaistos.

Armer Hephaistos, heuchelt der verliebte Meergott. *Ich fühle mit dir. Deine Seele ist wund, die Mannesehre verletzt. Da Zeus sich weigert, bürge ich dafür, daß Ares den Gegenwert der Hochzeitsgaben als Lösegeld blecht.*

Alles schön und gut, überlegt Hephaistos, *aber wenn er nicht zahlt, mußt du für ihn ins Netz.*

In Damengesellschaft? fragt Apollon.

Wie auch immer, ich nehme die Schuld auf mich und Aphrodite als Draufgabe.

Kein schlechter Deal, spöttelt Apollon.

So bekommt Ares seine Freiheit wieder und kehrt gedemütigt nach Thrakien zurück.

Aphrodite reist umgehend nach Paphos. Dort gibt es ein berühmtes Heilbad. Jedenfalls ist sie nach einer Wochenendkur wieder Jungfrau.

Dergestalt verjüngt eilt sie zum Rendezvous mit Hermes. Am nächsten Morgen hat Aphrodite mal wieder ihre Unschuld verloren und ein kleines Wesen im Schoß, das bei seiner Geburt nach Vater und Mutter Hermaphroditos genannt wird. Es ist so gebaut, daß es auf jeder Hochzeit tanzen kann: besitzt außer einem knackigen Po eine passable Oberweite und hat im Intimbereich alles zu bieten. So kann der Bisexuelle nach Lust und Laune lieben, mal Vater oder mal Mutter werden.

Auch Poseidon wird zum Dank, daß er Aphrodite die Stange gehalten hat, fürstlich mit den Früchten der Venus belohnt. So heißt Aphrodite bei den Römern.

Auf diese Weise kommen beim ganzen Ehebruchtheater nur Hermes, Poseidon und Aphrodite auf ihre Kosten.

Ares zahlt nix, und nach langen Solowochen im Einzelbett fleht Hephaistos seine Gattin an, zurückzukehren. Er ist nämlich sexuell von ihr abhängig.

39
Jungfer auf Männerjagd
– Artemis verwandelt Aktaion zu Hundefutter –

Wie beschämend, schüttelt sich Artemis, als ihr Aphrodite die erniedrigende Bloßstellung erzählt. *Die Kerle sind doch alle gleich. Wie gut, daß ich mich nie mit einem eingelassen habe.*

Ach, hin und wieder kann das auch sehr angenehm sein, lächelt die Liebesgöttin.

Wildschweinjagd ist mir lieber, sagt Artemis arrogant wie alle Unsicheren. Sie nimmt Pfeil und Bogen und fährt mit ihrer Hundemeute zur Pirsch in die Gegend von Orchomenos.

Die Geschichte mit Aphrodite geht ihr nicht aus dem Kopf. Sie hat das Bedürfnis, sich zu reinigen, wirft ihr Jagdkostüm ab und springt in einen klaren Gebirgsfluß. Mit ihren Hunden tollt sie im Wasser, und das lustige Treiben lockt einen Jägersmann an.

Er späht durchs Unterholz. Sein Blick fällt auf die wohlgestaltete Badenixe. *Da würde ich gern mitplanschen.* Er robbt hinter einen dicken Felsbrocken am Ufer. Vorsichtig linst er zu ihr hinüber.

Er gehört sonst nicht zu den Zimperlichen. Aber die Wellenbraut hat so eine strenge Ausstrahlung. Und dazu die vielen Jagdköter.

Die Augen des Spanners werden immer größer. So groß, daß Artemis sich plötzlich beobachtet fühlt. Sie fährt herum und sieht etwas hinter dem Felsen verschwinden.

Wenn da nicht einer spannt, gruselt sie sich. *Dem werd' ich's zeigen.*

Sie tut, als hätte sie nichts bemerkt, steht auf und dreht Aktaion ihre prachtvolle Fassade zu. Der Voyeur riskiert einen zweiten Blick, da verläßt ihn das Waidmannsheil.

Diesmal hat ihn Artemis gesehen. Sie pfeift ihre Hunde herbei und zieht sich an. Mit einem Satz springt sie auf den Felsblock.

Aktaion kriegt fast einen Herzinfarkt.

Du mieser kleiner Spanner! Was willst du hier? schreit die Göttin.

Ich, äh . . . ich . . ., stottert der Ertappte.

Weißt du, wer ich bin? Der Jüngling schüttelt den Kopf.

Ich bin Artemis. Mich hat bisher noch nie ein Mann nackt gesehen.

Beim Namen Artemis wird dem Bengel noch schwindliger.

Ich schwöre dir, ich will es nie wieder tun! wimmert er.

Dazu wird's nicht kommen, verkündet Artemis eisig. *Steh auf!* Aktaion winselt um Gnade.

Komm hoch, hab ich gesagt! befiehlt die Hundeherrin. Sie kann ihre wilde Meute kaum noch zurückhalten.

Aktaion steht schließlich mit weichen Knien vor ihr. *Was hast du vor?* keucht er.

Kleine Jagdsportveranstaltung. Deshalb bist du ja hier. Die Hunde beginnen gierig zu heulen.

Artemis spricht einen Jagdzauber. Sofort wachsen Aktaion Rehbockkrickel. Sein Körper überzieht sich mit braunem Fell, Arme und Beine werden zu Rehläufen. Nur das entsetzte Gesicht bleibt.

Bitte nicht! jammert er herzzerreißend.

Ich lasse dir hundert Schritt Vorsprung, ruft Artemis. *Bei drei geht's los.*

Aktaion springt los, als wäre der Teufel hinter ihm her. *Faßt!* schreit Artemis, als Aktaion den Abhang hinabflüchtet. Die Meute rast wie tollwütig davon. Der Bock hetzt zwischen den dicken Zedern hindurch. Von allen Seiten ertönt Jagdhundegebell.

Gnade, Gnade! hechelt er, als Artemis vor ihm auftaucht. Doch die lacht nur. Schon hat ihn eine Dogge erwischt. Aktaion bricht mit flehendem Blick vor Artemis zusammen.

Und während ihn ein paar hundert Zähne in Hundefutter verwandeln, sagt Artemis: *So wird es in Zukunft allen Spannern und Vergewaltigern ergehen.* Der letzte Satz, den Aktaion hört, bevor seine Seele in den Tartaros flüchtet.

40

Mutter Greenpeace schlägt zu
– Demeter straft Umweltsünder –

Demeter ist der Name der Göttin der Kornfelder. Er bedeutet Bettmacherin, weil Demeter im mannshohen Getreide Liebespaare in die Mysterien der Erotik einweiht.

Demeter hat als Mutter der Fruchtbarkeit selbst keinen Ehemann, sondern wechselnde Liebhaber. Nur wenn sie aktiv ist, blüht und sprießt es auf der Erde. Ob Kartoffel, Löwenzahn oder Jungfer im Grünen: Sex ist die Mutter aller Dinge.

Demeter ist sanfter Natur. Nur ein einziges Mal hat sie die Nerven verloren und einen Umweltsünder Mores gelehrt.

Und das kam so:

Eines Tages betritt Erysichthon mit zwanzig Kumpanen einen Hain naturgeschützter Bäume. Die Grünanlage heißt Demeter-Park und ist von ein paar naturverbundenen Pelasgern als grüne Lunge in Dotion gepflanzt worden.

Erysichthon und seine Freunde brauchen Bauholz für eine neue Festhalle. Statt billiges Fichtenholz aus Rußland zu verwenden, wollen sie die edlen Eichen der Grünanlage umlegen. *Die sind gediegener und billiger, und außerdem haben wir dann mehr Raum für Park-plätze*, meint Erysichthon als weitblickender Politi-ker.

Die einundzwanzig Umweltzerstörer machen sich mit Axt und Säge ans Werk.

Der Holzfällerlärm alarmiert ein paar Naturfreaks. Die rufen sofort nach Demeter. In Sprechchören. *Was?* empört sich Mutter Greenpeace, wie sie liebevoll ge-nannt wird. *Komme sofort!*

Inzwischen versuchen die Naturfreunde freundlich, die Kerle von ihrem Tun abzubringen. *Das ist einstim-mig im Stadtrat beschlossen*, eifert sich Erysichthon. *Der Park bleibt ja bestehen. Er wird lediglich um ein paar Parkplätze erweitert.*

Die Bäume rauschen zum letzten Mal, nämlich zu Bo-den. Da kommt Bewegung auf. Insbesondere als Deme-ter persönlich durchs Parktor schreitet. *Stoppt den Wahnsinn!* ruft sie gebieterisch.

Erysichthon fährt herum: *Ach je. Die grüne Tante. Wir erfüllen doch nur unsere Pflicht!*

Das ist ein mir zu Ehren gestifteter Park, braust Deme-ter auf. *Den könnt ihr nicht einfach abhacken.* Sie setzt sich demonstrativ unter einen Baum.

Weg da! brüllt Erysichthon. Er schnappt sich eine Axt und rast auf Demeter zu. Die steht langsam auf und hebt die Hand. *Du scheinst vergessen zu haben, daß ich ei-*

ne Göttin bin. Erysichthon bleibt erstarrt stehen. Keinen Ton bringt er mehr hervor.

Dieser Park steht unter meinem Schutz. Eure Aktion ist hiermit beendet. Ihr werden die gefällten Bäume abtransportieren und sofort neue pflanzen, befiehlt sie Erysichthons Rollkommando.

Und du, wendet sie sich an den vorübergehend Erstarrten, *wirst für deine maßlose Gier und Rücksichtslosigkeit einen Denkzettel kriegen.*

Weil du das Maul nie voll genug bekommst, verdamme ich dich zu ewigem Hunger. Du kannst essen, soviel du willst, nie wirst du satt werden, bis du dich nach dem Tod sehnst. Aber der wird nicht kommen.

Erysichthon erwacht aus seiner Erstarrung. Er will nur noch nach Hause.

Dort läßt er sich das Mittagessen auffahren. 16 Gänge.

Ach, tut das gut, rülpst er behaglich und nickt für einen kurzen Moment ein. Dann ist er wieder blitzwach. Getrieben von Hunger stürzt er in die Küche. Die Köchin kommt aus der Speisekammer: *Aber du hast doch gerade erst für drei gegessen.*

Ist ja Stunden her, knurrt Erysichthon.

Die Köchin wirft kopfschüttelnd den Herd an und einen Truthahn in die Pfanne. Erysichthon kann kaum abwarten, bis der Vogel gar ist. Aber soviel er auch ißt und trinkt, der Hunger wächst und wächst. Und je mehr er frißt, um so flacher wird sein Bauch. Nach drei Wochen sind sämtliche Hammel der Familie gefressen. Es gibt kein Brot mehr, von anderen Dingen ganz zu schweigen.

Erysichthon läuft mit hohlem Blick umher auf der Suche nach Eßbarem.

Schließlich haben selbst die Nachbarn nicht mal mehr eine Brotrinde im Haus. Da wühlt Erysichthon hungrig in den Mülltonnen und verschlingt jeglichen Abfall.

Nach fünf Wochen ist aus dem strahlenden Jüngling ein spindeldürrer Stadtstreicher geworden. Nach einem halben Jahr wirft sein Körper kaum noch Schatten, und eines Tages ist von Erysichthon nichts mehr zu erblicken. Jetzt steigt er ungesehen in Speisekammern ein und frißt sich voll. Nur satt wird er nie. Und sterben kann er nicht. Die unersättliche Gier hält ihn am Leben.

41
Böser Onkel raubt Nichte
– Hades und Persephone –

Dort, wo es ganz düster ist, haust Hades, der Gott der Unterwelt. Der Lichtmangel hat ihn zum Griesgram gemacht. Denn vom lichten Hellas ist hier nicht mal ein Schatten zu sehen.

Eines Nachts erblickt er auf einer Fete bei Zeus die hübsche Kore. Was schlicht Mädchen heißt, wie girl auf englisch oder Göre in Berlin.

Kore ist Demeters liebstes Töchterlein, von Zeus persönlich gezeugt. Die Göre ist also Hades' Nichte von Bruder- wie Schwesterseite.

Eros sieht den stocksteifen Unterweltler das Girl fixieren und schießt ihm zum Spaß einen Pfeil in den Allerwertesten. Sofort jagt dem Finsterling das süße Gift der Liebe in die Testikel. Shakespearehaft säuselnd nähert er sich dem Ziel seiner Sehnsucht. *Die Liebe macht vor keiner Mauer halt. Was Liebe kann, wird Liebe immer wagen, drum sind Verwandte mir kein Hindernis.*

Kore faßt sich an den Kopf: *Aber Onkel Hadi! Verträgst du den Mondschein nicht? Soll ich dir einen Regenschirm holen?*

Kore huscht kichernd davon.

In Hades zuckt es schmerzlich. Er, der beinharte Gebieter über Millionen nachtgrauer Existenzen, kriegt plötzlich weiche Knie vor einer Kindfrau.

Hades läuft ruhelos herum. *Was ist denn mit dir los?* fragt Zeus.

Oje, jammert Hades, *wenn du wüßtest. Mich hat's erwischt.*

Grippe? fragt Zeus.

Ich trau mich gar nicht, es zu erzählen, druckst Hades.

Ist es so intim? wundert sich der kleine Bruder.

Ich bin das erste Mal in meinem Leben verliebt. Das ist ja schlimmer als Zahnweh. Hades kriegt feuchte Augen.

Wer ist es denn? fragt Zeus neugierig. *Vielleicht kann ich Vermittler spielen. Aber leicht wird's bestimmt nicht. Die meisten Mädels wollen ein Haus im Grünen, und dein Schuppen ist doch reichlich schattig.*

Aber deshalb bin ich hier. Nur du kannst mir helfen. Es ist ausgerechnet Demeters Tochter Kore, sagt Hades tonlos.

Meine Tochter, verbessert Zeus. *Und die willst du im Tartaros an die goldene Kette legen? Mann, o Mann. Du hast Ideen. Die steht auf Natur und Wandern.*

Hades schluchzt auf. *Aber du als mein Bruder mußt mir helfen. Gib ihr einfach deinen väterlichen Befehl.*

Zeus überlegt. Hades hat sich auf sein Ziel versteift. Wenn er ihn hängen läßt, ist die brüderliche Liebe dahin. Aber wenn er Kore freigibt, kratzt ihm Demeter die Augen aus.

Kannst du dich nicht in eine andere verknallen? Du weißt doch: Diese Naturverbundenen wollen einen Platz an der Sonne.

Dann nagle ich eben den Halleyschen Kometen in der Halle fest. Und meine Diener basteln Blumen aus Gold und Lapislazuli. Die strahlen wir von hinten an. Klunker gefallen den Weibern.

Zeus gibt auf. Der Kerl hat ja keine Ahnung, wie man ein Frauenherz erobert. Er nickt, als ob er einverstanden wäre: *Nicht schlecht, deine Idee. Damit wirst du schon Erfolg haben.*

Wirklich? freut sich Hades. *Du machst mir Mut. Wie soll ich es anfangen?*

Offen, meint Zeus pragmatisch.

Hades tigert so charmant, wie er kann, auf Kore zu. Er fixiert sie mit sehnsüchtigem Blick. Keck drückt er sich an sie. Doch Kore macht sich dünn. *Sag mal, bist du in die Pulle gefallen? Oder warum bist du so anhänglich?*

Hades' Totenschädel legt sich in Kummerfalten. Als Kore nicht mehr auftaucht, trabt er frustriert in seinem schwarzen Sechsspänner in den Untergrund.

Am nächsten Tag umschleicht er Demeters Bauernhof. Seine Herzdame pflückt mit den Töchtern des Titanen Okeanos Blumen. Sie tollen durch ein Meer von

Rosen, Krokussen, Veilchen und Hyazinthen und setzen sich Kränze ins Haar.

Hades rennt zurück zum Styx, was ›gehaßt‹ bedeutet, weil es der Eingang zur Unterwelt ist. *Charon*, brüllt er dem Fährboot-Kapitän zu, der die Seelen der Verstorbenen über den Totenfluß schippert, *avanti!*

Am anderen Ufer springt Hades in seine Kutsche und fetzt die unterirdische Rennstrecke entlang bis zu der Stelle, wo Kore herumturnt.

Er horcht. *Ja. Das ist ihre Stimme. Jetzt wird sie was erleben.* Ein Beben erschüttert die Erdkruste. Ein Spalt tut sich auf. Hades gibt Gas bzw. die Peitsche und rast in die weite Welt hinaus. Okeanos' Töchter stürzen schreiend davon. Nur Kore ist wie angewurzelt stehengeblieben. Jetzt sieht sie Hades' schnaubende Geisterkutsche auf sich zurasen. *Mein abartiger Onkel! Der wird doch nicht...*

Kore läuft los. Doch die Geisterrosse schneiden ihr den Weg ab. *Laß mich!* schreit Kore, als Hades die Wagentür öffnet und sie ins Innere zieht. Aber sie hat keine Chance. Die Rosse ziehen an. Die Geisterkutsche verschwindet im Erdreich. Nur noch Kores dünner Hilfeschrei ist für einen Moment zu hören. Dann schließt sich der Spalt.

Kein schlechter Griff, denkt Helios, der den Mädchenraub per Zufall beobachtet hat.

Unterwegs versucht der Kidnapper das Gör zu herzen. Da kommt wieder Leben in die vor Schreck Erstarrte. Sie boxt ihm kräftig eins auf die Nase.

Aber ich liebe dich doch! ruft Hades verzweifelt, während Kore ihn keines Blickes mehr würdigt und nach draußen ins Dämmerlicht starrt.

Die Geisterkutsche hält vor Hades' Edelsteinpalast. Der beugt sich untertänigst zu Kore. *Komm, Liebes. Alles, was du siehst, ist dein. Hier wirst du herrschen.*

Ich will nicht! kreischt sie.

Doch Hades zieht sie durch ein Spalier von Schattenwesen in den Palast. Er gibt ihr einen besonderen Begrüßungsdrink, nämlich eine Kelle Wasser aus dem Fluß des Vergessens, Lethe genannt. Sofort erscheint Kore die düstere Bude in den schillerndsten Farben. Selbst Hades kommt ihr plötzlich wie Casanova vor. Na ja. So hängt eben alles von der jeweiligen Stimmung ab. Jedenfalls fällt der Chef des Untergrunds irgendwann über seine Naturbraut her. Warum er sie aber seit der Entjungferung »Stimme Persiens« nennt, nämlich Persephone, bleibt im dunkeln.

42
Reise durch Geisterland
– Hades zeigt Persephone sein Gruselreich –

Komm aus den Rabenfedern, Liebste. Wir machen einen kleinen Ausflug.

Hades reicht Persephone den üblichen Schluck Lethe, damit sie im Gruselreich alles etwas rosiger sieht.

Das ist der Styx, Hades zeigt auf einen zweihundert Meter hohen Wasserfall am Nordhang des Chelmos. *Eingang in mein Reich. Er umschlingt die Unterwelt neunmal. Und das da,* er deutet auf den Fährmann, *ist Charon. Der gondelt die Asylbewerber über den Grenzfluß, sofern ihnen ihre Verwandten das 100-Drachmen-Stück Schleppergeld unter die Zunge legen.*

Na, Käpt'n, wie läuft das Geschäft?

Neuerdings versuchen immer mehr, schwarz über die Grenze zu kommen. Aber Kerberos paßt da schon auf, knurrt Charon.

Kerberos ist unser Wachhund mit hundert Augen, erläutert der Unterweltboß seiner Braut. *Wer hier ohne Passierschein rein oder raus will, wird zu Hundefutter.*

Er pfeift, und ein ekliges Wesen mit fünfzig Bulldoggenköpfen kommt angehechelt.

Sitz! brüllt Hades. Der Köter gehorcht. *Das ist dein neues Frauchen.* Kerberos kommt herangerobbt und schlabbert mit einer Zunge an Persephones Lilienhand.

Braves Hundchen, haucht Persephone und hofft, lebend davonzukommen.

Am anderen Ufer ist Kundschaft aufgetaucht. Charon stößt das Boot ab. Sieben fette Politiker, denen der Pöbel nach einem Korruptionsskandal die Hufe nach oben gedreht hat. *Die zahlen doppelt*, ruft Hades Charon nach.

Hades' Geisterkutsche rast weiter durch die endlosen Gewölbe. Überall dampft das Kunsteis und glitzert im Licht der Diamantenlaternen. An einer Straßenkreuzung läßt Hades halten. Er zeigt auf ein gotisches Gebäude. *Das ist der oberste Gerichtshof. Dort wird den Asylbewerbern im Schnellverfahren auf den Zahn gefühlt.*

Rhadamanthys ist für die Asiaten zuständig, Aiakos für die Europäer. Mischlinge und andere komplizierte Fälle bearbeitet Minos. Die Schnellrichter richten rund um die Uhr. Ist der Fall geklärt, wird der Verurteilte zur Kreuzung gebracht und abgeschoben.

Wer ein erstklassiges Führungszeugnis hat, darf sich in den Obstgärten des Elysiums vergnügen. Dort gibt es alles, was das Herz begehrt, und jede Menge Kultur obendrauf. Wem das zuviel wird, der kann einen Antrag auf Wiedergeburt stellen.

Er zeigt auf den Pfad der Tugend, einen verwucherten

steilen Gebirgsweg. *Die Straftäter, Räuber, Verbrecher, Steuerhinterzieher, Lügenbolde und Vetternwirtschaftler werden auf die Straffelder des Tartaros geschickt. Weil sie im Leben so entsetzlich aktiv waren, werden sie hier mit Nichtstun gequält, bis sie vor Langeweile nach und nach auf Rattengröße schrumpfen.*

Persephone wird übel. *Und was geschieht mit jenen, die weder gut noch böse waren?*

Die kommen auf Wartestation auf die Asphodelischen Felder. Dort hoffen sie sehnsüchtig, einen Schluck warmen Blutes zu erhaschen. Dadurch fühlen sie sich für ein paar Minuten wieder als Mensch.

Hades bricht ab und lauscht. Von den Asphodelischen Feldern tönt schreckliches Geschrei herüber. Wenig später rasen die sieben Politiker, gehetzt von ausgemergelten Schatten, an Hades und Persephone vorbei ins Gerichtsgebäude.

So geht's, grinst Hades.

Persephone mag nicht mehr. *Gibt es denn hier nichts Lustiges?*

Hades denkt nach: *Wie wär's, wenn wir Verwandte besuchten?*

Die Aussicht stimmt Persephone heiter: *Ja, fein. Wer sind die denn?*

Da sind schon zwei. Hades deutet ins Zwielicht. Zwei schmucke eineiige Zwillinge schlendern heran. Hades stellt sie vor: *Das ist Hypnos. Schlafexperte. Wo er auftaucht, bleibt kein Auge offen. Selbst Götter schlafen bei seinem Auftritt ein. Er gähnt herzhaft. Um sich von seinem Bruder zu unterscheiden, trägt er einen Kranz aus Mohnblumen...* Hades beginnt im Stehen zu schnarchen.

Hypnos verneigt sich vor Persephone. Er blickt sie mit seinen Schlafzimmeraugen so hypnotisierend an, daß ihr ebenfalls die Lider runterklappen.

Geh weiter, der Chef knackt schon, spricht hohl der andere. Hypnos schwebt ein paar Meter zurück.

Hades wacht wieder auf. *Wo waren wir stehengeblieben?* Er blinzelt. *Ach ja, und das ist Thanatos, Bruder Tod. Weltberühmt und gefürchtet. Er läuft immer mit gesenkter Fackel herum und fackelt nicht lang, wenn der Auftritt eines Lebenskünstlers zu Ende geht.*

Thanatos verneigt sich kühl vor Persephone. Der wird kalt ums Herz.

Hades lächelt: *Die beiden schlafen nie. Immer im Einsatz. Fahren wir nun zu unseren alten Tanten, den Erinnyen.*

Fünf Minuten später hält Hades vor der Villa von Tisiphone, der Vergeltungskeiferin, Alekto, dem Hahnengekreisch, und Megaira, Mütterchen Mißgunst. *Unsere Tanten sehen etwas schrill aus, also nicht erschrecken. Ansonsten sind sie ganz passabel.*

Zur Seelenstärkung gibt er Persephone noch einen Schluck aus dem Letheflachmann. Dann öffnet er die

Salontür. *Hallo, Tanten, ich möchte euch meine Braut vorstellen!*

Die Tanten werfen lange Blicke durch ihre Lorgnons. Auch Persephone kriegt Stielaugen. Die Erinnyen sehen in der Tat apart aus. Statt Haare ringeln sich Vipern auf ihren Hundeköpfen, ihre Haut ist maulwurfsfarben, und ihre Rücken schmücken Fledermausflügel. Die blutunterlaufenen Augen flutschen hin und her.

Persephone drückt die Krallenhände der Furien, wie sie ebenfalls genannt werden. Und das nicht zu Unrecht. Sie ziehen Meineidigen und Muttermördern die Hammelbeine lang. Wer ihnen in die Hände fällt, hat nix zu lachen.

Sehr nett, deine Gattin, loben die gräßlichen Frauen. Damit ist die Audienz auch schon beendet. Die Unterwelt ist ein straff organisierter Dienstleistungsbetrieb, wo alles reibungslos ablaufen muß. Sonst klappt die Entsorgung der Oberwelt nicht.

Sag mal, hebt Persephone an, nachdem sie ihre Sprache wiedergefunden hat, *gibt es hier nur Arbeitssüchtige? Ich hätte mich gern mal mit einer ganz normalen Frau unterhalten.*

Hades ist überrascht. Das hat er sich noch nicht überlegt. Er denkt nach. *Ja, richtig, Hekate. Sie wird dir gefallen, sie ist die Königin der Hexen und erst sechshundertfünfzig Jahre alt.*

Hades düst zu einem Park, in dem die Ausflüsse von Hekates bizarrer Phantasie zu betrachten sind: Mona Lisa als Gespenst, Don Juan als eineiiger Zwilling, Rainer Maria Rilke als Jungfrau Maria. Alles wirkt sehr modern und eigentlich nur Esoterikern verständlich. Aber Persephone gefällt's.

Kaum sind sie angekommen, werden sie auch schon in den schwarzen Marmorpalast gebeten. Hekate sitzt dort auf einem Thron aus Mondstein und lächelt dem Besuch aus Sternenaugen entgegen. Persephone ist sofort angenehm überrascht. Sie fühlt sich zu Hekate hingezogen. *Endlich eine Göttin, mit der sich plaudern läßt,* denkt sie froh. Sofort ist sie von Hekates Klatschtalent gefesselt.

Die weiß nämlich alles, was auf der Oberwelt passiert. Nacht für Nacht spukt sie durch Häuser, beobachtet Liebespaare, weiß, wer wann wo Schätze vergräbt, kennt die Öde der Ehebetten und die heimlichen Freuden der Parkbänke. Sie geistert durch Burgen und Wälder und erscheint als Löwin, Pudeldame oder Araberstute. Sie kann jeden Sterblichen zum Glückspilz machen oder in einen Pechvogel verwandeln.

Deshalb versteht sich von selbst, daß sie auch über Persephones Frust informiert ist.

Wie gefällt's dir bei uns? fragt sie mit kurzem Blick auf Hades.

Sehr nett. Nur ein bißchen düster, sagt die neue Unterweltlerin diplomatisch.

Na ja, überlegt Hekate. *Vielleicht kann ich dir ein bißchen Abwechslung verschaffen. Was hältst du von ein wenig Unterricht im Hexen?*

Persephone blüht bei diesem Vorschlag auf wie ein Nachtschattengewächs bei Vollmond. Hades ist glücklich.

Seit dieser Teestunde sind Hekate und Persephone zwei Herzen im Dreivierteltakt. Die Oberhexe bringt Persephone alle teuflischen Tricks bei, die sie auf Lager hat. Das wird Hades bald zu spüren bekommen.

43
In der Kürze steckt die Würze
– Persephone läßt Minthe ins Kraut schießen –

Hades kennt Persephone schon bald nicht wieder. Zumindest nachts. Kaum kriegt er einen zärtlichen Anfall, kommt sie ihm mit einem Zaubertrick zuvor.

Plötzlich hält er statt draller Pobacken einen alten Eselsarsch in den Händen. *Was machst du?* ekelt sich Hades, während Persephone einen Kicheranfall kriegt. Sie ist halt noch recht kindlich. Doch beim nächsten

Mal reicht es Hades: *Ich hab die Zauberfaxen jetzt dicke!* Er wirft sich wütend in die Feiertagstoga.

Aber Liebster, versucht Persephone den Frustrierten zurückzuhalten, *das war doch nur Spaß.*

Spaß nennst du das? Dann amüsier dich alleine weiter.

Hades springt in seine Sonntagskutsche und rast los. Zur Oberwelt. Dort läßt er seinen gespannten Blick schweifen.

Das Gold seiner Nobelkarre blendet eine zarte Nymphe namens Minthe. Hades hat das aus dem Augenwinkel bemerkt. Langsam dreht er eine zweite Kurve. Minthe starrt verzaubert zu ihm hinüber.

Die Nymphe scheint auf meine Goldkiste abzufahren, freut sich der Entwöhnte. Er bremst scharf vor ihr und lädt sie zu einer Spritztour ein. Minthe krabbelt an Hades' Seite. Der schnalzt mit der Zunge, und die Rösser starten.

Inzwischen wird es Persephone unbehaglich. Sie ahnt Ungutes. Voll Eifersucht rennt sie zu Hekate und leiht sich einen fliegenden Teppich. Damit flattert sie der Kutsche nach.

Aha, er hat sich bereits eine Schnepfe aufgerissen, giftet sie hinter einer Linde hervor.

Hades ist unterdessen mit seiner Eroberung zu der Stelle zurückgekehrt, wo er Minthe aufgegabelt hat.

Der Grufti und seine Gelegenheitsbraut steigen aus der Kutsche und verdrücken sich in die Büsche.

Süßholzraspelnd streift er ihr die Kleider ab, bis Minthe nackt vor ihm in der Wiese liegt.

Wie herrlich du duftest, begeilt sich der Lustmolch.

Persephone ist saurer als drei Kilo Rollmöpse. *Dem Stecher werd ich's zeigen*, zischt sie. Während Hades sich gerade vergnügen will, zaubert sie ihm eine herbe Enttäuschung unter. Minthe verschwindet bis aufs Lustgärtlein mit dem pikanten Kräuterduft. Das allein bleibt von ihr übrig. Hades klappt die Kinnlade weg, als er plötzlich die blanke Erde küßt.

Er richtet sich verdattert auf und untersucht den Boden. Genau an der Stelle, wo er sich just mit Minthe vereinen wollte, wächst ein bittersüßes Kraut. Er greift vorsichtig danach und schnüffelt: *Minthe! Wo bist du?* ruft er. *Hier!* wispert es aus dem krausen Grün.

So entstand durch einen simplen Zaubertrick die herrlich riechende krause Minze.

44

Eine österreichische Lösung
– Persephone wird Saisonbraut –

Als Kore zum Abendessen immer noch nicht daheim ist, macht sich Demeter Sorgen und um Mitternacht schließlich auf den Weg. *Ko-re, Ko-re!* ruft sie durch Wald und Wiese. Niemand weiß, wo ihr Herzblatt steckt.

Wo kann sie bloß sein? überlegt Demeter verzweifelt nach neun Tagen. Vor Kummer und Schlafmangel ist sie nur noch Haut und Knochen. *Sicher hat sie ein Sittenstrolch verführt. Wenn ich ihn finde, mische ich ihm Mutterkorn ins Müsli.*

Am zehnten Tag kommt sie nach Eleusis auf Attika. Da hat sie eine große Fangemeinde. Jedes Jahr werden hier von Mysterienmanagern Erntedankfeiern für sie abgehalten. Doch auch diese Priester können ihr nicht weiterhelfen.

Am nächsten Morgen trifft sie zufällig Triptolemos, auch einer ihrer Anhänger. Der leibhaftige Prinz ist Ökofreak und hütet eigenhändig Rinder: *Was, Kore gekidnappt? Warum denn?* Er hält inne. *Moment! Meine Brüder Eumolpos und Eubuleus waren mit ihren Schweinen auf den Feldern. Da gab es plötzlich einen Erdrutsch, und eine Riesenkutsche kam aus dem Boden geschossen.*

Pechschwarz war sie. Der Chauffeur hatte eine Spiegelbrille auf und den Hut tief in die Stirn gezogen. Aber im Arm hielt er ein wild zappelndes Mädchen fest umklammert. Sie schrie fürchterlich. Wer das war, haben sie nicht erkannt. Die Kiste ist vorbeigerauscht und dann weg. Das ging ganz schnell.

Schwarze Kutsche, aus der Erde? Das kann nur ein Unterweltler sein, fährt Demeter auf.

Hades, meinst du? wirft der Ökoprinz ein. *Das muß Helios gesehen haben. Der schnüffelt doch überall herum.*

Demeter interviewt sofort den Sonnenbruder. Aber der windet sich, als Demeter ihn zum Zeugen machen will. Tiefe Abendröte überzieht sein Gesicht.

Ich dachte, stottert er, *die fährt zum Vergnügen mit… Außerdem hab' ich gehört, daß ihr Vater die Reise genehmigt hat…*

Demeter stampft auf. *Das darf doch nicht wahr sein! Mein kleiner Bruder erlaubt seinem großen Bruder, meine Tochter zu verführen?!*

Helios hat es plötzlich eilig. *Ich muß meine Sonnenrösser in den Stall bringen.* Er haut ab, verschwindet eilig hinter dem Horizont und überläßt Demeter ihrem Schmerz.

Meine schurkischen Brüder! Nichts ist ihnen heilig. Nicht mal ihre Nichte. Sie sind um kein Haar besser als unser mieser Vater Kronos. Die Kerle können was erleben! Und der Olymp sieht mich nie mehr.

Demeter fegt wie eine Furie über die Erde und sorgt für Verdruß. Sie verbietet den Bäumen, Früchte hervorzubringen, und den Pflanzen zu wachsen. *So lange, bis ich Kore wiederhabe. Und wenn darüber unser Planet versandet.*

Hermes! brüllt Zeus. *Was geht hier vor? Das Volk murrt. Die Getreideproduktion klappt nicht, die Felder versteppen, Obst und Gemüse verschrumpeln. Nichts gedeiht mehr. Da steckt doch wer dahinter?!*

Das Schlimmste weißt du noch gar nicht, sagt Hermes.

So? fragt Zeus unruhig.

Die Weinstöcke haben die Traubenproduktion eingestellt. Wenn nicht was geschieht, ist's mit dem Saufen im nächsten Jahr Essig, fährt Hermes maliziös fort.

Das bringt Zeus auf Touren. *Was? Da müssen wir sofort was unternehmen. Wieso wächst denn nichts? Landwirtschaft ist Demeters Abteilung. Die hat doch sonst den grünen Daumen. Hol sie sofort her!*

Geht nicht, sagt Hermes, der natürlich längst weiß, was Sache ist. *Die ist nämlich stocksauer, weil Hades ihre Tochter verschleppt hat.*

Meine Tochter, verbessert Zeus. *Aber das ist doch noch kein Grund, weltweit die Agrarproduktion zu stoppen. Was den Weibern aber auch immer einfällt...*

Hermes wartet nicht den Schluß des Gejammers ab. *Keine Zeitvergeudung. Du mußt sofort was unternehmen. Andernfalls werden wir hier vertrocknen.*

Zeus braust wieder auf, aber es nützt nichts. Hermes hat ja recht.

Aber wie soll ich es anstellen?

Dann schick Iris, die ist eine Meisterin der sanften Zunge, schlägt Hermes vor.

Gut, brummt der Göttervater. *Hol sie her.*

Kurz drauf zieht Iris, einen Regenbogenschleier hinter sich herschleppend, ins Chefbüro. *Alles klar, Chef?*

Ganz und gar nicht. Demeter ist ausgeflippt. Beruhige sie ein bißchen.

Iris schlägt einen Regenbogen vom Olymp nach Eleusis. *Hör mal, Kleines...* versucht Iris ihr gut zuzureden. Aber Demeter bleibt verstockt: *Sag deinem Guru, daß nicht mal eine Hautflechte wächst, bis ich meine Tochter wiederhabe.*

Oha. Die ist ja richtig radikal, stöhnt Zeus. *Hermes!* ruft er, nachdem Iris sich in Sonnenschein aufgelöst hat. *Flitz zu meinem Kellerbruder. Er soll Kore rausrücken. Vorher mach bei Demeter gutes Wetter. Sag, sie kann ihre Tochter wiederkriegen.*

Aber wenn sie bereits vom Leichenschmaus genascht hat, dann sehen wir alle ganz schön alt aus, wirft Hermes ein. *Dann kommt sie aus dem Gruselkeller nicht mehr raus.*

Zeus macht eine wegwerfende Handbewegung. *Meine Tochter ist nicht blöd. Die wird meinem Bruder schon nicht aus der Hand gefressen haben.*

Hermes saust los und läßt sich von Charon über den unterirdischen Fluß schippern. *Was gibt's Neues bei euch?* fragt er nebenbei.

Nix, außer Hades' neuer kleiner Freundin Persephone.

Perserstimme? Ist das eine iranische Prinzessin? will Hermes wissen.

Nee. Hades fand das aparter als Kore. So heißt die richtig.

Sieh mal einer an, denkt Hermes. *Hat der Kellerheini ihr eine neue Identität gegeben, damit sie keiner findet.*

Schon lange verstorben? hakt Hermes nach.

Verstorben? Die ist quicklebendig und hat sich geweigert, auch nur in eine Brotkruste von uns zu beißen. Die ist eigentlich illegal hier. Das sind Sitten! Protektion! Der hätte ich was gepfiffen.

Gut, gut, freut sich Hermes. *Da besteht die Chance, sie wieder aus der Gruft zu kriegen.*

Er wirft Charon einen Goldhamster zu. *Dein Obolus. Bin gleich wieder zurück.*

Wär doch nicht nötig gewesen, ölt Charon, *da drüben liegt eine Sänfte für hohen Besuch. Sag den Zombies, sie sollen dich zu Hades' Burg bringen.*

Danke. Bin gut zu Fuß, grüßt Hermes schneidig wie ein Jagdflieger und gibt Gas.

Hades' Burg taucht aus der Düsternis auf. Schneller als erwartet. Hermes bremst, daß die Funken sprühen. Trotzdem rast er durchs offene Tor direkt in Hades' Arme. Den haut's in seinen Thronsessel.

Ja, Hermes, japst er, *so stürmisch?*

Hermes nutzt die Schrecksekunde aus: *Befehl von Zeus: Kore respektive Persephone muß umgehend Demeter zurückgegeben werden. Love-Story zu Ende.*

Hades starrt Hermes an: *Ja, aber…*

Nichts aber. Demeter hat oben den totalen Wachstumsstopp durchgesetzt. Wenn sie sich nicht bald beruhigt, müssen alle verhungern. Selbst die Filzläuse magern bereits ab.

Hades ist völlig überrumpelt. Er schickt einen Groom zu Persephone.

Hermes berichtet, deine Mama weine literweise Tränen. So will ich dich von meinem Herzen reißen und heimsenden, eröffnet er ihr sogleich.

Persephone schluchzt leise auf. Hermes drängt auf sofortige Abreise: *Dann los, Leute! Keine Sentimentalitäten. Ihr werdet euch schon nicht aus den Augen verlieren.*

Er legt Hades die Hand auf die Schulter. *Leih uns deine Kutsche.*

Hades nickt und klatscht in die Hände. Die berüchtigte schwarze Kutsche düst vor. Die Herrschaften nehmen gerade voneinander Abschied, da kommt der eulenohrige Askalaphos, ein übles Klatschmaul, vorbei. Der alte Heuler ist Gärtner bei Hades. Kaum sieht er, was passiert, keift er: *Was, die Grazie darf abziehen? Das gibt's doch nicht! Die hat doch einen Granatapfel aus deinem Garten gemopst und sieben Kerne verdrückt. Mit der Totenspeise im Bauch ist sie schwer belastet.*

Was? empört sich Hades und reibt sich innerlich die Hände.

Fahr mit, befiehlt er Askalaphos, *und mach Zeus und Demeter die eminente Rechtsverletzung klar!*

Hermes zischt: *Verdammter Uhu. Dir dreh ich den Hals um.*

Kann ich selber, lacht Askalaphos und läßt zweimal seinen Kauzkopf auf dem dürren Hals kreisen.

Etwas später sind sie in Eleusis. Demeter und Kore fallen sich um den Hals. Doch Askalaphos beendet abrupt die freudige Szene: *Hör mal, grüne Tante, freu dich nicht zu früh. Dein Töchterchen muß wieder mit zu uns.*

Demeter schreckt auf. *Ist das wahr?* fragt sie Hermes.

Der nickt bedauernd.

Verdammter Aasgeier! schreit Demeter. *Wenn Kore nicht zurück zur Erde darf, verwandle ich die Welt in eine Wüste!*

Mal langsam, beschwichtigt Hermes die bebende Mutter. *Vielleicht finden wir eine österreichische Lösung.*

Was soll denn das sein? ruft Demeter.

Hab einen Moment Geduld. Mir fällt da was ein. Hermes grüßt kurz und düst los. *Komme gleich wieder.*

Er rast zum Olymp.

Alles wieder in Ordnung? fragt Zeus bang, als sein Unterhändler vor ihm steht.

Nee, seufzt Hermes und berichtet knapp von der unbefriedigenden Befreiungsaktion.

Zeus läßt sich in einen Sessel fallen: *Was machen wir jetzt?*

Österreichische Lösung.

Und wie geht das?

Wir nutzen den Spielraum, den wir nicht haben, grinst Hermes, *zwacken hier ein bißchen ab, fügen dort etwas hinzu, und zum Schluß sieht alles besser aus, als es ist.*

Zeus ist ganz Ohr. Hermes führt aus: *Also, Alter, du engagierst deine bzw. eure Mutter Rhea. Die soll Demeter überreden, daß Kore als Unterweltkönigin drei Monate bei Hades weilt und mit ihm eine Art Saisonehe führt. Am besten im Winter, wenn's hier oben ohnehin grau ist. Die restlichen neun Monate hat sie Eheurlaub und kann mit ihrer Mutter durch Felder und Wiesen ziehen und grüne Witwe spielen.*

Hermes, Zeus haut seinem Bengel auf die Schulter, *das nennt man österreichische Lösung? Genial. Das machen wir in Zukunft immer so.*

Demeter läßt sich breitschlagen bzw. kleinkriegen. Sie

belohnt alle, die ihr bei der Suche geholfen haben, mit den schönsten genetischen Neuschöpfungen wie der Feige, einem doppelt ertragreichen Saatgut und außerdem der Ackerbaukunst. Triptolemos bekommt als besonderes Geschenk einen von Schlangen gezogenen Wagen. Und Askalaphos blüht etwas ganz Besonderes. Demeter lockt ihn mit süßen Worten in eine Höhle, angeblich, um sich die Leichenschmausgeschichte haarklein erzählen zu lassen.

Der komische Kauz, überglücklich, drauofloslabern zu dürfen, erzählt und erzählt. *Rede ruhig weiter*, sagt Demeter nebenbei, *ich hol' nur schnell was zu knabbern*. Kaum ist sie aus der Höhle, wälzt sie einen Felsbrocken vor den Ausgang. *He*, keift der Verräter, *willst du mich zum Schweigen bringen?*

Nein. Im Gegenteil. Hier kannst du ungestört singen. Für immer.

Der Geleimte heult und klagt ein paar Generationen lang, bis eines Tages Herakles das Gezeter nicht mehr hören kann und Askalaphos aus dem Loch befreit. Daraufhin verwandelt Demeter den Krächzer in eine Kurzohreule. Darüber zetert er bis heute. Besonders im November, wie Konrad Lorenz mitteilt.

45
Eierkopf baut Frankenstein
– Prometheus, der Menschenfreund –

Der Hades ist voll von menschenähnlichen Wesen. Götter, Monster, Nymphen, Satyrn, Titanen gibt's en masse. Halb- und Viertelgeister, einäugige Riesen und mehräugige Hunde. Fledermausartige Gestalten, Vögel jeder Gattung, Drachen, Filzläuse, Seeigel, Legionen von Getier. Es ist wie im Paradies. Nur, kaum geht alles gut, kommt irgendein Fortschrittler und hat was zu meckern.

In dem Fall ist es der Titanensohn Prometheus, »Vordenker« und Vetter von Zeus. Ein antiker Eierkopf, der pausenlos seine grauen Zellen bemüht. Beim großen Zoff zwischen Göttern und Titanen hat er sich vorausblickend auf die Götterseite geschlagen und seinen Bruder Epimetheus, der deshalb so heißt, weil er etwas langsam im Kopf ist, mitgezogen.

Prometheus grübelt unzufrieden: *Diese Erde ist noch nicht perfekt. Das müßte alles besser organisiert werden... Da müßte einer für Ordnung sorgen. So was wie ein unparteiischer Roboter.* Prometheus spielt nachdenklich mit Erde, dabei wühlt er eine Handvoll Lehm heraus. Er fängt an zu töpfern. Plötzlich hat er eine Art Neandertaler gebastelt. *Sehr hübsch,* lobt er sein Kunstwerk. Nur der Kopf sitzt noch nicht. Siebenmal formt er ihn neu. Schließlich entsteht eine Mischung aus Goethe und Orang-Utan.

Was hast du da gebastelt? Athene blickt ihm über die Schulter. *Toll. Diese robusten Formen.*

Bin noch nicht zufrieden. Das Ding müßte sich bewegen. Aber ich weiß nicht, wie.

Ist doch ganz einfach, sagt Athene, kniet sich neben Prometheus und bläst dem vorsintflutlichen Frankenstein in die Nase.

Das macht den Klobigen munter. Seit dieser Sekunde gilt der Mensch als Lebewesen. Er erhebt sich plump und torkelt wie ein angeschlagener Boxer umher.

O Schreck. Was für ein Monster. Richtig zum Fürchten, gruselt sich Athene.

Den kriegen wir schon hin. Er muß mit etwas besserem Material veredelt werden, meint Prometheus optimistisch wie alle Wissenschaftler.

Viel Erfolg, wünscht Athene, sich verabschiedend.

Prometheus stellt mit Frankenstein die tollsten Experimente an. Er pflanzt ihm eine ganze Batterie Tiergene ein. Seitdem hat der Mensch die Flatterhaftigkeit des Huhns, die Halsstarrigkeit des Esels, die Verbohrtheit der Zecke, die Eifersucht des Pavians, die Geilheit des Hamsters, das Geprotze des Pfaus, den Giftzahn der Viper, die falschen Tränen des Krokodils, die Mordlust des

Marders, den IQ der Gans und die Geradlinigkeit des Hasen, um einige zu nennen.

Das ganze ist Pfusch, gesteht sich Prometheus nach einer Woche Arbeit ein. Inzwischen hat er weitere Prototypen entworfen und von Athene anhauchen lassen: Kaffeebraune, Schlitzäugige, Krummbeinige.

Die Typen lungern herum, kloppen sich, fressen Regenwürmer und hausen in düsteren Höhlen.

Von Kultur keine Spur, seufzt ihr Schöpfer. Er langt sich einen intelligenter Wirkenden aus der Schar, bringt dem Typen das Einmaleins bei, zeigt ihm Sternbilder, lehrt ihn Baukunde und die Grundbegriffe der Geometrie. Dann entwirft er eine Hausskizze. *So, jetzt holst du deine Kumpels, und ihr baut euch nach diesem Plan eine anständige Hütte.*

Nach sieben Monaten steht eine windschiefe Bude. *Schon ganz gut*, lobt Prometheus. Er bringt den Neandertalern außerdem Bootsbau und Fischfang bei. Und Traumdeuten. *Ihr müßt Visionen haben. Ohne Visionen ist die Zukunft finster.* Alle nicken blöde. Prometheus spürt Verzweiflung aufkommen. *Also weitermachen. Üben. Nach ein paar tausend Jahren wird's schon werden.* Er eilt zu einer Götterkonferenz. Zeus hat eingeladen, um zu beraten, was mit diesen neuen Zwitterwesen geschehen soll.

Sieh an, da kommt ja unser Philanthrop, grüßt Zeus

den Menschenfreund. *Was machen deine sprechenden Würmer?*

Es wird, verteidigt der Gentüftler seine neue Spezies.

Na, ich weiß nicht, meint Artemis. *Deine Genexperimente sind ziemlich dubios. Wir sollten das Halbaffenmodell wieder auslaufen lassen. Die taugen nicht mal zur Jagd. Sobald man sie verfolgt, fallen sie flehend auf die Knie und rufen: Mich nicht. Da ist der Mordsspaß sofort hin.*

Das wäre zu bedenken, stimmt Zeus zu.

Aber ihr wißt gar nicht, welch ungeheure Möglichkeiten uns durch die Roboter eröffnet werden, ruft Prometheus.

Vielleicht können wir sie ein wenig aufolympen, springt ihm unverhofft Hephaistos bei, der für Experimente stets etwas übrig hat. *Mit ein paar Spritzern Götterblut könnte man das Material aufpeppen.*

Igitt. Was für eine schweinische Idee! entrüstet sich Hera.

Warum nicht, denkt Zeus, *wahrscheinlich sind die Weiber weniger zickig.*

Na gut, fährt er aus seinen Überlegungen auf, *die Genfummelei ist zwar einerseits bedenklich, andererseits,* er blickt von Hera zu Prometheus, *bedeutet sein Experiment einen Fortschritt in der Geschichte der Menschheit.*

Die Götter nicken, nur Hera zetert: *Das glaub' ich nie. Die bleiben, was sie sind: aufgeplusterte Halbaffen.*

Dann machen wir doch kurzen Prozeß, schlägt Artemis ungeduldig vor.

Was können die armen Wesen dafür, daß es sie gibt? setzt sich die mitleidige Demeter ein und gründet rasch ein Komitee für Menschenrechte.

Das löst eine Diskussion aus. Nach endlosem Hin und Her entscheidet Zeus: *Sie sind nun mal da. Was sie treiben, kann uns egal sein. Weil sie aber ein paar Gramm Hirn haben, sollen sie was für uns tun. Wir stellen sie unter Naturschutz, dafür müssen sie uns anhimmeln und gelegentlich ein Festmahl bereiten.*

46
Ein Fressen für den Geier
– Prometheus kriegt Leberzwicken –

Prometheus teilt seinen Schöpfungen die Anordnung von oben mit.

Warum sollen wir den faulen Opas da oben was abgeben? nörgelt ein aufmüpfiger Rotschopf.

Die machen euch sonst zu ihrer Jagdbeute, stellt Prometheus klar.

Und was sollen wir denen opfern? fragt ein Bauernschlauer. Er möchte nämlich seine schimmligen Kartoffeln und matschigen Äpfel loswerden.

Stierbraten mag Zeus am liebsten, weiß Prometheus.

Und welchen Teil? Was dürfen wir für uns behalten? fragen seine Kreaturen.

Weiß ich nicht. Werd' mal nachfragen, was Zeus am besten schmeckt.

Prometheus begeht nun die größte Dummheit seines unsterblichen Lebens. Irgendein Satan flüstert ihm mit Schlangenzunge ins Ohr: *Leg den Alten mal richtig rein.*

Prometheus läßt den dicksten Bullen schlachten. Dann zieht er ihm eigenhändig die Haut ab und näht daraus zwei handliche Säcke. In den einen steckt er alle guten Stücke wie T-Bone-Steak, Ochsenschwanz, Lendenbraten. Über diese Leckerbissen stülpt er den Magen, den miesesten Teil des Rindviechs. In den zweiten Sack wirft er die Knochen und legt obendrauf einen schweren Brocken Rinderfett. Dieser Sack sieht somit fetter aus. Prometheus reibt sich die Hände und lädt Zeus zur Fleischbeschau. *Schau, sie haben dir zu Ehren ihren besten Bullen getötet. Einen Teil davon würden sie gern für sich behalten. Das andere soll geopfert werden. Such aus, welchen Sack du haben möchtest. Deine Wahl ist uns Befehl.*

Zeus wirft einen lüsternen Blick auf die Auslage. Beim Fettsack spitzt er die Lippen.

Ich nehme diesen.

Prometheus gluckst vor Schadenfreude.

Was hast du denn? Du bist doch sonst nicht so albern? Zeus' Stirn umwölkt sich.

Du hast, kichert Prometheus, *Fett und Knochen gewählt. Die kannst du jetzt ewig und drei Tage im Rohr braten, bis sie gar sind.*

Was? schreit Zeus, der sich schon auf sein Steak gefreut hat. *Du hast mich reingelegt? Dafür kriegen deine Halbaffen kein Feuer. Sollen sie ihr Beefsteak mürbe kauen.*

Zeus stürmt wütend zum Olymp und erzählt jedem den Beschiß.

Prometheus sieht ein, daß das keine gute Idee war. Und das Feuer zu vergessen war oberpeinlich. Seine Kreaturen freuen sich jedoch so sehr über ihren cleveren Schöpfer, daß sie gleich das ganze Fleisch roh verspeisen. Prometheus wird vom Zusehen schlecht.

Ohne Feuer gibt's weder Küchen- noch sonstige Kultur. Warum hat Zeus das Monopol darauf? Es muß doch einen Weg geben, auch so daran zu kommen? grübelt er. Da kommt ihm Athene entgegen.

Hallo, grüßt er, *ich hab da eine zündende Idee, aber mir fehlt noch der entscheidende Funke. Kann ich mal bei dir vorbeikommen?*

Ausgeschlossen, wehrt Athene ab, *Zeus ist mehr als wü-*

tend auf dich. Ehe du durchs Tor bist, hat er dich aus der Toga geschossen.

Dann laß mich durch die kleine Gartenpforte rein.

Na gut. Aber Vorsicht!

Am nächsten Morgen vor Sonnenaufgang drückt sich Prometheus, im Schafspelz als Hirte verkleidet, durch den Noteingang. Er kraxelt auf das Gipfelkreuz des Olymps. Keine Minute zu früh, denn eben zieht Helios mit seiner Sonnenkutsche vorüber. Er hat heute verpennt. Darum bemerkt er nichts. Prometheus hält eine Pechfackel an den glühenden Hinterreifen. Sofort funkt's. Kaum glüht der Holzpin, bricht Prometheus ein Stück Holzkohle ab und stopft es in die Markhöhle eines Riesenfenchels. Rasch löscht er die Fackel und schiebt sie neben sein altmodisches Feuerzeug in den Pelz.

Nach dem Feuerklau stiehlt er sich unbemerkt zu seinen Rohfleischfressern davon. Die nehmen vor Schreck die Socken in die Hand, als Prometheus siegreich mit dem Feuer spielt. Er brät ein Beefsteak und lockt sie mit dem Bratenduft an.

So beginnt die Kochkunst, Leute. Er wirft jedem ein Schnitzel zu.

Prometheus zeigt ihnen, wie man die Energie auf Sparflamme hält, und bastelt nebenbei die erste Pfanne. Dazu filtert er aus Urgesteinsbrocken zwei, drei Kilo Eisen. Das ist sozusagen das Nebenprodukt der Koch-kunst – die Stahlkocherei. Während die Neandertaler Dutzende von Rindern und Schweinen erst kalt- und dann wieder heißmachen und Rezepte ausprobieren, fühlt sich Prometheus plötzlich zum ersten Spottvers des Universums aufgerufen, der selbstredend Zeus zum Inhalt hat. *Bedecke deinen Himmel, Zeus, mit Wolken-dunst! Und üb Knaben gleich, der Disteln köpft, an Ei-chen dich und Berges Höh'n,* höhnt er in gehobener Spra-che. *Mußt mir meine Erde doch lassen steh'n, und meinen Herd, um dessen Backrohr du mich echt beneidest.*

Die Frankensteine blicken ihren Ideologen verständ-nislos an. Nur Zeus hat verstanden. Angelockt vom Bratenduft, ist er vom Olymp geflitzt und denkt nun, ihn trifft der Blitz.

Wo haben die meine Monopolenergie her? Die hat sicher Prometheus geklaut. Dem ist alles zuzutrauen.

Zeus linst sauer über den mykenischen Hügel. *Na warte!*

Kaum sind die Gourmets mit dicken Bäuchen in ih-ren Hütten verschwunden, tritt Zeus aus dem Dunkeln hervor.

Prometheus läuft ein Schauer über den Rücken, als der Oberfeuerwerker unverhofft ans Lagerfeuer tritt.

Angenehm warm hier. Wo hast du denn das Feuerzeug her? fragt Zeus betont beiläufig.

Gefunden, lügt Prometheus tapfer.

Gefunden? Daß ich nicht lache! tobt Zeus mit Orkanstärke los, daß die Funken wirbeln. *Geklaut hast du's und an die Halbaffen verteilt.*

Aber ich konnte nicht länger mit ansehen, wie die Ärmsten ihr Rindfleisch roh in sich hineinschlingen mußten, verteidigt sich der Dieb.

Rohes Fleisch ist besonders schmackhaft und nahrhaft. Hol's der Geier! Das werd' ich dir beweisen.

Der zynische Ton läßt Prometheus Böses ahnen. Zeus verwandelt sich plötzlich in einen geflügelten Dinosaurier, den es bislang noch nicht gab. Prometheus schreit vor Entsetzen auf, daß die Freßsäcke Alpträume kriegen.

Zeus krallt sich den Zündler und flattert mit ihm in die tiefe Nacht davon.

Wohin bringst du mich? gellt Prometheus, als er unter sich das Schwarze Meer rauschen hört. Nach ein paar Dutzend Flügelschlägen umkreist Zeus den Berg Elbrus im Kaukasus.

Hier ragt einsam eine hohe Marmorsäule in den Himmel. Im Winter herrschen an die fünfunddreißig Grad minus, und selbst in extremen Sommern ist es nicht wesentlich wärmer.

Willst du mich tiefgefrieren? zittert Prometheus.

Nicht so voreilig, beruhigt ihn Zeus, *du wirst etwas Unvergeßliches erleben.*

An der Marmorsäule hängen zwei armlange Goldketten. Zeus zwängt Prometheus' Hände durch die Ösen und quetscht sie zusammen. Prometheus hängt mit beiden Armen an der Säule und schwankt im sibirischen Nordost.

Jetzt weißt du erst, was ein warmes Feuer wert ist, zischt Zeus, immer noch im Drachenkostüm. *Dreißigtausend Jahre laß ich dich hier hängen. Und damit dir zwischendurch warm wird, schicke ich dir täglich einen Geier zur Gesellschaft.*

Er lacht, daß die Kaukasusberge beben, und eilt zurück ins warme Griechenland.

Prometheus blickt neugierig über die einzigartige Gebirgslandschaft. Ein Anblick zum Jodeln, denkt er. Da fällt sein Blick auf einen Geier. *Vielleicht mein Gesellschafter,* freut er sich, dessen Arme jede Stunde einen Millimeter länger werden. Der Geier hat offenbar die Orientierung verloren, denn er kreist suchend um jeden Berg. *Hier bin ich!* brüllt Prometheus aus Leibeskräften. Das Echo trägt es an des Geiers Ohr. Der dreht sich um und flattert freudig auf den Angeketteten zu.

Nett, daß du mich zum Essen gerufen hast, ruft der Krummschnabel.

Wieso zum Essen? wundert sich Prometheus, *hier gibt's nichts.*

Der Geier läßt sich auf Prometheus' Schulter nieder.

Au! schreit der. *Ich bin doch kein Kaktus!*

Zeus sei Dank nicht, antwortet der Vogel, *sonst wär's mit meinem Frühstück Essig. Ich bin nämlich extra für dich aus Mexiko abkommandiert.*

Ja, aber... versucht Prometheus die Frühstücksfrage zu klären. Dann jodelt er über den Kaukasus. Diesmal sehr schrill.

Der Geier beginnt sein Mahl. Warme Leber aus Prometheus' rechter Bauchseite. Prometheus strampelt und brüllt, der Geier schnabuliert ungerührt weiter, bis nichts mehr übrig ist. *Nicht schlecht*, krächzt er. *Dann bis morgen, Junge.*

Prometheus hängt ohnmächtig an den goldenen Ketten. Stunden später kommt er wieder zu sich. Vor Schmerz will er sich zusammenkrümmen. Aber es geht nicht. *Zeus*, wimmert er, *Erbarmen!* Aber nicht mal der Wind antwortet.

Der Abend kommt. Es wird Nacht. Auf einmal läßt der Schmerz der Wunde nach. Prometheus kann es nicht fassen. Die gefressene Leber beginnt nachzuwachsen.

Am Morgen betrachtet er die Wunde. Komplett verheilt, ohne Narbe.

Danke, stammelt er und denkt, jetzt ist die gräßliche Strafe vorüber. Aber da taucht der Geier wieder auf: *Hallihallo, edler Organspender!*

Nein, nicht schon wieder! schrillt Prometheus.

Aber, aber, beruhigt ihn der Geier, *die wächst doch wieder nach.*

Und schon beginnt die grausame Mahlzeit von neuem. Und wieder jodelt Prometheus seine Schmerzensschreie in die Berglandschaft. Beim Abflattern krächzt der Geier: *Ich komme wieder, denn wir sind Brüder, Brüder auf Leben und Tod.*

Aber Prometheus hört nichts. Er ist wieder ohnmächtig.

47
Braut mit scharfer Büchse
– Pandora, das Bazillen-Mutterschiff –

Währenddessen fliegt Zeus zu Hephaistos auf die Insel Vulcano nördlich Sizilien (dort ist eine Filialschmiede entstanden) und erzählt von der Strafaktion.

Ganz schön happig, meint Hephaistos, *findest du das nicht ein bißchen hart?*

Ja, schon. Aber er hat uns das Know-how geklaut. Und seine Frankensteine vergeuden unsere Energie. Da mußte ein Exempel statuiert werden.

Hephaistos wiegt den Kopf. *Na ja, im Grunde hast du recht. Und Prometheus' Neandertaler müßten eigentlich auch was auf die Rübe kriegen. Die verbrennen unsere Wälder, kochen mein Metall aus den Steinen...*

Deshalb bin ich hier. Er setzt Hephaistos seinen Racheplan auseinander, und dieser macht sich umgehend ans Werk. Er bastelt ein Konkurrenzprodukt zu den Frankensteinen – in weiblicher Ausführung.

Exzellent, lobt Zeus den Kunsttöpfer, als er wenig später das Werk begutachtet. *Jetzt laß die vier Winde Leben in sie blasen.*

Anschließend bringen sie die Neuschöpfung zum Olymp. Dort müssen Göttinnen und Götter sie mit allen gesellschaftlichen Kniffen und der entsprechenden Kleidung ausstaffieren.

Super, freut sich Zeus. *Ein heißes Weib zum Fingerverbrennen. Habt ihr glänzend gemacht.*

Was willst du mit ihr nun anstellen? fragt Hephaistos.

Ich werde sie auf Prometheus' blöden Bruder Epimetheus loslassen. Der ist dann mit ihr gestraft bis an sein Lebensende. Dagegen ist Prometheus' Strafe ein Zuckerschlecken.

Hephaistos schnalzt mißbilligend. Zeus überhört das. *Ich hab's. Wir nennen sie Pandora. Klingt doch gut, oder?*

Wie meinst du denn das? fragt Apollon. *Soll das heißen ›Die von allen Beschenkte‹ oder ›Die gibt's allen‹?*

Zeus schmunzelt. Das gefällt ihm. *Sowohl als auch. Die erste Namensdeutung haben wir hiermit erledigt, die zweite kommt noch. Und die hat's in sich.*

Er ruft Pandora bei ihrem Namen, und sie klimpert entzückt mit den Wimpern.

Ich habe für dich einen tollen Burschen ausersehen. Hermes wird dich zu ihm bringen und die Heiratsformalitäten erledigen. Die Hochzeit geht auf meine Kosten. Und hier, meine Hübsche, er holt ein wunderbares Edelsteinkästchen hervor, *ist deine Mitgift.*

Zeus gibt der heißen Braut einen göttlichen Kuß, dann nimmt Hermes sie auf den Sozius und düst zu Epimetheus.

Hi, grüßt Hermes Prometheus' Bruder. *Alles in Butter?*

Wie kommst du darauf? Ich bin psychisch am Ende. Die Sache mit Prometheus nimmt mich total mit.

Auch das wird vergehen, tröstet Hermes. *Was sind dreißigtausend Jahre gemessen an der Ewigkeit. Hier habe ich dir als Ersatz für deinen Bruder jemand mitgebracht. Sie heißt Pandora und ist sehr folgsam.*

Pandora strahlt Epimetheus an wie eine ganze Go-go-Girl-Schar.

Der ist sofort geblendet und vergißt Prometheus' eindringliche Warnung, nie ein Geschenk von Zeus anzunehmen.

Dann mal viel Spaß zu zweit, zwinkert Hermes und überläßt die beiden ihrem Schicksal.

Am nächsten Morgen will die Mistbiene nicht aufstehen. Epimetheus muß ihr das Frühstück ans Bett bringen! Das muß man sich mal vorstellen. Im antiken Griechenland, wo Frauen höchstens einen Durchschnittsstückpreis von zwei Ziegen erzielen.

So wird Epimetheus innerhalb von drei Tagen durch Pandora zum Pantoffelhelden. Nachdem die Liebesglut abflaut, fällt ihm das schmucke Kästchen ein.

Was hast du denn von Zeus als Hochzeitsgeschenk bekommen? turtelt er.

Eine Büchse voll Mitgift.

Voll mit Gift? entsetzt sich Epimetheus. *Mach die bloß nicht auf!* Siedendheiß fällt ihm Prometheus' Warnung ein. *Von Zeus kann nichts Gutes kommen.*

Was? schrillt seine Gattin. *Und ich? Bin ich dir etwa nicht gut genug?*

So war das doch nicht gemeint..., versucht er zu retten, was nicht mehr zu retten ist.

Seine wutschnaubende scharfe Hälfte grapscht sich das Kästchen. Der Langsamdenker Epimetheus ist plötzlich von bösen Vorahnungen erfüllt. *Nicht aufmachen!* brüllt er. Er weiß nicht, daß gebrüllte Verbote das Gegenteil bewirken.

Ist meins! keift Pandora und macht die Büchse auf. Ein übles Dröhnen entfleucht dem Kästchen.

Pandora will es entsetzt wieder zuklappen. Doch das Böse ist nicht mehr aufzuhalten. Häßliche Geister strömen aus dem kleinen Gefängnis und kreisen hohnlachend um das Paar. Sämtliche Übel dieser Welt quellen unaufhaltsam hervor. Von Aftersausen über Hexenschuß, Schweißausbrüchen bis zu Ziegenpeter werden Epimetheus und seine Holde befallen. Dann sausen die Plagen weiter und fallen über den Rest der Menschheit her.

Was hab ich gesagt? heult Epimetheus, der sich auf einmal vor Hexenschuß nicht mehr rühren kann.

Das einzig positive Übel ist die trügerische Hoffnung, daß alles besser wird. Sie hält die Menschen davon ab, sich aus Verzweiflung selbst umzubringen. Prinzip Hoffnung wird das ein paar tausend Jahre später ein Philosoph namens Bloch nennen und dafür eine Zeitlang viel Lob ernten.

48
Extrafeine Fleischsuppe
– Zeus unter Wölfen –

Je mehr sich Mutter Erde mit Zweibeinern bevölkert, um so gräßlicher werden deren Sitten. Sie klauen sich gegenseitig den Korken aus der Flasche und die Frau aus dem Bett. Sie lügen und betrügen und kriegen Gelbsucht vor Neid.

Zeus ist außer sich: *So ein Mistpack!*

Am schlimmsten treiben es der Arkadierkönig Lykaon und seine sauberen Söhne. Fünfzig an der Zahl. Und alle von einer Ehefrau.

Lykaon hat nämlich einen neuen Opferbrauch eingeführt. Keine Steaks mehr für Zeus, sondern Kinderschnitzel.

Was dem Kerl einfällt! Dem werd' ich's zeigen, empört sich Zeus.

Er verkleidet sich als Drachenflieger und schwebt nach Arkadien, um die Lage zu peilen. Tatsächlich. Da hat Lykaon einen stimmbrüchigen Bengel am Opfertisch festgebunden und schneidet ihm gerade die Kehle durch. Der Grill glüht. Lykaon zerlegt den Geschlachteten und schmeißt die Kinderschnitzel auf den Rost.

Zeus, sonst nicht gerade ein Muster an Zimperlichkeit, überkommt Brechreiz, als ihm der süße Bratenduft in die Nase steigt. Würgend düst er auf den Kinderkiller herab. Ehe der Kochkünstler sich versieht, steht der Himmelsgott neben dem Rostbraten. Seine Augen sprühen Blitze, daß die Balken knistern.

Das Dach brennt, hör auf! schreit Lykaon.

Das mit den neuen Opferbräuchen kommt nicht in Frage. Klar? Zur Strafe kehre ich dein wahres Wesen nach außen, tobt Zeus.

Willst du nicht doch ein Schnitzelchen probieren? versucht Lykaon gut Wetter zu machen.

Doch der verwünscht ihn bereits, und zwar so: *Wer Wolf ist, soll sich auch als Wolf geben.*

Der Kinderkiller will es als Jux nehmen, doch da schießt seine Nase zwei Handbreit aus der Visage, unter der Toga zischt ein Schwanz hervor, die Hände werden zu Wolfspfoten. Zwei Minuten später ist Lykaon, wie schon sein Name sagt, ein Steppenwolf. Der erste seiner Gattung.

Er springt herum und heult. Die Opferhütte steht in Flammen. Vor Angst winselnd, jagt er in den Wald hinaus.

Man soll sich eben nicht mit Zeus anlegen, der sich jetzt als Penner verkleidet. Er hat nämlich gehört, daß Lykaons Söhne um kein Haar besser sind als der Alte.

Er schickt den Prinzchen eine Brieftaube mit der Botschaft: Zeus im Anmarsch. Bereitet Kost und Logis.

Der Älteste, wolfsgesichtig wie sein alter Herr, grinst, als er die Nachricht erhält. *Soso, dann wollen wir doch mal sehen, ob der Feuerfuzzi tatsächlich ein Gott oder bloß ein Taschenkünstler ist.* Er wendet sich an seinen Bruder und flüstert ihm den schummrigen Plan ins Ohr. Der nickt und fletscht die Zähne: *Superidee, Lupos.*

Am Abend steht Zeus vor der Burg Trapezos in der Nordtürkei am Schwarzen Meer. Lupos holt Zeus persönlich vom Burgtor ab und geleitet ihn ins Burginnere in den Speisesaal.

Nett, daß du uns mal heimsuchst, ölt er. *Unser Alter ist ja ein besonderer Fan von dir.* Während er charmant dahinplaudert, denkt er: *Den Penner schlagen wir heute nacht mausetot und drehen ihn durch den Fleischwolf. Göttliche Salami!*

Er nötigt Zeus auf den Ehrensitz und stellt ihm seine Brüder vor, achtundvierzig an der Zahl.

Ich dachte, ihr seid fünfzig, fragt Zeus harmlos.

Ja, richtig, grient Lupos. *Nyktimos, unsere Nachtjacke, nimmt abends nie etwas zu sich außer einem Fußbad. Du wirst ihn bald kennenlernen.*

Der dampfende Suppentopf wird auf den Tisch gebracht. Zeus schnüffelt. Plötzlich hat er den Braten gerochen.

Hier stinkt's, sagt er eisig. Lupos schnüffelt.

Riecht tatsächlich etwas streng nach Hammelfett.

Von wegen! Das riecht nach klarer Kindfleischsuppe, tobt Zeus. Er krallt sich Lupos' Krauskopf und knallt ihn auf den Eichentisch.

Was hast du in die Suppe getan? fragt Zeus und reibt Lupos' Nase über die Holzplatte. Die 48 Brüder stehen im Halbkreis um das Geschehen. Zeus hat sie festgehext.

Hör endlich auf! schreit Lupos durch Rotz und Tränen.

Was ist also in der Suppe?

Unser abartiger Bruder Nyktimos, greint Lupos.

Und warum? fragt Zeus und rubbelt noch ein bißchen.

Weil er unseren Plan, aus dir Salami zu machen, unappetitlich fand.

Zeus kriegt eine Gänsehaut. Das ist sogar ihm zuviel.

Seid ihr von allen guten Geistern verlassen? flucht er. Vor Wut reibt er Lupos die Nase vollends weg. Der schreit und steckt damit seine feigen Brüder an. Das Heulen und Zähneklappern raubt Zeus fast den Verstand. Er haut mit einem Tritt den Tisch um. Die Suppe spritzt durch die Halle.

Euch ist leider nicht zu helfen. Seid verdammt zu Steppenwölfen! verhext Zeus die Brüder. *Raus in den Wald!*

Neunundvierzig Wer- und Wiesenwölfe heulen wie Schloßhunde auf und jagen in die laue Nacht davon.

Zeus angelt angeekelt nach dem Brocken des tranchierten Nyktimos, er holt die Schwestern, Bräute und Töchter der Wolfsmeute und läßt den Zerfetzten zusammenhäkeln. Als Nyktimos halbwegs komplett ist, bringt ihn Zeus mit einem starken Spruch wieder auf die Beine. Der Wiederbelebte fällt ihm zu Füßen und küßt dieselben.

49
Da bleibt kein Socken trocken
– Zeus entfesselt die Sintflut –

Zum Olymp zurückgekehrt, beruft Zeus eine Generalversammlung ein. Alle kommen.

Zeus erzählt die Gruselgeschichte, die er soeben erlebt hat. *Und die anderen Kuckuckseier, die uns Prometheus ins Nest gelegt hat, sind auch keinen Deut besser. Wenn es so weitergeht, werden sie eines Tages auf dem Olymp einen Grillplatz einrichten. Mit uns als Würstchen. Scherze mit dem Sklaven, bald wird er dir den Hintern zeigen.*

Die Versammlung klatscht. Zeus fährt fort: *Ich schlage vor, wir entledigen uns ihrer mit einem infernalischen Feuerwerk. Dann herrscht Ruhe.*

Vielleicht auch hier oben, wirft Hermes ein. *Wer weiß, was passiert, wenn alles in die Luft geht, alles durcheinanderwirbelt, da können wir leicht mit draufgehen.*

Das leuchtet ein.

Wie wär's, schlägt Poseidon vor, *mit einem reinigenden Bad? Eine kleine Sintflut, bei der die ganze Bande absäuft.*

Von dieser Wahnsinnsidee kriegt Prometheus an seinen Ketten Wind. Sein Frühstücksgast erzählt ihm zuerst immer den neuesten Klatsch, bevor er lospickt. *Zeus will deinen Menschenzoo ertränken.*

Was? fährt Prometheus auf. *Was soll ich nur machen? Stillhalten. Ich möchte mit dem Frühstück beginnen.*

Am Abend kommt sein Sohn Deukalion, inzwischen König von Phthia. Prometheus freut sich, der erste Besuch seit zwanzig Jahren. Deukalion ist zwar Extremkletterer, aber die Marmorsäule kommt er nicht hinauf, so tauschen sie die Neuigkeiten per Zuruf aus.

Zeus will euch alle loswerden. Wasserhahn auf und ab in den Abfluß, kräht Prometheus.

Wirklich? schüttelt sich Deukalion. *Und was kann man als Nichtschwimmer dagegen tun?*

Prometheus überlegt. *Gummistiefel und Schwimmreifen. Aber das wird auf die Dauer nicht reichen. Es kommt auf die Orkanstärke an. Und bei Zeus ist immer alles stark.*

Er grübelt schaukelnd im Wind. Dann: *Hör zu, aber behalt's für dich. Du weißt von Midas, wie schnell Geheimnisse unter die Leute kommen.* Und dann setzt er Deukalion seinen Überlebensplan auseinander.

Deukalion seilt sich eilends ab und fegt die Schwarzmeerküste entlang heim nach Phthia, das heute Lamia heißt, weil er dort hinkend ankommt. Dort bastelt er parallel zu Vater Noah einen Kahn. Tag und Nacht wird gesägt und gehämmert.

Kaum steht der Kasten, ist der letzte Sack unter Deck verstaut, geht Deukalion mit seiner Königin Pyrrha, einer Tochter von Epimetheus und Pandora, an Bord. Allein. Handwerker, Knechte, Mägde und sogar seine Leibwache halten ihn für übergeschnappt. *Ein Schiff auf einer Schafweide, acht Kilometer vom Meer. Der spinnt doch!*

Deukalion verabschiedet sich von seinen Leuten mit allen guten Wünschen für ein schmerzfreies, schnelles Ende. Die lachen schallend. Doch höchstens zehn Minuten. Da zieht von allen Himmelsrichtungen die Wetterfront auf. Es regnet sintflutartig. Außerdem läßt Poseidon seine schaumgekrönten Kampfwogen an Land preschen, die Flüsse treten über die Ufer, aus den Kanaldeckeln schießen Fontänen. Murmelnde Bäche werden zu reißenden Strömen. Dazu läßt Windgott Aiolos Stürme über die Erde jaulen, die man bislang nicht mal vom Hörensagen kannte. Bald ist von der Erde außer ein paar Berggipfeln nichts mehr zu sehen. Alles, was einmal kriechen oder gehen konnte, ist ersoffen. Nur Prometheus hängt über den Wassern und kriegt nasse Socken.

Nach neun Tagen stellt Zeus die infernalischen Wasserspiele ein.

Deukalions Kahn dümpelt in der trüben See. Das Rettungsboot strandet auf dem Berg Parnassos. König und Königin staksen an Land und schauen sich um. Ringsum nichts als endloser Ozean.

Doch plötzlich verebbt das Wasser. Die Wolken ziehen Richtung China, und Helios läßt von Osten sein Sonnengespann über den Himmel eilen, um die feuchte Erde zu trocknen. Die Bäume recken sich und schütteln den Schlamm ab.

Deukalion tun vom vielen Herumschauen schon die Augen weh. Kein Mensch weit und breit. Sie sind die einzigen Überlebenden der göttlichen Katastrophe.

Wir sollten Zeus versöhnlich stimmen, schlägt die feurige Pyrrha vor, die im Gegensatz zu ihrer Mutter ein praktisches Mädel ist. Deukalion nickt und sammelt etwas Treibholz, Pyrrha holt ihr Feuerzeug von Bord, und dann braten sie Zeus einen alten Haifisch, der, von der plötzlichen Trockenheit überrascht, in einer Pfütze zappelt.

Der Bratenduft weht zum Himmel. Zeus schnüffelt erfreut und sagt zu Hermes: *Ich denk', ich seh' nicht recht. Da haben doch glatt zwei überlebt und braten mir einen Hai. Schau doch mal nach, wer sie sind. Vielleicht brauchen sie was Trockenes zum Anziehen. Was immer sie brauchen, sie können es haben.*

Hermes landet bei den Betenden. *Aber hallo, ihr seid ja Deukalion und Pyrrha! Ihr seid aber auch mit nichts umzubringen. Respekt! Zeus hat das Haifischsteak gerochen. Er läßt innig grüßen und fragt, was ihr braucht. Die Firma kommt für alles auf.*

Deukalion will antworten, daß sie glücklich sind, ihr nacktes Leben gerettet zu haben, doch Pyrrha fährt ihm über den Mund: *Sehr nett, Hermes. Erstens was Trockenes zum Anziehen, zweitens frisches Gemüse, drittens eine menschenwürdige Unterkunft und viertens ein paar Sportsfreunde.*

Gewährt, sagt Hermes. *Um den Nachwuchs müßt ihr euch allerdings selbst kümmern.*

Das dauert ja neun Monate pro Stück, quengelt Deukalion.

Still! zischt Pyrrha.

Dann, fährt Hermes fort, *werft die Knochen eurer Mutter hinter euch.*

Aber unsere Mütter sind doch ertrunken, sagt Deukalion blöde.

Er meint Gaia, Mutter Erde, du Depp, weiß die clevere Pyrrha. Sie kniet sich auf den Boden und wirft Steine hinter sich. Kaum schlagen diese auf, verwandeln sie sich in kernige Mädels. *Was? Nur Weiber?* entsetzt sich Deukalion und wirft mit seiner Holden in panischer Hast Steine um die Wette, bis sie die gleiche Stückzahl Männlein und Weiblein in die Welt gesetzt haben.

Na also, seufzt Zeus, als er von der Neuauflage der Kreation Mensch hört. *Jetzt geht's wieder von vorne los.*

50
Glupschauge, sei wachsam
– Argos hilft Io verhüten –

Tatsächlich geht wieder alles von vorne los. Mit dem Unterschied, daß Götter und Göttinnen mittlerweile die Sterblichen zum Vernaschen süß finden. Hephaistos' alte Idee von der Aufolympisierung der groben Materie wird zur Mode. Besonders Zeus widmet sich leidenschaftlich dieser Aufgabe. Mit neuerwachten Frühlingsgefühlen flaniert er über die Wiesen von Argos. Die gehören König Inachos. Und nicht nur die Grashalme, sondern auch fünfhundert Rindviecher samt Hirtin. Das ist sein knospendes Töchterlein Io, eine Jungfrau von geradezu schamloser Schönheit. Zeus kostümiert sich als fahrender Sänger und kommt klampfezupfend anspaziert.

Io ist in ihrem jungen Leben noch nie so angeschwärmt worden. Sie lädt den lustigen Vogel zu einem Schluck Milch ein und holt aus ihrem Picknickkorb ein leckeres Frühstück. Als Königstochter kriegt sie nur die besten Stücke eingepackt. Zeus langt genüßlich zu. Kaum ist der letzte Krümel verspeist, kommt er zart zur Sache. Io versteht das alles nicht, fühlt sich aber zusehends bedrängt.

Finger weg! schreit sie. Zeus, der alte Verführer, hat das natürlich vorausgesehen.

Mein Täubchen, sülzt er, ohne von seinem Tun abzulassen.

Da springt Io auf und läuft davon. Zeus hinterher. Aber die Kleine ist ein As im Dauerlauf. Zeus geht die Puste aus. Er bleibt keuchend stehen und blickt ihr bezaubert nach: *Wenn ich nichts unternehme, geht sie mir durch die Lappen.* Er zaubert eine schwarze Nebelwolke und schickt sie der Flüchtenden nach. Io tappt plötzlich im Dunkeln. Zeus schwebt durch den schwarzen Schleier. Eine Art Blindekuhspiel beginnt, bis Zeus mit Zuchtbullenpower über sie herfällt. Io schreit wie am Spieß. Aber das stört den Unhold nicht im geringsten.

Hera hat jedoch das Geschrei gehört und die schwarze Wolke in heftiger Bewegung gesehen. Was das bedeutet, ist ihr sofort klar.

Die Göttermutter saust los, um ihn in flagranti zu erwischen. Zeus linst gerade beglückt durch ein Nebelloch, da sieht er seinen Hausdrachen angedonnert kommen. Er überlegt krampfhaft. Und ehe Io sich versieht, ist aus ihr eine wunderschöne weiße Kuh mit prachtvollem Euter geworden.

Uff, ächzt Zeus. Da durchbricht Hera die düstere Wolke.

Hab ich's mir doch gedacht. Sie wirft einen bohrenden Blick auf die Kuh. *Was ist denn das für ein Dunst hier? Hast du gezaubert?*

Hmmmm, nickt Zeus.

Und was macht die Kuh hier?

Zeus fängt an zu schwitzen. *Also, ich hatte plötzlich Lust auf einen Schluck Milch, wollte aber nicht, daß mir alle Welt dabei zusieht. Du verstehst?*

Klar, sagt Hera spitz. *Jetzt, wo du deinen Durst gestillt hast, kannst du mir die Kuh ja überlassen. Du weißt, wir sind immer etwas knapp an Frühstücksmilch.*

Zeus fährt zusammen. Was soll er machen? Gequält stimmt er dem abgefeimten Wunsch zu.

Hera küßt ihren Ehegemahl, packt die Kuh an einem Ohr und zieht mit ihr ab.

Zeus wirft einen verzweifelten Blick gen Himmel. So entgeht ihm, wohin Hera mit seinem Schatz entschwindet.

Hera zerrt Io in eine Höhle.

So, meine Hübsche, sagt sie böse lächelnd, *hier bist du sicher.* Sodann verrammelt sie den Eingang und flitzt in den Wald.

Hera vermutet: *Die hat er zur Tarnung verwandelt. Kaum bin ich weg, will er sich wieder an sie ranmachen. Aber die kriegt einen Aufpasser.*

Das ist Argos, ein Genmanipulierter mit hundert Glupschaugen. Dieses Unikum hat Hera als Keuschheitskommissar ausgewählt, weil von seinen hundert Augen immer nur zwei abwechselnd schlafen. Die

98 übrigen kreisen rastlos umher und registrieren alles.

Hera instruiert Argos: *Das ist die Goldkuh, die du vor unkeuschen Nachstellungen behüten sollst. Führ sie durch die Gegend. Aber verwöhne sie nicht. Immer schön die Weide wechseln, damit die geilen Bullen sie nicht ins Visier kriegen. Klar? Und wenn du was Verdächtiges siehst, gib sofort Laut.*

Jo, jo, grunzt Argos, der zwar alles sieht, sich aber auf vieles keinen Reim machen kann.

Io ist verzweifelt. Heute vormittag noch Königstochter und Jungfrau, mittags Bullenbraut und jetzt Rindvieh ohne Hoffnung auf Erlösung.

Argos zieht befehlsgemäß mit seiner hübschen Vierbeinerin durch die Botanik. So kommt er von Pontos nach Pylos, vom Südpeloponnes wieder hinauf nach Argos, Ios alter Heimat.

Sie blickt in den Fluß, in dem sie als Kind geplanscht hat. Eine traurige Kuh blickt ihr aus dem spiegelnden Wasser entgegen.

Während sie sich weinend an ihre Jungmädchenzeit erinnert, kommt jemand am Krückstock daher. Sie schaut auf: Ihr Vater Inachos ergeht sich am Gestade.

Was für ein hübsches Tier! Er bricht ihr saftige Blätter ab und streicht über ihre Nase. Io muht kläglich.

Ja, was hast du denn? fragt der Alte. Plötzlich kommt

Io ein guter Gedanke. Sie malt mit einem der Hufe Buchstaben in den Staub. Inachos starrt ungläubig. *Ich bin Io*, steht dort.

Das darf doch nicht wahr sein! Auf der ganzen Welt habe ich dich gesucht. Und jetzt, wo ich dich gefunden habe, bin ich unglücklicher als vorher! weint der Vater und umhalst schluchzend seine Tochter.

Was küßt du meine Kuh, alter Sodomist?! brüllt Argos den Greis an, schwingt sich auf Io und treibt sie davon. Inachos bricht zusammen.

Zeus, der Io natürlich keine Sekunde aus den Augen gelassen hat, kriegt Mitleid, auch mit sich selbst. Er ruft Hermes und erklärt: *Zieh Argos aus dem Verkehr. Aber leise.*

Hermes tippt grüßend an den Seppelhut und düst in die Landschaft Argolis. Ein paar Kilometer von Argos entfernt kostümiert er sich als Ziegenhirte, klaut sich ein paar umherstreunende Ziegen und zieht, harmlos Flöte pfeifend, durch die Gegend.

Argos spitzt die Ohren. *Klingt gut. Komm rüber und spiel mir was vor!*

Argos läßt sich selig nieder und ist ganz Ohr. Hermes bläst Serenaden. Der Abend kommt, die Zeit vergeht. Argos gähnt wohlig. Jetzt, wo er fast eingeschlafen ist, berührt Hermes sachte mit einem goldenen Zauberstab die hundert Glupschaugen.

Argos fällt in Tiefschlaf. Hermes, mit links weitertrillernd, zieht behutsam einen Säbel hervor – und Argos ist kurz darauf sein häßliches Haupt los.

Ich bin Hermes, ruft er der entgeisterten Kuh zu. *Nimm die Hufe in die Hand. Nichts wie weg. Zeus wird dich so bald wie möglich entzaubern.*

Io muht freudig und galoppiert los.

Das läßt Hera aufhorchen. Mit einem Blick hat sie die Situation erfaßt.

Diese Gangster! Ihr kennt mich wohl noch nicht.

Hera zaubert einen faustgroßen Moskito aus der Handtasche. Der Riesenstecher brummt hinter Io her. Kaum läuft sie ein bißchen langsamer, macht er ihr Beine. Sie trabt mit heraushängender Zunge vom Land der Amazonen zum Kaukasus, von dort nach Äthiopien, dann nilabwärts bis Kairo.

Der Moskito ist ihr immer auf den Fersen. Im Nildelta bricht sie vor Erschöpfung zusammen und wirft waidwunde Blicke gen Himmel, wo Zeus hinter einer Wolkengardine hervorlugt.

Was für ein Streß für ein bißchen Lust, stöhnt er. *Wenn ich nicht rasch Hilfe leiste, ist mein blondes Euterchen bald am Ende.*

Zeus ermannt sich und geht zu Hera. Er bestürmt sie mit Zärtlichkeiten. Hera, solche Ausbrüche nicht mehr gewohnt, schmilzt dahin.

Beim vertrauten Tête-à-tête beichtet Zeus die Kuhaffäre und fleht: *Liebste, laß sie nicht für meinen Ausrutscher büßen. Ich schwöre dir bei Styx und Niagarafall, ich geh' der Kleinen nie wieder an die Wäsche.*

Hera nickt milde. Zeus flitzt sofort zum Nil und macht den dicken Moskito platt.

Er streicht Io zärtlich über den zottigen Rücken. Da fällt das Fell ab, und Io steht wie die Venus von Milo vor ihm. Zeus würde ihr am liebsten seine ganze Liebe geben, doch ein rascher Blick zum Himmel zeigt ihm, daß Hera Argos spielt. So verzichtet er weise. Ios Bauch wölbt sich ohnehin bereits im siebten Monat.

Acht Wochen später setzt sie Epaphos, den späteren Pharao von Ägypten und Gründer der Stadt Memphis, in den Wüstensand. So wird Zeus zum Stammvater der Nildynastie.

51
Tierisch gut drauf
– Die Vereinigung Europas –

Nachdem Zeus drei Wochen lang gewissenhaft seinen ehelichen Pflichten nachgekommen ist, brennt er auf Abwechslung. Das kurze Kuhabenteuer hat ihn auf den Geschmack gebracht.

Ich muß dringend ein paar Tage auf Inspektionsreise, flunkert er eines Morgens. Und um Heras bohrenden Fragen aus dem Weg zu gehen, zwitschert er sofort ab.

Da steckt bestimmt wieder ein Weib dahinter, grimmt Hera. Auf der Suche nach etwas Exotischem für seine erotische Sammlung segelt Zeus gen Palästina.

Der König von Phoinikien heißt Agenor, und er soll eine sagenumwobene Tochter namens Europa haben. Jedermanns Atem gehe schneller, sobald sie Stimme oder Schleier hebe. Das hat Hermes Zeus erzählt. Der aparte Name kommt von ›ereb‹ und bedeutet dunkel. Und das ist es: Mandelaugen, bestrickende schwarze Locken, Purpurlippen.

Als Zeus Europa sieht, steht sein Herz in Flammen.

Hermes, funkt er. *SOS!* Drei Windgeschwindigkeiten später landet er neben dem Chef.

O weh, jammert Zeus, *mir glüht der Docht.*

Nicht schon wieder, stöhnt Hermes. *Das gibt doch nur Ärger mit Hera.*

Nur dies eine Mal noch, winselt Zeus. *Ich könnte mich in ein Stierfell verkleiden. Da wir gerade erst Kuhmaskerade hatten, wird sie mir nicht so schnell auf die Spur kommen.*

Hermes seufzt: *Willst du deine Lady etwa auf die Hörner nehmen?*

Auf den Rücken, Trottel, und dann ab durchs Mittelmeer.

Hermes nickt resigniert. Zeus verwandelt sich in einen stattlichen Stier und mischt sich unauffällig unter Agenors Rinderherde, während Hermes als Cowboy erscheint und die Tiere ans Meer treibt, wo Europa mit ihren Freundinnen herumturnt.

Die Rinderherde kommt muhend und grasmahlend näher. *Schaut mal, was für ein toller Bulle!* kichern die Mädels. Sie streicheln ihn und setzen ihm Blumenkränze auf.

Zeus frißt seiner Holden lammfromm Gänseblümchen aus der Hand. Auf einmal kniet er sanft vor der Prinzessin nieder. *Das muß ein verzauberter Prinz sein*, lacht die Königstochter und klettert ihrem Verehrer auf den Stiernacken.

Zeus setzt sich vorsichtig in Bewegung und umkreist die Mädels wie ein Zirkuspferd. Alle klatschen und lachen. Behutsam legt er zu. Europa kann sich kaum auf dem Stier halten.

Du mußt ihn bei den Hörnern packen, schreien die Freundinnen. Jetzt dreht Zeus voll auf und galoppiert aufs Mittelmeer zu.

Europa lacht und winkt. In diesem Moment springt der Bulle ins Wasser und schwimmt los, als ob er einen Außenborder zwischen den Beinen hätte. Europas Freundinnen kreischen nach dem Cowboy: *Hilfe! Der Bulle geht mit Europa baden.*

Von Hermes ist jedoch nicht mal mehr der Cowboyhut zu sehen. Europa wird angst und bange. Sie kreischt.

Helios schaut aus seiner Kutsche herab und schüttelt den Kopf. *Jetzt reicht ihnen nicht mal mehr Delphinreiten. Es muß ein Bulle sein. So was!*

Der Mond zieht auf, die Sterne leuchten und verblassen. Europas Tränen trocknen. Am Abend des zweiten Tages ragt Kreta aus dem Meer auf.

Der Stier trägt seine Reiterin an Land und verwandelt sich zu ihrer Verblüffung in einen nackten Torero. Europa fällt in Ohnmacht. Von der Ohnmacht wechselt sie in einen Traum, und der Traum führt sie in den Armen des Toreros in die Seligkeit. Als sie aufwacht, liegt Zeus schlummernd neben ihr. Europa krault ihm das Haar und ruft zärtlich: *Mein starker Stier, kannst du mir sagen, was du mit mir gemacht hast? Ich habe so wundervoll geträumt.*

Klar, Süße, gähnt Zeus. *Wir haben in Kreta die Vereinigung Europas gefeiert. Es war göttlich. Ich bin nämlich Zeus.*

Oh, entfährt es Europa.

Dieser hübsche Erdteil zwischen Asien und Afrika wird nun nach dir benannt, lächelt Zeus.

Europa ist von ihrem Bullen so begeistert, daß sie Heimat und Familie vergißt und sich fröhlich dem Babymachen hingibt.

Drei Stück sind dann die Folge: Minos, Rhadamanthys und Sarpedon, die nach dem Abschied von der Oberwelt bei Hades als Gerichtspräsidenten Dienst tun.

52
Drachen haben nichts zu lachen
– Kadmos gründet Theben –

Als Europas Vater von der Entführung hört, reißt er sich vor Verzweiflung (daher der Name) den Bart aus. Er schickt seine Söhne los, die Schwester zu suchen. *Ohne Europa braucht ihr nicht mehr nach Hause zu kommen!* Die Söhne segeln ab, finden aber nirgends auch nur ein Haar ihrer Schwester.

Zum Ausgleich gründen sie drei eigene Königreiche. So Phoinix, nach dem sich später die Bewohner Karthagos Phönizier nennen.

Nur Kadmos, der Jüngste, strengt sich mächtig an. Er segelt im Zickzack durchs Mittelmeer. Dabei vertraut er weder seinem Hausgott Baal noch dem Kompaß, sondern opfert fleißig fremden Göttern. Auf Rhodos schenkt er Athene einen Kupferkessel, auf Santorin baut er Poseidon ein dorisches Tempelchen.

Doch was er auch anstellt, die Bestechungsversuche

fruchten nichts. Die Götter haben eben Schiß vor Zeus.

Müde vom Herumirren steuert Kadmos das beste Wahrsagezentrum der Welt an: Delphi. Hier fragt er in gebrochenem Griechisch nach dem Schicksal Europas.

Pythia schaut tief ins Glas: *1 Europa brauchst du nicht weiter zu suchen, denn du bist bereits da. Seit ein paar Monaten gehört Hellas zur europäischen Staatengemeinschaft. Weiteres Schicksal undurchsichtig. 2. Halte die Augen offen. So wirst du eine jungfräuliche Kuh entdecken. Folge ihr. Wo sie sich niederlegt, dort erbaue eine Stadt und nenne sie Theben.*

Kadmos, wie die meisten Helden stark autoritätsgläubig, macht sich umgehend auf die Sandalen. Auf der Straße nach Phokis tanzt ihm die wundersame Kuh entgegen. Kaum sieht sie ihn, winkt sie mit dem Huf und führt ihn durch Boiotien, bis sie an eine saftige Wiese kommt. Hier läßt sie sich nieder und spricht: *Wir sind in Theben. Du brauchst es nur noch aufzubauen.*

Kadmos ist in österlicher Hochstimmung: *Opfern wir diese Kuh Athene, Leute! Holt Wasser aus der Quelle. Ihr braucht nur den Bach entlangzugehen.*

Als Palästinenser weiß Kadmos natürlich nicht, daß die Quelle Ares gehört und bewacht wird.

Seine Suchmannschaft arbeitet sich mit Macheten durchs Dorngestrüpp. Endlich sind sie bei der Quelle.

Da faucht sie ein Flammenwerfer an. Es ist aber keiner, sondern der letzte Tyrannosaurus rex. So ein Monster haben sie noch nie gesehen.

Baal, steh uns bei!

Der Drache zischt und grapscht einen Schreihals. Dem bleibt das Gebrüll im Halse stecken, als ihn das Monster in seinen Rachen zerrt. Dafür brüllen die vier anderen um so kräftiger und ergreifen die Flucht. *Platsch!* macht ein Riesenfuß, und drei sind platt. Der vierte rast in Panik auf eine Dattelpalme und schreit. Da haucht ihn der Drache kurz an, bis er gegrillt und gar ist.

Kaum hat Kadmos aus der Ferne Schreie gehört, wirft er sich sein Löwenfell um und schleicht mit Lanze, Schwert und Wurfspieß durchs Dickicht. Vorsichtig späht er durchs Blattwerk. Da sitzt der Drache und nagt die Kameraden ab. Kadmos rieselt eine Gänsehaut über den Rücken. Er nimmt sich ein Herz und einen mittelgroßen Felsen. Den knallt er an den Drachenschädel. *Dong!* macht es dumpf. Der Drache rülpst. Dann öffnet er sein Maul und pustet los. Eine Giftwolke wallt hervor. In diesem Moment wirft ihm Kadmos den Wurfspieß ins Gedärm. Damit hat die Giftschleuder nicht gerechnet. Während Kadmos hustend in den Pestschwaden untertaucht, wälzt sich der Drache zur Seite und nagt den Speerschaft ab. Doch die Stahlspitze sitzt zwischen Galle und Leber fest. Der Drache japst. Giftiger Schaum fließt aus seinem Rachen.

Der Held aus dem Morgenland lacht. Das Biest rappelt sich krumm auf. Da springt Kadmos vor und nagelt die Drachenkehle mit der Lanze an eine Eiche. Der Drache versucht mit seiner Pranke nach Kadmos zu schlagen, doch der duckt sich weg und haut ihm das Schwert in die Eier. Jetzt beginnt der Drache in höchsten Tönen zu jaulen.

Kadmos schwellen die Muskeln. Es ist sein erster Drachenkampf. Er rast den Monsterrücken hoch und spaltet mit einem gewaltigen Hieb dessen Haupt.

Als sich der Drachentöter umdreht, steht Athene auf dem Schlachtfeld: *Exzellent. Ritterlicher Kampf*, lobt die Göttin der Weisheit, *jetzt sind wir das Giftmaul los. Hier hast du eine Beißzange. Zieh ihm die Zähne.*

Kadmos nimmt wortlos die Zange und operiert die fußlangen Drachenzähne heraus. Nach einer halben Stunde liegt ein Berg Drachenzähne neben der Quelle.

Gut, lobt Athene, *jetzt säe die Dinger in breite Furchen.*

Kadmos sät folgsam Zahn um Zahn in den nahen Acker.

Und jetzt? fragt er.

Warten, sagt Athene.

Kadmos streckt sich ins Gras. Plötzlich beginnt der Boden zu rumoren. Aus der Erde wachsen Helme, Lanzen, Schultern, Brustpanzer, Arme, Schwerter, Stiefel.

Kadmos denkt, er sieht nicht recht. Eine traumgleiche Aktion. 96 düstere Krieger stehen sich aus dem Boden gewachsen auf einmal gegenüber und hauen die Schwerter an die Schilde. Kadmos will sehen, ob es ein Alptraum ist. Er wirft einen Stein nach ihnen.

Wollt ihr uns provozieren? schreien sich da die Krieger an, springen vor und dreschen aufeinander los. Es wogt gefährlich hin und her. Kadmos befürchtet bereits, daß ihn die Berserker gleich zu Hackfleisch verarbeiten. Da ruft Athene:

Laß sein! Die Spartaner sollen ihre Meinungsverschiedenheit untereinander regeln.

Wieso Spartaner? fragt Kadmos überrascht.

Gesäte Männer, klärt ihn Athene auf.

Unterdessen beißt einer nach dem anderen ins Gras, bis nur noch fünf übrig sind.

Halt! donnert Athene. *Wenn ihr noch lange so weitermacht, könnt ihr weder Theben bauen noch Sparta bevölkern.*

Die Spartaner stoppen sofort das Gemetzel und knallen die Hacken zusammen. *Rührt euch!* kommandiert Athene. *Alles hört auf mein Kommando.*

Sie zeigt auf Kadmos. *Das ist euer General. Ihr steht hiermit unter seinem Befehl. Er wird mit euch die Festung Theben aufbauen. Abtreten!*

Kadmos staunt. *Und was soll ich machen?* fragt er Athene.

Du wirst Fürst und sorgst dafür, daß die Stadt nicht an Unterbevölkerung und Soldatenmangel leidet.

So wird der Palästinenser Kadmos König von Theben.

53
Jüngling Größenwahn
– Phaëthon kommt ins Schleudern –

Helios, der Sonnengott, wohnt in einem Palast aus Gold und glühenden Rubinen. Die Giebel schimmern elfenbeinfarben. Aus Tor und Fenstern strahlt Silber. Helios trägt einen modischen Purpurmantel mit azurblauer Mitra und thront auf einem Smaragdsessel. Links und rechts stehen seine Paladine: der Tag, der Monat, das Jahr, die Jahrhunderte sowie die Horen, so heißen die Göttinnen der Jahreszeiten.

Helios ist ein Ordnungsfanatiker. Alles muß auf die Sekunde genau geschehen. Darum läßt er sich stets von einem schrillen Wecker wecken. Das ist ein heiliger Hahn. Kurz nach dem Krähen erscheint Helios' Schwester Eos am Nachthimmel, breitet mit Rosenfingern den Purpurteppich für ihn aus und dirigiert das Frühkonzert der Vögel zu seinem Empfang. Dann startet er seine goldene Kutsche im fernen Osten und zieht leuchtend über den Himmel zu seinem Zweitwohnsitz im fernen Westen. Dort läßt er seine müden Rösser auf den Inseln der Seligen weiden. Sobald sie satt sind, segelt er mit der Nachtfähre auf dem Okeanos entlang, der rund um die Welt fließt, zu seinem Hauptwohnsitz zurück. Pferde und Wagen begleiten ihn auf der Goldbarke, die Hephaistos gebaut hat. Er schläft die ganze Nacht, außer er hat Besuch. Im Gegensatz zu den anderen Göttern hat er einen höchst verantwortungsvollen Job. Als Workaholic bleibt ihm für die Liebe nur nachts Zeit. Sein Privatbesitz ist die Roseninsel Rhodos. Dort zeugt er mit der Nymphe Rhode sieben Söhne und eine Tochter.

Seine Söhne sind Astronomen, und Aktis, der Sonnenbrand, ist der Erfinder der Astrologie. Er gründet in Ägypten zu Ehren seines Vaters die Sonnenstadt Heliopolis und bringt den Ägyptern die Sternkunde bei, weil sie so gern in die Zukunft blicken.

Eines Morgens, bevor der heilige Gockel kräht, steht Phaëthon in Helios' Ankleidezimmer.

Schon auf? freut sich Helios. *Was gibt's?*

Ich möchte etwas Vernünftiges machen. Man kann ja nicht sein halbes Leben vertrödeln, antwortet Phaëthon ernst.

Helios ist gerührt. *Endlich wirst du erwachsen. Sehr schön. Kann ich dir dennoch irgendwie helfen?*

Der magere Jüngling nickt. *Meine Freunde machen sich*

über mich lustig, weil ich unehelich bin. Du verstehst, das ist demütigend.

Helios legt ihm bekümmert eine Hand auf die Schulter. *Tja. Ein Ehrenmann hat keine Schatten auf seiner Vergangenheit. Alles muß seine Ordnung haben. Das ist schon wahr.* Er hebt den Kopf. *Es ist Zeit, ich muß gleich zur Arbeit. Also, was soll ich tun?*

Gib mir einen Beweis, daß ich dein Sohn bin, sagt Phaëthon treuherzig.

Gut. Du kriegst den Beweis. Ich schwöre es dir beim Styx. Ich weiß nur noch nicht, was. Helios reißt die Tür auf. *Was du dir wünschst, kriegst du.*

Die Sonnenrosse scharren bereits mit den Hufen. Eos ruft: *Höchste Eisenbahn! Wir sind schon zwei Sekunden zu spät dran.*

Helios springt auf den Kutschbock, da ruft Phaëthon: *Warte, Papa...*

Helios gestreßt: *Morgen, Junge.*

Warte! Ist sofort erledigt. Erfülle mir meinen glühendsten Wunsch. Laß mich zum Beweis, daß ich dein Sohn bin, deinen Schlitten kutschieren.

Helios schaut, als hätte man ihm den Zündschlüssel abgebrochen.

Ja, aber... stottert er. *Das schaffst du doch gar nicht. Das muß man gelernt haben. Das erfordert Kraft und Übung...*

Du hast geschworen, trumpft der Größenwahnsinnige auf. *Versprochen ist versprochen!*

Die Rosse schnauben vor Ungeduld. Die Zeit rast. Helios schwankt zwischen Wortbruch und Pflichterfüllung.

Das ist zum Knochenkotzen! flucht er. *Ich, ein Muster preußischer Pflichterfüllung, werde von einem Nichtswürdigen genötigt, mein Wort zu halten für eine verantwortungslose Sache.* Phaëthon greift frech grinsend nach den Zügeln. Helios knallt ihm links und rechts eine runter. *Damit du nicht aus dem Gleichgewicht kommst.* Er gibt ihm ein paar knappe Erklärungen, wie die Kutsche funktioniert. Phaëthon grient: *Schon gut, Alter. Ich starte jetzt durch.*

Er klettert auf die beräderte Rakete und drischt auf die Rosse ein. Helios hält sich die Augen zu. Phaëthon schreit: *Los, los! Bewegt euch!* Die Kutsche macht einen Blitzstart und hebt ab.

Eos schaut fassungslos: *Das gibt ein Unglück. Wie konntest du nur?*

Die Sonnenpferde preschen durchs Himmelsgewölbe. Phaëthon läßt die Peitsche knallen. Statt ihren gewohnten Weg zu ziehen, biegen sie von der Milchstraße ab und schrammen an Planeten in weiter Ferne vorbei.

Auf der Erde wird es kalt. Zeus fängt plötzlich an zu frieren. *Hu, was ist denn mit der Heizung los?*

Guck doch mal nach. Vielleicht ist sie nicht richtig ein-

gestellt, meint Hera. Zeus tritt vor die Haustür und wirft einen Blick in den Kosmos: *Helios hat wohl ein Rad ab?! Die Sonnenkutsche schlingert auf der falschen Spur.*

Die Rosse sind durchgegangen. Phaëthon zieht und zerrt verzweifelt an den Zügeln. Plötzlich rasen sie im Sturzflug zur Erde hinab.

Jetzt kriegt der Katastrophenkutscher die Panik, während Götter und Menschen in Schweiß ausbrechen. Die Sonne rast am Mond vorbei und zischt im Zickzack über die Erde. Der Bodensee trocknet halb aus, in Thessalien verdorren die Felder, der Harz fängt Feuer.

Der reinste Geisterfahrer, schreit Hera. *Hol ihn sofort vom Steuer!*

Zeus schwingt sich auf seine Expreßwolke und eilt dem Amokfahrer nach. Der kurvt inzwischen über Nordafrika. Libyen wird zur Wüste, der Nil verschlammt, und die Äthiopier, bisher schneeweiß wie Grönländer, werden ebenholzschwarz gebeizt. Die Rosse, außer Rand und Band, schrammen über Sizilien nordwärts und stecken den Ätna in Brand.

Zeus versucht dem Geisterfahrer den Weg abzuschneiden. Hoffnungslos.

Phaëthon fühlt sich wie in der Achterbahn und möchte nur noch sterben. Zeus richtet seine Blitzkanone auf den Verkehrssünder und ballert los. Phaëthon reißt die Arme hoch, taumelt, die erschreckten Rosse machen die Biege, und ihr Jockey geht über Bord. Er segelt durch den lombardischen Himmel und landet mit dem Hintern verglühend im Fluß Eridanos, der seitdem Po heißt. Seine Schwestern, die Heliaden, stehen seitdem am Fluß und weinen, bis sie schwarz sind und Wurzeln schlagen. Das hätte wohl niemand gedacht, daß die Schwarzpappeln am Po vor ein paar tausend Jahren junge Göttinnen waren. Ihre Tränen verwandeln sich in Bernstein. Phaëthons Asche aber wird bei Venedig an Land gespült und dient seither in Murano zur Glasproduktion.

54
Als der goldene Regen kam
– Danae wird Opfer der Verhängnisverhütung –

Nachdem Zeus den Größenwahnsinnigen vom Himmel geholt hat, geht alles seinen olympischen Gang: Helios kurvt durchs All, Zeus vergöttert und begattet Gespielinnen, Hera eifert, und Menschen werden geboren und zu Asche. Könige folgen einander auf den Thron und in die Gruft.

In Argos sitzt als neuer Herrscher Akrisios. Ein leutseliger König, mit sich und der Welt zufrieden. Was er auch anfaßt, gelingt ihm. Nur das Kindermachen nicht so recht. Nach jahrelanger Übung glückt ihm endlich eine Tochter. Ermutigt macht sich Akrisios erneut ans Werk. Doch es klappt nicht. Dabei hätte er so gern einen Sohn.

Frag mal einen Experten, rät seine bessere Hälfte Aganippe, was ›die mit allen Wassern Gewaschene‹ bedeutet. *Du bist doch sonst so gut im Saft. An mir kann's nicht liegen.*

Akrisios fragt beim Orakel nach, warum kein Thronfolger in Sicht ist.

Es antwortet: *Das wissen die Götter! Trotzdem, du kannst weitervögeln, soviel du willst, du wirst keinen Sohn kriegen. Dafür wird dich dein Enkel abmurksen.*

Akrisios, bis dahin ein ausgeglichener Charakter, wird manisch-depressiv. Sex macht ihm keinen Spaß mehr, er lungert griesgrämig herum und hadert mit Zeus und der Welt. Unterdessen reift seine Tochter heran. Aber Akrisios merkt nichts davon. Dafür sein Zwillingsbruder Proitos, ein ganz schlimmer Finger.

Er macht sich behutsam an Danae ran, erklärt ihr, wie es die Bienen machen und junge Mädchen auf keinen Fall sollen. Danae ist von hemmungsloser Wißbegier, bis Proitos vor Ermattung das Handtuch wirft und nach Lykien flüchtet.

Das ist ja eine Nymphomanin. Und dabei erst fünfzehn.

Wenn Akrisios nicht aufpaßt, wird sie noch die Götter kirre machen.

Akrisios ist bereits hellhörig. Was muß sein sauberer Bruder Danae täglich besuchen? Kaum ist Proitos weg, sucht sich Danae einen neuen Biolehrer. Dies indes so ungeniert, daß es selbst Akrisios auffällt.

Sag mal, ruft er eines Abends, als Danae im durchsichtigen Seidenfummel im Mondschein auf dem Balkon herumturnt, *dir ist wohl heiß? Zieh dir was über, sonst erkältest du dich noch.*

Aber Danae nimmt ihn gar nicht wahr. Bevor der Sorgenvater zu einer Erklärung kommt, klimpert eine Serenade durch die Nacht: *Braun die Locken, Kohleaugen, roter Lippen Nelkenschwung und der Nacken einer Schwänin: Aphrodites Seitensprung. Ihre Lenden zieret Seide, zart und sarazenengrün, hui, aus ihrem Unterhemde seh' ich Rosenäpfel glühn! O, bei Zeus! daß ich auf nimmer von der Dame scheiden muß. Gib mir ewig Tag' und Nächte, um zu tauschen Vers für Kuß!*

Oha, ein Verehrer, schießt es Akrisios durch den Kopf. Vor Schreck fällt ihm die Prophezeiung ein und sein Blick auf das Sorgenkind. Was heißt hier eigentlich Kind? Akrisios schnappt nach Luft, dann seine Tochter und rast mit ihr in die Tiefen seines Palastes.

Der Minnesänger hat just ihr jungfräuliches Fleisch ent-

deckt, denkt Akrisios, den Ereignissen nachhinkend wie alle Väter schöner Töchter.

Wenn ich nicht aufpasse, passiert es.

Weil es weder Pille, Spirale noch Kondome gibt, erfindet Akrisios eine neue Methode der Empfängnisverhütung. Er läßt im Schloßpark einen Bunker aus Bronze bauen, mit sieben Sicherheitstüren aus Kupfer. Rundherum läßt er eine Gefängnismauer ziehen und im Hof eine Hundemeute toben. Er geht fidel zu Danae und führt sie durch einen unterirdischen Gang in den Bau.

Weißt du, Kindchen, sagt er, *du bist nun in dem Alter, wo du Anspruch auf ein eigenes Appartement hast.*

Danae nickt und sieht schon die Freier ihrer Wahl durchs Fenster steigen. Zufrieden betrachtet sie Zimmer und Einrichtung. *Sieh dich nur in Ruhe um*, sagt Papa und küßt ihre Wange. *Ich muß weg.*

Damit überläßt er Danae ihrem Schicksal. Die Sicherheitstüren fallen hinter ihm ins Schloß. Danae zieht an einer Strippe!

Prinzessin befehlen? tönt es aus einer Sprechanlage.

Sahnetorte!

Drei Minuten später öffnet sich ein Wandschrank. Das Gewünschte erscheint wie von Zauberhand.

Ihr Blick fällt auf einen Zettel neben dem Kuchenteller. *Liebste Tochter*, liest Danae, und ihre Augen werden mit jeder Zeile größer.

Dieser Schurke! entfährt es ihr. Sie stürzt zur Tür und hämmert. Sie sucht verzweifelt nach einem Fenster. Vergeblich. Sie wirft sich aufs Bett und heult. *Lebendig begraben...*

Sie ruft und schreit, doch niemand hört sie. Danae könnte die Wände hochgehen. Kein Mensch weit und breit. Vor allem aber fehlt ihr, woran sie sich gerade so gewöhnt hatte. Langeweile droht sie zu ersticken, die Tage schleichen dahin.

O Zeus, fleht sie eines Nachts inbrünstig, *laß mich nicht vertrocknen!*

Zeus, der jede Menge Anrufe kriegt, ist auf einmal ganz Ohr. Er richtet sein wolken- und wändedurchdringendes Fernrohr zur Erde, bis er Danae in ihrem Bunker ausmacht. Auf einem Sternenstrahl saust er nach Argos. Die Hunde spielen verrückt, als plötzlich Licht in den Gefängnishof fällt. Aus Zeus' Augen schießen hypnotisierende Blitze. Die Hunde erstarren. Zeus betrachtet die Bunkeranlage.

Dieser Akrisios ist doch ein Kindskopf, grinst er. *Als ob man eine Jungfrau mit Stacheldraht und Vorhängeschlössern sichern könnte.*

Zeus lächelt wie der Weihnachtsmann, und Danae hört plötzlich die Engel singen. Jedenfalls zieht eine tönende Goldwolke durch die Klimaanlage und senkt sich langsam auf die Einsame herab. Feiner Goldstaub bedeckt ihre Haut. Wohlige Wärme breitet sich aus. *Du hast mich gerufen*, tönt eine sonore Stimme. Danae beginnt zu vibrieren.

Göttlich, flüstert sie. Denn so gut wie Zeus kann's natürlich keiner.

Zeus vergoldet ihre Tage und Nächte. Nach einer Woche macht er sich erholungsbedürftig davon.

Danae schläft drei Tage und drei Nächte. Langsam kommt sie wieder zu sich. Hat sie bloß geträumt?

Der Kummer der Einsamen beginnt. Voll Sehnsucht ruft sie nach Zeus, betet und fleht. Aber Zeus erscheint nicht. War es doch nur Phantasie? Ihre Regel bleibt dennoch aus.

Bald weiß Danae auch, daß sie tatsächlich schwanger ist. Von Tag zu Tag wird sie runder, bis sie schließlich einen Knaben gebiert, Akrisios' gefürchteten Enkel. Und weil sie hofft, daß Zeus' Sohn eines Tages die Gefängnistore einschlagen wird, nennt sie ihn Perseus, den Zerstörer. Doch das geht im Laufe der Jahre verloren.

Solange der Goldprinz an der Mutterbrust saugt, ist alles in Butter. Doch dann bestellt Danae Babykost, und der Diener hört seltsame Geräusche.

Majestät, ich glaube Prinzessin Danae wird infantil. Sie verlangt nach Säuglingskost und spielt Baby.

Akrisios – ein labiler Charakter, wie sein Name sagt – schwankt, was zu tun ist. Einerseits tut ihm Danae leid, andererseits kann er nicht über seinen Schatten springen. *Laß sie*, brummt er mißvergnügt, *das wird sich legen. Sie ist halt ein bißchen vereinsamt. Schick ihr ein paar Puppen zum Spielen.*

Mittlerweile hört der Diener gar Schlaflieder, die Danae nun jeden Abend singt. Akrisios legt sein Ohr an die Wand und staunt.

Er läßt die Kupfertore öffnen. Danae liegt auf dem Bett und spielt mit einer goldgelockten Puppe. Leider bewegt sich diese.

Akrisios kreischt: *Du spielst mit einem Mörder!* Was Blöderes fällt ihm vor Entsetzen nicht ein.

Aber Papi, sagt Danae stolz, *ist er nicht süß?*

Akrisios, gerührt vom Anblick des Kleinen und entgeistert zugleich, läßt sich in einen Sessel fallen. Dann stößt er hervor: *Das war sicher mein schurkischer Bruder!*

Danae blickt ihn strafend an. *Der Kindsvater ist Zeus persönlich. Der ist durch die Klimaanlage gekommen. So was kann nur ein Gott.*

Akrisios denkt: *Oje, jetzt hat sie postnatale Wahnvorstellungen.* Doch Danae zeigt stolz auf den Rest Goldstaub im Bett. Da wird's Akrisios schummrig. Er kann doch nicht, wie geplant, den Sohn eines solchen Schwiegersohnes umbringen.

Akrisios rennt aus dem Bunker und schreit: *Perikles, Perikles! Was sollen wir machen?* Der clevere Diener weiß Rat und macht sich sofort ans Werk. Mit Pech und Nägeln bastelt er einen wasserdichten Sarg aus Eichenholz. Kaum ist die schaurige Kiste fertig, holen sie Danae und Perseus. *Was hast du vor?* wehrt sich Danae.

Schnauze! brüllt der König am Rand des Herzinfarkts. *Rein in die Kiste! Ich will euch nie wiedersehen.*

Die Rohlinge schieben Danae mitsamt dem Baby in den Sarg. Ein paar Nägel durch den Deckel, und schon schwimmt die Leichengondel ins Ungewisse.

55
Kopfjäger auf Dienstreise
– Perseus erweist Danae einen Liebesdienst –

Akrisios steht am Strand und blickt Tochter und Enkel nach. Der Sarg zieht davon, als hätte er einen Außenborder. Dabei schieben ihn zwei Delphine. Zeus hat sie abkommandiert, und wenig später erscheint er höchstpersönlich als Befehlshaber einer gewaltigen Wetterfront. Mit mächtigem Knall schießt er faustgroße Hagelkörner auf Akrisios und seinen Handlanger. Seit dieser Nacht hat Akrisios nicht nur keinen Bart mehr, sondern auch eine eisgraue Glatze.

Die Leichengondel schaukelt auf haushohen Wellen zur Insel Seriphos. Dort steht ein Fischer am Strand, er blickt in die wogende Hölle. Sein Auge fällt auf den seetüchtigen Sarg: *Sicher wieder irgendwelche Schickimickis, denen das Leben nicht aufregend genug ist.*

Die Kiste treibt auf ein Riff zu. Diktys, der Netzwerfer, springt ins Rettungsboot. Den Sarg im Schlepptau rudert er an Land. Mit einem Messer bricht er ihn auf.

Da liegt ein Bild des Elends: eine völlig verängstigte Mutter mit ihrem Kleinkind. Diktys trägt beide in seine Fischerhütte.

Er legt sie in sein Bett, köchelt eine Haifischflossensuppe und flößt sie der apathischen Kindsmutter ein. Dann stopft er seine Pfeife und setzt sich neben die Idylle. Wie die meisten Wasserkantler ist er ein wenig einsilbig. Danae, endlich aufgetaut, erzählt ihm ihr bisheriges abenteuerliches Leben.

Diktys schlägt ihr vor, bei ihm zu bleiben. *Du kümmerst dich um den Haushalt, und Perseus kann mir später zur Hand gehen.*

So geschieht's. Die Jahre vergehen. Danae wird immer üppiger, zumal ihr Diktys ein gewisses Vergnügen nicht versagt, und Perseus wächst zu einem vielversprechenden Jüngling heran.

Die reinste Aussteigeridylle, bis eines Tages Diktys' Bruder Polydektes auftaucht. Obwohl sein Name Riesenbettler bedeutet, ist Polydektes König von Seriphos.

Polydektes nimmt seinen Bruder zur Seite: *Sag mal,*

wo hast du denn die aufgegabelt? Und der Kleine scheint auch nicht ohne. Gib ihn mir als Page und Danae als Kammerzofe mit. Sie braucht keinen Finger krumm zu machen. Er zwinkert vielsagend. Diktys unterbreitet ihr das Angebot.

Danae lehnt jedoch strikt ab. *Mit Königen hab' ich nix am Hut. Mein Alter ist auch so einer, und erst mein Onkel Proitos oder gar mein abgedufteter goldiger Zeus. Wenn's drauf ankommt, sind sie wie vom Winde verweht. Ich bleibe hier, da weiß ich, was ich habe. Perseus kann meinethalben mit. Ein bißchen höfische Erziehung könnte ihm nicht schaden.*

So kommt Perseus als Page an den Königshof. Dort lernt er fechten, Feinden den Kopf abschlagen und andere höfische Sitten.

Zwischendurch schaut Polydektes immer mal wieder bei Diktys vorbei. Er versucht sich an Danae ranzumachen, aber sie lacht ihn nur aus. Ihre Unnahbarkeit macht Polydektes erst richtig scharf. Eines Morgens, Diktys ist noch auf Fischfang, fällt der König über sie her. Danae zieht ihm die heiße Bratpfanne über und schreit: *Verschwinde! Ich bin kein Keks, den du einfach anknabbern kannst. Ich bin eine Prinzessin. Mich trägt man auf Rosenfingern.*

Polydektes hat die Lektion gelernt. In seinen besten Kleidern taucht er anderntags wieder auf, um Diktys förmlich um die Hand seiner Beischläferin zu bitten. Danae soll Königin von Seriphos werden. Das höchste, was er zu bieten hat.

Diktys, das Gutherz, redet auf Danae ein. Doch sie lehnt wieder kategorisch ab.

Polydektes zieht geknickt von dannen. In seinem Palast schmiedet er finstere Pläne. Er will Danae entführen. Aber da gibt es Perseus, und der versteht, wenn's um Mama geht, keinen Spaß. Also muß er zunächst den kleinen Tugendwächter loswerden.

Zwei Wochen später lädt Polydektes zu einer ritterlichen Schmauserei. Dabei verkündet er: *Freunde. Ich gedenke mich zu vermählen. Und zwar…,* er blickt Perseus freundlich an, *mit Hippodameias, König Pelops' Töchterlein.*

Perseus freut sich: *Endlich hat er kapiert, daß Mama ihn nicht will.*

Die Ritterschaft stimmt Jubelrufe an. Die Freude kriegt aber einen Dämpfer, denn Polydektes läßt sofort die Katze aus dem Sack:

Eure Zustimmung ehrt und bewegt mich. Ich brauche ein paar Werbegeschenke. Ihr wißt: Seriphos ist klein und sein Herrscher ein bescheidener Mann. Ich möchte nicht als Bettler unter den übrigen Brautwerbern erscheinen. Es wäre überaus freundlich von euch, wenn mir jeder ein Streitroß schenken würde. Diese Pferde könnte ich als Brautpreis an Pelops weiterreichen.

Die Nobelmänner stimmen säuerlich zu. Andernfalls würde er ja doch nur die Steuern erhöhen.

Einzig Perseus, inzwischen ein schneidiger Krieger, tritt vor: *Majestät. Ich bin sehr glücklich über deine Brautwahl. Leider besitze ich weder Gaul noch Geld. Aber ich schwöre dir, jeden Befehl auszuführen, der dich deinem Ziel näherbringt.*

Polydektes lobt den Naivling. *Besorg mir den Kopf von Gorgo Medusa. Mit diesem einzigartigen Brautgeschenk werfe ich die anderen Freier aus dem Rennen.*

Dem Seriphen-Ritter ist plötzlich ganz leicht in der Rüstung. Lieber zwanzig Araberhengste verschenken als ein solches Himmelfahrtskommando. Nach einer heiteren Nacht macht sich Perseus auf den Weg. Zeus, der natürlich von der dubiosen Geschichte Wind kriegt, läßt seinem Sohn unauffällig Vitamin B in Gestalt von A, nämlich Athene, zukommen. Während Perseus überlegt, wo das Gruselwesen überhaupt herumgeistert, steht die Göttin plötzlich vor ihm.

Athene stellt sich ihm als seine große Schwester vor und macht ihm zugleich das ungeheure Wagnis klar, auf das er sich eingelassen hat. Perseus schluckt. Er ist beeindruckt, vor allem von Athene.

Gorgo, fährt Athene fort, *hat eine lebende Klapperschlangenfrisur, fingerlange Reißzähne und eine grindige Zunge, die Ausschlag verursacht. Sie ist so scheußlich, daß* jeder, der sie anschaut, vor Schreck erstarrt. Zudem hat sie zwei unsterbliche Schwestern. Stheno und Euryale. Damit zu weißt, wie sie aussehen, fahren wir gleich mit dem Nachtwind nach Samos. Dort gibt es die einzigen Fahndungsstatuen der Ungeheuer. Du mußt genau wissen, welche sie ist. Von den dreien ist nur sie sterblich.

In Samos besichtigen sie die gräßlichen Köpfe. Aber schau sie nicht direkt an, sonst bist du sofort erstarrt. Immer schön durchs Spiegelbild betrachten.

Sie schenkt dem leicht verzagten Neffen einen blitzenden Silberschild. Jetzt besuchen wir Hermes. Der hat noch ein paar nützliche Dinge für dich.

Hermes schenkt Perseus eine diamantene Sichel zum Köpfen und den Tip, wie er an ein paar schnelle Sandalen, eine Zaubertüte zum Transport der Jagdtrophäe sowie einen Tarnstahlhelm kommt. Die klaust du einfach den drei Graien. Das sind die Schwestern der Gorgonen. Sie wohnen in Algerien am Fuß des Atlasgebirges. Von ihnen erfährst du auch, wie du zu Medusa kommst.

Perseus bedankt sich und reist ab. Bei Oran geht er an Land und begibt sich zur Wohnung der drei grauslichen Ladies. Sie sind so alt, daß sie nur noch einen einzigen Zahn und ein einziges Auge besitzen. Gemeinsam. Die unentbehrlichen Werkzeuge reichen sie bei Bedarf aneinander weiter.

Perseus schleicht sich von hinten an sie ran, und ehe sie etwas bemerken, sind Zahn und Auge geklaut.

Die Omas geraten in Panik und beschuldigen sich gegenseitig. Als sie schließlich vor Verzweiflung wimmern, kriegt Perseus Mitleid.

Wer wird denn gleich weinen, tröstet er die zahnlosen Blinden. *Ich habe euren Zahn und euer Auge gefunden. Wenn ihr brav seid und mir Finderlohn gebt, kriegt ihr beides zurück.*

Als sie hören, was er verlangt, bekommen sie einen hysterischen Anfall. Aber was sollen sie machen? Ihn bis ins fünfte Glied verfluchend, rücken sie das Verlangte und die Adresse ihrer Gruselschwestern raus.

Perseus wirft ihnen Zahn und Auge hin, schnallt die Propellersandalen unter und jettet in den wilden Westen, wo das andere scheußliche Kleeblatt wohnt. Er landet in einer Art Renaissancepark, wo überall Helden, Giftzwerge, Werwölfe und sogar echte Riesen herumstehen. Alle versteinert. Die meisten moosbewachsen und rissig. Perseus stülpt den Tarnstahlhelm über und schleicht durch das antike Disneyland. Tausende Figuren in jeder Haltung. Grad so, wie sie den Weibern mit dem bösen Blick unter die Augen gekommen sind. Sogar beim Pinkeln oder Popeln.

Perseus staunt. Plötzlich fällt sein Blick auf eine Hollywoodschaukel aus Marmor. Er pfeift durch die Zähne, wendet sich ab und zieht Athenes Spiegelschild hervor. Vorsichtig schaut er hinein. Der Anblick ist so fürchterlich, daß ihm der Tarnstahlhelm hochgeht. Zum Glück hat das Ding einen Kinnriemen.

In der Schaukel schwingen drei geflügelte Hexen mit Rattenvisagen. Dem Kopfjäger wird schlecht. Nachdem der Brechreiz überwunden ist, schleicht er, immer starr in den Spiegel blickend, auf die Zombies zu. Plötzlich gerät er in Panik: Im Spiegel ist ja alles spiegelverkehrt! Unsichtbar zitternd steht er vor der Schaukel. Medusa sitzt in der Mitte. Als die Schlangenlocken den Kopfjäger wittern, richtet sich böse zischend die Afrofrisur auf.

Medusa brabbelt im Schlaf und dreht den Hals zur Seite. *Gut.* Perseus ist zufrieden. Ein Flimmern geht durch Medusas Augenlider. Da säbelt Perseus dem weltberühmten Monster die Rübe vom Hals. Eine meterhohe Blutfontäne springt aus dem Rumpf der Dame und mit ihr ein geflügeltes Roß namens Pegasos, das seitdem die Phantasie aller Märchenerzähler anregt, sowie ein ausgewachsener Ritter namens Chrysaor mit einem goldenen Schwert in der Faust.

Perseus wartet das Ende des Abenteuerfilms nicht ab. Er stopft den Monsterschopf in seine Zaubertüte. Indes werden die anderen Gruselschwestern von ihrem neuen Neffen geweckt. Während Perseus entschwindet, steigen Stheno, die Powerfrau, und Euryale, die Stromstoßhexe, auf der Suche nach dem Mörder in den wolkenlosen Himmel. Aber vom Ladykiller ist nicht mal eine Duftspur übrig.

Perseus düst nach Süden. Etwas matt von den Aufregungen macht er Zwischenstation im Bergpalast des Titanen Atlas. Der brüllt ihn an: *Zisch ab, Sportflieger! Wir sind hier kein Ausflugslokal!*

Perseus entgegnet wütend: *Du mieser Luftstemmer! Ich will hier nur ein paar Minuten verschnaufen!*

Atlas kommt mit aufgekrempelten Ärmeln auf ihn zu. Da zieht Perseus die Monsterrübe aus der Zaubertüte. Atlas blickt sie blöde an. Ein Zittern durchläuft seine Catcherfigur, dann wird auch er zu Beton. Seitdem ruht der Himmel auf einer gigantischen Betonsäule, die leider seit ein paar Jährchen bröckelt.

56
Küsse stärken Krieger
– Perseus rettet Andromeda –

Perseus fliegt quer über die libysche Wüste nach Ägypten und landet in Chemmis am Nil. Hier trinkt er ein altägyptisches Altbier und fliegt dann weiter zum arabischen Meerbusen.

Dort fällt sein Adlerauge auf einen ungewöhnlichen weiblichen Akt. Auf einer Klippe mitten im Meer steht, an zwei eiserne Handketten gefesselt, eine junge schwarze Aphrodite, die sich auf den zweiten Blick als Andromeda entpuppt.

Perseus winkt ihr zu, um schließlich nach einer eleganten Kurve vor ihr zu landen.

Doch die Hübsche grüßt noch nicht mal, sondern weint still vor sich hin. Perseus betrachtet sie genauer und ist plötzlich total verliebt. Da fällt sein Blick aufs Ufer. Dort steht ein älteres Ehepaar und winkt aufgeregt. Perseus flattert hin.

Es sind die Eltern des Fräuleins: der äthiopische Kaiser Kepheus und dessen Gemahlin Kassiopeia. Auch sie weinen.

Perseus versteht das nicht.

Der Kaiser trocknet seine Tränen und erzählt traurig, wie die Jungfrau zur Klippe kommt. Kassiopeia hat nämlich überall geprotzt, daß sie und ihre Tochter schöner seien als alle Meerjungfrauen und sonstigen Nymphen zusammen.

Das hat die Wasserfeen verletzt. Sie haben sich bei Poseidon über den Hochmut beschwert. Und diesen, stolz auf seinen Harem wie jeder Sultan, hat das ebenfalls geärgert. Deshalb ließ er eine Sturmflut über Äthiopien brausen.

Aber das Schlimmste ist die Seeschlange! greint Kepheus. *Die hat er geschickt, damit sie unsere Jungfrauen auffrißt. Und sie hört erst auf, wenn wir ihr Andromeda zum Brunch geben.*

Auf Druck der Untertanen haben Kepheus und Kassiopeia soeben ihr Herzblatt geopfert und warten auf den Frühstücksgast.

Perseus kratzt sich am Kopf: *Hört zu: Wenn ich den Seeteufel töte, bekomme ich Andromeda, und sie darf mit mir nach Griechenland fahren!?*

Die vergrämten Eltern fallen dem jungen Helden vor die Füße und schwören: *So soll es sein.*

Perseus läßt die Sohlenpropeller kreisen. Die Seeschlange linst aus den Wellen hervor und leckt sich bei Andromedas verlockendem Anblick die Lippen. Plötzlich gleitet Perseus' Schatten über das Wasser.

Verdammt! Da will mir ja ein fliegender Zombie die Beute wegschnappen.

Die Seeschlange schnellt aus dem Meer. Genau das hat Perseus bezweckt. Er stürzt von hinten auf die fünfzig Meter lange Bestie herab und setzt ihr eine Serie Sichelschläge in Nacken und Hinterkopf. Das Monster bäumt sich brüllend auf. Perseus drischt ihm mit weiteren Hieben die Zähne ein und sticht ihm die Augen aus. Die Bestie treibt röhrend in den Wellen.

Da erbarmt sich der Held der leidenden Kreatur

und bringt das herrliche Exemplar endgültig zum Schweigen.

Das Blut strömt in Bächen aus dem Rumpf und färbt das Wasser rot. Daher heißt der 495 000 qkm große arabische Meerbusen bis heute Rotes Meer.

Perseus schwebt zur Klippe und trennt mit einem Hieb die Ketten durch. Andromeda sinkt ihm nackt an die Heldenbrust.

Mit dem Segen der glücklichen Eltern geht's zum Kaiserpalast. Dort wird sofort Hochzeit gefeiert. Das Fest rauscht, als plötzlich Phineus, der kleine Bruder des Kaisers, im Saal steht. Und mit ihm dreihundert speerschwingende schwarze Soldaten aus Askaris.

Betrug! brüllt das schwarze Rumpelstilzchen. *Andromeda gehört mir! Du hast sie mir versprochen. Und jetzt verscherbelst du sie hinter meinem Rücken an diesen Griechen.*

Aber, aber, beschwichtigt ihn Kepheus. Er winkt ihn unauffällig beiseite. *Perseus hat für uns lediglich die Dreckarbeit erledigt. Du verstehst, was ich meine.*

Phineus grinst. Perseus kriegt von der Verschwörung nichts mit. Er knutscht mit seiner Prinzessin. Plötzlich führt Phineus einen Kriegstanz vor ihm auf. *He, Junge, mal langsam,* beruhigt ihn der Bräutigam.

Du hast meine Verlobte geküßt, zetert Phineus. *Nimm deine Finger von ihr.*

Aber Onkel, sagt Andromeda, *Perseus hat mir das Leben gerettet. Dafür gehöre ich jetzt ihm.* Phineus' Gesicht verzerrt sich, dann stößt er einen Kriegsschrei aus und schleudert seinen Speer nach Perseus.

Der, reaktionsschnell wie sein alter Herr, packt das Geschoß im Flug, dreht es um und wirft es zurück. Damit hat Phineus nicht gerechnet. Der Fürst eilt, unter Zurücklassung seines toten Körpers, zum Styx.

Die Krieger jaulen auf. Rund tausend Schwarze versuchen Perseus mit ihren Speeren, Dolchen und Gabeln an die Wand zu nageln.

Unter den Tisch! brüllt er Andromeda zu. Mit einem Ruck zieht er Medusas Kopf aus der Zaubertüte, und ein schriller Schrei wird genauso zu schwarzem Stein wie die ganze Hochzeitsgesellschaft.

57
Happy-End mit »fliegender Untertasse«
– Polydektes wird Betonkopf, Akrisios dankt ab –

Perseus nimmt seine Prinzessin huckepack. In Windeseile verlassen sie die erstarrte Verwandtschaft. Es ist höchste Zeit.

Polydektes hat nämlich wieder angefangen, Danae

handgreiflich den Hof zu machen. Die geplante Hochzeit mit der fernen Hippodameias war natürlich nur vorgeschoben. Danae und Diktys flüchten in einen Tempel und bitten Athene um Hilfe. Das Gebet wird erhört. Kaum von den Lippen, kreist Perseus schon über der Residenz des Sittenstrolchs.

Perseus versteckt seine Liebste in einem Park und schleicht unsichtbar durch die Korridore bis zum Festsaal. Polydektes stemmt gerade den größten Goldhumpen. Die Hofschranzen klatschen und schreien: *Du kriegst ihn immer hoch!* Der König fühlt sich bestätigt. Da zieht Perseus mit einem Ruck die Tarnkappe ab. Polydektes wird totenbleich. Die Ritterschar verstummt.

Perseus spricht in die Stille: *Da bin ich wieder. Auftrag ausgeführt.*

Polydektes lacht auf: *Du machst Witze, Kleiner!*

Die Kameraden klopfen dem Kopfjäger spöttisch auf die Schulter: *Dann zeig uns doch die Attrappe.*

Polydektes schreit: *Haut ihn platt! Er macht sich über den König lustig. Das ist Majestätsbeleidigung.*

Perseus zieht die Tarnkappe über. Die besoffenen Ritter prügeln herzhaft aufeinander ein. Perseus nimmt neben Polydektes wieder Gestalt an und zieht ihn am Ohr: *Du Feigling.* Ratsch! Das Ohr ist ab. Die Ritter hören ihren König aufschreien und blicken perplex auf das abgerissene Ohr.

Perseus öffnet die Wundertüte. *Und jetzt schaut, was ich hier habe!* Er zeigt König und Vasallen die Trophäe. Die staunen nicht schlecht und überaus lange, weil sie, zu Stein geworden, gar nicht mehr anders können.

Perseus überläßt die Statuen der Kulturgeschichte, befreit seine Mutter aus dem Tempel und macht ihren Fischer zum Nachfolger des versteinerten Staatslenkers. Das Haupt der Gorgo schenkt er Athene für ihre Hilfeleistung. Die Göttin hängt sie als eine Art Schrumpfkopf an ihren Brustpanzer, um Sittenstrolche und Spanner abzuschrecken.

Perseus könnte nun leben wie ein englischer Lord, würde ihn nicht der alte Familienzoff quälen. Eines Tages sagt er zu Danae: *Weißt du, Mama, ich würde gern Opa kennenlernen und die alte Geschichte begraben. Ist doch jetzt zwanzig Jahre her. Der Alte wird sich bestimmt freuen.*

Möglich, überlegt Danae. *Aber denk an die Prophezeiung. Vielleicht bringt ihn die freudige Überraschung ins Grab, wenn er seinen Enkel sieht. Bleib lieber hier.*

Doch Perseus, zielstrebig wie er ist, segelt zum Festland. Dort gerät er in ein lustiges Volksfest. Der ganze Ort ist blau, einschließlich der Polizei; wieder so ein altgriechisches Wort, das auf deutsch Stadtwache bedeutet.

Perseus wird mit Hallo begrüßt und bestaunt. *Der sieht ja olympiaverdächtig aus!* rufen die Sportsfreunde bewundernd und befühlen seine Muskeln. *Willst du nicht mitmachen? Tolle Preise zu gewinnen.*

Perseus lacht. *Na gut. Aber nur kurz. Denn ich muß zu meinem Opa nach Argos.*

Die Pelasger trichtern dem neuen Sportskameraden ein paar Täßchen Ouzo als Zielwasser ein und schieben ihn auf den Sportplatz.

Dort feuern sie Perseus feste an. Perseus hat das Gefühl, daß sich der Sportplatz im Kreis dreht. *Na, dann gegensteuern*, sagt sich der Schlaukopf und läßt den Diskus linksrum kreisen, bis er ihm aus der Hand fetzt.

Superschuß! Die Menge tobt. So weit hat im antiken Griechenland noch nie jemand die Scheibe geschleudert und so gut getroffen.

Der Diskus schwirrt weit über den Sportplatz hinaus, zischt schlingernd hierhin, dorthin und schießt dann wie ein Falke hoch. Plötzlich ruft entsetzt ein alter Sportfan: *Bei Zeus!* Und ehe er sich ducken kann, knallt ihm die mörderische Scheibe an den Kopf. Der Flüchtende macht eine Drehung nach rechts und dankt ab.

Die Menge schreit: *Du hast den Opa erlegt!*

Perseus, stracks nüchtern, eilt zur Unfallstelle. Die Sanitäter lassen ihre Rettungskünste spielen. Vergebens. Perseus ist total fertig. *Nicht so schlimm*, trösten ihn die Mitkämpfer. *Der ist nicht von hier und stand eh schon am Rand des Grabes. Außerdem hatte er eine Macke. Sein*

Enkel würde ihn umbringen, hat er immer behauptet. Und das seit zwanzig Jahren!

Perseus kriegt ein Zucken im Gesicht. Dann fragt er leise: *Wer war er?*

Akrisios aus Argos. Vor lauter Verfolgungswahn ist er gestern zu uns geflüchtet.

Perseus bricht in lautes Weinen aus.

Pech, sagen die Pelasger trocken, als sie die Tragödie erfahren, *aber da kann man nix machen. Zeus lenkt, der Mensch henkt.* So wird Perseus Erbe des stolzen Königreichs Argos. Weil Opas Besitz ihn aber schwermütig macht, vertauscht er diesen gegen Tiryns. Dort baut er mit außerirdischen Maurern die Stadt und Festung Mykene. Die heißt so, weil am Bauplatz Massen von Fliegenpilzen wachsen.

Und Andromeda wird ununterbrochen schwanger und so Urmutter einer ganzen Heldengalerie.

58
Von unsterblicher Schönheit
– Zeus adlert Ganymedes –

Fern in Anatolien, was schlicht Osten heißt, wächst unterdessen ein schöner Knabe namens Ganymedes heran. Er ist ein Sprößling des Königs von Troia.

Zeus schwebt gerade im Adlerkostüm über den Hellespontos, die Meerenge zwischen Asien und Europa, da schwirrt ihm ein verirrter Pfeil ins Gefieder. *Autsch!* Zeus schrickt auf. Eros, ebenfalls nach Beute unterwegs, zieht sich schnell hinter einen Berggipfel zurück.

Zeus erfaßt eine zarte Hitzewelle vom Schnabel bis zur Schwanzspitze. In diesem Moment entdeckt sein Adlerauge zufällig den drallen Königssohn.

Beobachtend umkreist er den Schönling, welcher unter einer Zeder ausgestreckt ein Nickerchen macht.

Zeus setzt zum Sturzflug an. Zack, hat er Ganymedes gepackt und ihn auf einen Berg gebracht, um ihn zu adlern.

Ganymedes wehrt sich mit Händen und Füßen. *Laß mich, du geile Vogelscheuche!* schreit er. *Dafür werden sie dich kastrieren!*

Doch Zeus ist nicht zu bremsen.

Nach dem ersten Akt zeigt er sich dem Jungen in seiner Göttergestalt und flötet: *Komm, sei nett zu mir, und du bist unsterblich.*

Ein solch verlockendes Angebot gibt's nur alle paar Jahrtausende. Da kann auch ein Prinz nicht widerstehen.

Du kommst mit zum Olymp als mein Gesellschafter, beschließt Zeus.

Aber was wird mein Vater dazu sagen? Ganymedes hat Bedenken.

Wir schreiben ihm.

Ganymedes krakelt: *Ich bin nun auf dem Olymp, wo ich in guten Händen bin.*

Hermes, ruft Zeus, *bring diese Botschaft zum König von Troia! Zum Trost für den herben Verlust nimm einen goldenen Weinstock mit und zwei sprechende Pferde. Sag ihm, daß sein Sohn unsterblich ist.*

Hermes grinst vieldeutig und macht sich auf die Windsocken. Derweil sorgt Ganymedes für eine Ehekrise, daß der Globus wackelt.

59
Höhenflug einer erotischen Schlaftablette
– Hera zieht Zeus aus dem Verkehr –

Wo hast du denn den Burschen her? fragt Hera mißtrauisch.

Das ist Ganymedes, Königssohn, der nach einer sinnvollen Aufgabe sucht. Ich denke, wir können ihm hier einen Job geben. Zeus schiebt Ganymedes an Hera vorbei in den Palast.

In der folgenden Zeit macht Zeus sichtlich eine Veränderung durch. Er läßt sich seine Locken legen, schwebt in einer Duftwolke und geht auf Distanz zu Hera.

Seit dieser Bengel da ist, ist er nie mehr in meinem Bett gewesen, beklagt sie sich bitterlich bei ihrer Mutter Rhea. *Wenn das kein abartiges Verhältnis ist, heiße ich Leo*, meint Rhea. *Das ist doch endlich eine Gelegenheit, ihn loszuwerden.*

Sie entwickeln einen Plan. Nach weiteren lustlosen Ehenächten kommt es zum Eklat. Zeus betraut seinen ständigen Begleiter nämlich mit dem Amt des Göttermundschenks, das bisher Hebe innehatte. Hera glüht vor Haß. *Du bist doch nicht mehr bei Trost!* fährt sie Zeus an. *Entwickelst dich zunehmend zur Schwuchtel, beleidigst mich, degradierst Hebe, und alles nur diesem Strichjungen zuliebe. Der Typ verschwindet noch heute!*

Zeus kriegt einen cholerischen Anfall: *Wer hat hier das Sagen? Du gehst mir mit deinen Eifersüchteleien mächtig auf die Nerven. Meinst du, es ist ein Vergnügen, sich mit einer erotischen Schlaftablette wie dir abrackern zu müssen? Zur Erholung darf ich wohl noch ein bißchen bi sein.*

Ganymedes oder ich! keift Hera weiter und schlägt Zeus mit einer schweren Vase nieder.

Der geht ohnmächtig zu Boden. Freudig öffnet Hera die Tür zum Nebenzimmer. Dort sitzen die Mitverschworenen Apollon und Poseidon. Sie fesseln den Herrn des Himmels mit Lederriemen, zerren ihn aufs Bett und binden ihn mit ein paar hundert Seemannsknoten an die Pfosten.

Als Zeus zu sich kommt, zieht er wütend an den Riemen. In seinen Augen flackert es mörderisch: *Ich bring euch um! Das ist Gotteslästerung, Hochverrat!*

Wenn du nicht gleich still bist, braten wir dich auf kleiner Flamme, lacht Poseidon.

Zeus ist verzweifelt. Alle Zaubersprüche zum Lösen der Fesseln wirken nicht. Rhea hat vorgesorgt und jeden Knoten unauflöslich festgezaubert.

Wo ist meine Geheimwaffe? denkt Zeus und läßt sein Auge kreisen.

Na, suchst du deinen Ballermann? Den haben wir in Sicherheit gebracht, trumpft Hera auf.

Wir sind dein ewiges Sultanspielen leid, sagt Poseidon und sticht Zeus ein bißchen mit dem Dreizack.

Du bist abserviert. Hera, Apollon und ich bilden jetzt ein Triumvirat. Weil er kein Latein gelernt hat, weiß er nicht, daß das Dreimännerclub heißt. Aber Zeus versteht eh, was er meint.

Du meinst, ihr beiden tanzt nach Heras Kochlöffel! faucht er und versucht sich aufzubäumen.

Jetzt üb schön allein schlafen, zischt Hera. Damit verlassen die Verschwörer Zeus, um im Nebensaal mit den übrigen Göttern den Tyrannensturz zu feiern. Apollon stimmt die Leier und sodann die Revolutionshymne an.

Als die Fete ihren Höhepunkt erreicht, ergreift Poseidon das Wort: *Brüder und Schwestern, der Tyrann ist erledigt! Als Ältester werde ich den Vorsitz im Triumvirat übernehmen.*

Du hast wohl schon zuviel getrunken? heult es ihm entgegen. *Wir sind jetzt eine Basisdemokratie!*

Von wem stammt die Idee? übertönt Hera den Lärm. *Wir bilden natürlich ein Matriarchat.*

Niemals! entrüstet sich Hades. Schon fliegen die Gläser. Der erste Demokratisierungsversuch endet mit einer Saalschlacht.

Während im Festsaal Inventar zu Bruch geht, eilt Thetis zum hundertarmigen Riesen Briareus. Der mißgestaltete Schwergewichtler zieht sich bedächtig Stiefel und Handschuhe an. Thetis drängt: *Schneller! Wenn du Zeus nicht sofort befreist, können wir in ein anderes Sonnensystem auswandern.*

Briareus folgt ihr durch den Hintereingang des Himmelspalastes.

Hier hinein! Thetis schiebt Briareus in Zeus' Gefängnis. Der Hundertarmige löst mit flinken Fingern die Fesseln. Zeus drückt ihm dankbar zwei Dutzend Hände, dann eilt er in Heras gute Stube. Dort liegt unterm Bett seine Laserpistole. Mit entsicherter Waffe schleicht er zum Festsaal.

Mit einem Tritt stößt er die Marmortür auf und ballert eine Salve an die Decke. Nach einem schrillen Aufkreischen herrscht Totenstille. Die Verschwörer kriechen unter den Tisch, als Zeus mit dem Ballermann eintritt.

Hermes! brüllt er.

Hermes, vorsichtig wie immer, hat sich clever aus dem Zoff herausgehalten und eine Alpenwanderung unternommen.

Kaum dringt Zeus' Notruf an sein Ohr, jagt er vom Mont Blanc zum Olymp. Sportlich gebräunt tritt er in die Revoluzzerrunde: *Wie sieht's denn hier aus? Habt ihr Räuber und Gendarm gespielt?*

Wo warst du? bellt Zeus. *Immer, wenn man dich braucht, bist du nicht da!*

Wieso denn? Hier stehe ich und kann nicht anders.

Laß die dummen Luthersprüche. Deine saubere Verwandtschaft wollte mich aus dem Sessel heben. Feßle die Bande. Dann werden wir Gericht halten.

Zeus setzt sich auf seinen Thron. *Führ die Angeklagte Hera vor!*

Hermes postiert Hera vor den Thron. Zeus spielt Gerichtspräsident: *Hera, verehelichte Zeus. Das hohe Gericht verurteilt dich wegen Revolte, Widerstands gegen die Staatsgewalt, Konspiration, Leitung der Verschwörung etc. zur Höchststrafe. Das Urteil wird sofort vollstreckt!*

Hermes tritt zum Richter und flüstert: *Und was? Welche Strafe?*

Vielleicht Liebesentzug? flüstert Zeus zurück.

Das ist doch Status quo, meint Hermes.

Dann lasse ich sie eben hängen.

Ist das nicht ein bißchen hart?

Nicht am Hals. An den Armen zwischen zwei Fixsternen, und an jeden Fuß einen Amboß.

Zeus freut sich so über seinen Einfall, daß er das Urteil sofort laut verkündet.

Du Ungeheuer! schreit Hera.

Unerhört! regen sich die Revoluzzer auf. *So kann man doch nicht mit einer Frau umgehen.*

Mit der eigenen schon! wettert Zeus.

Er pfeift. Zwei Riesenraben flattern in den Saal und schleppen die Himmelsmutter in den Kosmos davon. Dort wird sie an goldenen Ketten aufgehängt.

Zeus wendet sich an den Rest der Aufständischen. *Euch verurteilte ich zu siebzig Jahren Bewährung. Und wehe, ihr pariert nicht, dann…* Er fuchtelt mit der Laserpistole herum. *Die Verhandlung ist geschlossen.*

Hera hängt verzweifelt im Himmel. Ihre Tränen prasseln als Hagelkörner auf den Götterpalast, ihre Schreie umheulen den Olymp und berichten der mitleidigen Athene von der Qual ihrer Stiefmutter.

Eines Tages, nachdem wieder zentnerweise Hagelkörner niedergegangen sind, geht sie zu Zeus: *Hab endlich Erbarmen und laß Hera aus dem Exil zurückkehren. Sie ist schließlich deine Frau und teilte jahrhundertelang mit dir Tisch und Bett.*

Sie wollte nicht mehr mit mir, gähnt Zeus. *Aber deine Fürsprache rührt mich. Begnadigen wir sie, obwohl es sich ohne sie komfortabler lebt.*

Athene trommelt die Götter zusammen. Zeus läßt Ganymedes den Versöhnungstrunk reichen.

Zeus hebt den Becher: *Laßt uns alten Zoff und neuen Hader begraben. Hera nehme ich in Gnaden wieder auf. Nur schwören müßt ihr mir, daß ihr bis zum Ende der Äonen keinen Aufstand mehr gegen mich anzettelt. Sonst lasse ich Hera hängen, bis sie lang und schwarz wird.*

Was?! erbosen sich Apollon und Poseidon wie aus einem Mund. *Das ist Erpressung! Machen wir nicht mit.*

Zeus fixiert die übrigen Götter: *Und ihr? Wollt ihr Hera lieber leiden sehen?*

Widerwillig prosten die Erpreßten Zeus zu. Der blickt Apollon und Poseidon an: *Was ist nun mit euch?*

Wir bleiben konsequent, knurrt Poseidon.

Somit verurteile ich euch beide wegen Hochverrats zu zwei Sternlängen Zwangsarbeit im Gulag Troia. König Laomedon baut gerade die Burg um.

Während Hermes seine Stiefmutter vom Himmel holt, begeben sich Apollon und Poseidon als Lohnsklaven nach Troia und bauen die gewaltigen Mauern.

60
Die verlorene Zunge
– Prokne und Philomela – eine Schauergeschichte –

In Thrakien, einem wilden Balkanland, wohnen tierische Typen mit buschigen Augenbrauen und schwarzen Seelen. Ihr Oberhaupt ist Tereus, der Sohn von Ares und einer transsylvanischen Horrorbraut.

Eines Tages taucht ein kreidebleicher Bote des Athener Königs Pandion bei ihm auf:

Pandion läßt grüßen. König Labdakos von Theben belagert uns. Du mußt uns sofort zu Hilfe kommen.

Tereus zwirbelt seinen Dracula-Bart: *Ich steh euch bei. Über das Honorar reden wir danach.*

Noch in der Nacht sticht seine Mittelmeerflotte in See, und wenig später segelt er in den heißumkämpften Hafen von Piräus ein. Um es kurz zu machen: es wird ein entsetzliches Gemetzel. Labdakos reißt aus, zehntausend gefangene Krieger läßt Tereus nach damaliger Mode pfählen.

Als König Pandion seine mächtigen Feinde besiegt sieht, weint er vor Freude und umarmt seinen Retter: *Wenn du uns nicht geholfen hättest, wären meine Töchter und ich jetzt dort. Ich schenke dir zum Dank meine Prokne.*

Tereus wirft einen Blick auf die Schwalbe, denn das bedeutet ihr Name, und nickt wohlgefällig. Kaum sind die Kriegsleichen eingeäschert und Athen herausgeputzt, wird Hochzeit gehalten. Man amüsiert sich. Bis auf Tereus. Dem geht die Stimme von Proknes Schwester Philomela durch Mark und Bein. Nicht umsonst bedeutet ihr Name Nachtigall. Als er nachts mit Prokne den Honeymoon aufsteigen läßt, sieht er in seinen Träumen nur Philomela.

Eine Schwalbe macht noch keinen Sommer, grämt er sich, als er zwei Tage darauf mit der Braut zweiter Wahl in die ferne Heimat segelt.

Dort bekommt Prokne einen hübschen Sohn, den Tereus seltsamerweise Schildrand, nämlich Itys, nennt.

Prokne, ein munteres Vögelchen, langweilt sich bei den düsteren Thrakern. Niemand versteht ihr elegantes Griechisch, es gibt weder philosophischen Smalltalk noch antikes Musical. Nach fünf Jahren Provinzleben sagt sie morgens zu Tereus: *Liebster. Ich sehne mich so nach etwas Gesellschaft. Ich möchte meine Schwester für die Sommerferien einladen.*

Superidee, findet Tereus. *Ich hole sie ab.*

Pandion ist sehr erfreut, seinen Schwiegersohn zu sehen. Auch die Schwägerin freut sich.

Tereus erzählt stolz von Itys. Tante und Opa sind entzückt.

Süß. Den würde ich gern mal sehen. Und mein Schwesterherz auch.

Prokne lädt dich herzlich ein. Ich bin hauptsächlich gekommen, dich abzuholen. Und dich natürlich auch, wendet er sich diplomatisch an Pandion.

Ich würde zwar gern mitkommen, sagt der Oberathener, *aber ich fürchte, dann taucht Labdakos wieder auf. Warum hast du Prokne und Itys nicht mitgebracht?*

Die optimale Lösung fällt einem immer hinterher ein. Aber weißt du was? Ich nehme Philomela mit, und am Ende der Sommerferien kommen wir alle nach Athen.

Pandion blickt auf sein edles Töchterlein und seufzt.

Soll er sie mitziehen lassen? Schweren Herzens stimmt er schließlich zu. Pandion umarmt Tochter und Schwiegersohn, und die Reisegesellschaft begibt sich an Bord. Die Segel schwellen, und die Yacht fliegt über den Wellenteppich der Ägäis. Irgendwo an der thrakischen Südküste geht der Windjammer vor Anker und Tereus mit seiner Schwägerin an Land. Die lacht, singt und tänzelt vor ihm her, daß er heiße Ohren kriegt.

Auf dem langen Weg durch das Ufergestrüpp überlegt er, wie er sich am besten an sie ranmacht. Da fällt ihm ein, daß nicht weit weg eine einsame Felsenburg über einer Schlucht thront. Dorthin führt er Philomela.

Kaum sind sie in der Gruselburg, bricht die Nacht herein. Das finstere Personal schüchtert Philomela ein.

Wie die aussehen! Das ist ja zum Fürchten! Ist es in deinem Palast auch so trist?

Tereus wirft schweigend ein paar Holzscheite ins Kaminfeuer. Er setzt sich neben Philomela aufs Bärenfell und legt ihr seinen Arm um die Taille. *Es ist noch viel trister dort. Denn deine Schwester Prokne hat ihre letzte Reise im Sarg angetreten und sich von dir verabschiedet.*

Philomela kriegt einen Schreikrampf und wirft sich ihrem Schwager an den Hals. *Aber warum hast du in Athen nichts davon gesagt?* heult sie.

Ich wollte deinen Vater schonen. Der Kummer hätte ihn umgebracht, sagt Tereus.

Philomela schmiegt sich trostsuchend an den Schwager. Tereus gibt ihr so viel schweren Wein zur Beruhigung, daß sie bald einschlummert. Die Gelegenheit nutzt der Schurke natürlich aus, wovon sie erst am nächsten Morgen etwas merkt, als er ihr einen Heiratsantrag macht. Als sie schreit und ihm das Gesicht zerkratzt, hält Tereus ihr die Hände fest. *Sachte, sachte. Die letzten Worte deiner Schwester für dich waren: Heirate Tereus.*

Philomela fängt wieder zu weinen an und gibt jeden Widerstand auf.

So kommt es, daß sie am nächsten Tag von einem thrakischen Zauberer mit Tereus vereint wird.

Es wird eine richtige Balkanhochzeit mit Hammel am Spieß, Brautraub, Hirtenmusik und exotischen Tänzen. Das bessert ihre trübe Stimmung etwas auf.

Nach drei Tagen verläßt der Bigamist seine neue Zweitbraut: *Dringende Amtsgeschäfte in der Hauptstadt, Kleines. Bin in einer Woche wieder zurück.* Er wirft sich in den Sattel und reitet zu Prokne.

Kaum ist er weg, kommen Philomela Bedenken. *Warum läßt er mich hier allein? Ich bin doch seine Königin. Warum führt er mich nicht in die Gesellschaft ein?*

Eines Morgens, als sie gerade ihr Bad im Fluß nimmt, hört sie zufällig das Getratsche zweier Wäscherinnen: *König Tereus ist doch ein ganz Wilder. Drei Tage schläft er mit*

Prokne in Daulis, drei Tage mit ihrer Schwester bei uns, und an jedem freien Sonntag sucht er sich eine andere Hirtin.

Philomela trifft fast der Schlag. Als Tereus am Abend auftaucht, stellt sie ihn zur Rede. *Ich weiß alles! Du betrügst mich mit meiner Schwester und meine Schwester mit mir. Sie ist gar nicht tot. Das erzähle ich allen Leuten. Morgen reise ich ab. Dafür wird dich mein Vater kastrieren lassen!*

Tereus schnaubt: *Woher hast du diesen Quatsch?*

Ich habe die Wäscherinnen belauscht, schluchzt Philomela.

Dummes Waschweibergeschwätz! grimmt Tereus. *Seit wann verstehst du ihren Dialekt?*

Und jetzt macht Philomela den Fehler ihres Lebens: *Ich habe ihn heimlich gelernt,* sagt sie in Tereus' Muttersprache.

Tereus kann es kaum fassen. Dennoch erhebt er sich freundlich: *Nicht schlecht. Fast perfekt. Aber du weißt ja, was Waschweiber reden. Morgen fahren wir in die Hauptstadt. Du wirst sehen, das ist ein Lügenmärchen. Jetzt laß uns spazierengehen.*

Philomela kommt die Geschichte mittlerweile selbst phantastisch vor. Sie lustwandeln Arm in Arm am Flußgestade. Tereus erzählt ihr Anekdoten und küßt sie im Stehen und Gehen. Sie kommen zu einer Jagdhütte. Dort packt er einen Picknickkorb aus. Er bittet Philomela um ein Frühlingslied. Versonnen lauscht er ihrem

Gesang, der ihm diesmal besonders zu Herzen geht. Es ist schließlich das letzte Mal. Denn kaum hat Philomela geendet, drückt sie Tereus kosend ins Gras, reißt ihr den Mund auf, zieht die Zunge hervor und schneidet sie mit einem Messer ab. Philomela wälzt sich stöhnend im Gras und stößt unartikulierte Laute aus.

Ja, Kleine, sagt der Unhold und wischt das Blut vom Messer, *tut mir wirklich leid. Deine Stimme hatte es mir angetan. Aber du hast es ja nicht anders gewollt. Heimlich Thrakisch lernen und spionieren! Das schickt sich nicht für eine folgsame Gattin.*

61
Überraschungssuppe mit Einlage
– Tereus löffelt Itys –

Er bringt die Stumme zur Gruselburg zurück und sperrt sie im Sklaventrakt ein. Seinem Sklavenaufseher ruft er zu: *Philomela hat es die Sprache verschlagen. Ich möchte nicht, daß ihr noch mehr zustößt. Paß gut auf sie auf!*

Um sich aufzuheitern, reitet Tereus zu Prokne in die Stadt. Heute ist er besonders liebevoll zu seiner Gemahlin und spielt sogar mit Söhnchen Itys.

Sag mal, sagt Prokne, *Philomela wollte doch ihre Sommerferien bei uns verbringen. Was ist denn mit ihr?*

Da kullern Tereus die Krokodilstränen. *Ach, deine liebe Schwester hat die Sprache verloren, und jetzt ist sie in der Gruft begraben.*

Prokne kreischt auf und fällt in Ohnmacht. Als sie wieder zu sich kommt, ist ihre Fröhlichkeit verschwunden. Sie trägt von nun an Trauer.

Um sich der Trübsal seiner Hauptfrau zu entziehen, begibt Tereus sich zu seiner stummen Sängerin. Doch als er in die Sklavinnenabteilung eindringt, kriegt die Stumme einen Schreikrampf. Das stört den sexbesessenen Unhold aber nicht sonderlich.

Nach Beendigung des einseitigen Rendezvous reitet er mit schlechtem Gewissen im Wald spazieren. Es gruselt ihn ein wenig vor sich selbst. *Irgendwie ist in meinem Privatleben der Wurm drin. Ich werde mal einen Lebenshilfespezialisten zu Rate ziehen.* Er kehrt beim nächsten Orakel-Beratungszentrum ein und läßt sich in die Zukunft blicken. Der Futurologe wird blaß, nachdem er Tereus Schicksalslinien studiert hat. *Da kommt Schweres auf dich zu. Dein Sohn wird von der Hand eines Blutsverwandten sterben. Herzliches Beileid.*

Tereus glaubt den Killer zu kennen. Er galoppiert los. Es kann nur sein Bruder Dryas sein, der scharf auf seinen Thron ist.

Am Abend trifft er auf Dryas' Schlößchen ein. Dieser begrüßt ihn freundlich. *Lange nicht gesehen. Wie geht's?*

Wenn ich dich sehe, kotzelend! grimmt Tereus und hackt seinem Bruder ohne weiteren Kommentar den Kopf ab. Dann macht er sich auf zu seinen Unterfürsten, um ihnen die Heldentat zu erzählen.

Indes sinnt Philomela heftig auf Rache. Ihrer Zunge beraubt, Lustsklavin ihres Schwagers, hat sie nur noch ein Ziel: ihn zu töten. Da sie mit niemandem reden kann, verfällt sie auf eine Idee. Sie schneidert ein Kopfkissen und webt auf griechisch in den Stoff folgende Botschaft: *Philomela ist Sklavin auf Gruselburg.*

Sie lächelt den Sklavenaufseher verführerisch an, der sie schon seit Tagen begehrlich umschleicht, und schreibt thrakisch in den Sand: *Bring dieses Geschenk Prokne. Dann kriegst du eine Belohnung.*

Er zwinkert ihr zu und bringt die geheime Hiobsbotschaft der Königin.

Obwohl Prokne nicht weiß, von wem das Geschenk ist, freut sie sich über das Kissen und buchstabiert die geheimnisvollen Verwebungen. Sie begreift. Stumm vor Schmerz gibt sie dem Überbringer einen Opiumtee. Kaum ist er benebelt, schleppt sie ihn in ein Verlies und sperrt ihn dort ein. Sie zieht ihm die Klamotten aus und schlüpft hinein.

Abends reitet sie in die Gruselburg ein. Die Wachen halten sie für den Sklavenaufseher und grüßen lässig. Prokne tippt grüßend an den Helm, springt vom Roß und läuft in den Sklavenkeller. Ein paar Sekunden später fallen sich die Schwestern weinend um den Hals.

Kleines, wie kommst du hierher? fragt Prokne, nachdem sie sich etwas gefaßt hat. Da öffnet Philomela den Mund, brabbelt unverständliches Zeug und zeigt auf den Zungenstummel.

Prokne prallt entsetzt zurück. Philomela schreibt *Tereus* in den Sand.

Prokne gefriert das Blut im Herzen. Mit versteinertem Gesicht liest sie die Gruselstory, die Philomela auf ein Stück Kuhhaut notiert.

Komm, Schwester, flüstert sie, hüllt Philomela in einen Kapuzenmantel und führt sie aus der Burg. Unterwegs entwickelt sie einen bestialischen Racheplan. Als sie im Morgengrauen im Königspalast ankommen, bringt Prokne Philomela in ihre Gemächer. Dann holt sie den kleinen Itys: *Mein Schatz, deine Tante ist angekommen.*

Hallo! freut sich der Goldjunge. *Du sollst so schön singen, hat Papa mir erzählt.*

Philomela fängt fürchterlich zu lallen an. Der Junge weicht zurück. Doch Prokne hält ihn auf einmal mit irrem Blick fest, zieht ein Küchenmesser hervor und schneidet ihrem Buben den Hals ab.

Die von Zeus verlassenen Weiber fallen über das Unschuldslamm her, weiden es aus und zerlegen es wie einen Frischling. Itys' zartes Fleisch werfen sie in den Gulaschkessel, würzen es gut und lassen das Ganze vier Stunden auf kleiner Flamme köcheln.

Gerade ist der Leichenschmaus fertig, rasselt Tereus' Kampfwagen durchs Schloßportal. *Da ist er. Versteck dich!* ruft Prokne der Schwester zu. Tereus betritt schnüffelnd die Küche. *Wunderbarer Duft. Was hast du Feines gekocht?*

Überraschung, mein Lieber.

Sie gibt ihm großzügig davon.

Tereus löffelt drauflos. *Das schmeckt nach mehr*, rülpst er genüßlich. Prokne gibt ihm eine zweite, eine dritte, eine vierte Portion.

Köstlich! So was Zartes hab' ich ja noch nie gegessen, schnurrt Tereus. *Was war das?*

Das wirst du sehen, wenn du ausgelöffelt hast, sagt Prokne geheimnisvoll. *Ich zieh mich ein bißchen zurück.*

Sie holt Philomela: *Er hat ihn fast aufgefressen. Jetzt nichts wie weg.*

Sie springen auf einen Wagen. Die Rosse jagen los. Tereus will schmatzend die Schüssel leeren, da hat er plötzlich ein Auge auf dem Löffel. *Seltsam, als ob ich es schon mal gesehen hätte.* Jetzt knirscht ihm etwas zwischen den Zähnen. Er fummelt es aus dem Gebiß und betrachtet den Fund. Es ist Itys' Talismann aus Gold, den er ihm nach der Geburt um den Hals gelegt hatte. Tereus zieht es im Magen. Er läßt den Löffel fallen und stürmt in Proknes Schlafzimmer. Da liegt eine nicht zu übersehende Notiz auf dem Bett: *Auf Nimmerwiedersehen, du Zungenabschneider und Kinderfresser. Verflucht sollst du sein und dich zu Tode würgen! Prokne und Philomela.*

Tereus kotzt auf den Teppich. Dann stürzt er aus dem Schloß, schwingt sich wütend in seinen Kampfwagen und hetzt den Schwestern nach. Weil er zwei PS mehr hat, holt er sie rasch ein. Er schreit wie Tarzan und schwingt die blutige Hacke, mit der er Dryas gemeuchelt hat: *Ihr Pesthuren! Ich zerlege euch bei lebendigem Leib!*

Zeus, der gerade vorbeiwandert, beobachtet die Szene. *Stop!* brüllt er.

Sofort bleiben Verfolger und Verfolgte in der Bewegung stehen, wie gemeißelt. Zeus wirft einen Blick auf das dramatische Bild und einen in ihre Sündenregister. *Ihr seid ja gemeingefährlich! Ich werde euch verharmlosen.*

Er spricht einen Vogelzauber: *Prokne wird Schwalbe, Philomela Bülbül, Tereus ein Wiedehopf von Mai bis April.*

Philomela, die Nachtigall, hebt sich in die Lüfte und fliegt nach Athen, wo sie unablässig ihren Neffen beklagt, indem sie *Itys, Itys* singt.

Prokne zischt als Schwalbe umher. Auf ihrem Brustgefieder sieht man noch die Blutflecken ihrer Schandtat.

Und Tereus wird zum Wiedehopf. Man erkennt ihn an seinem emporragenden Helmbusch und an seinem Verfolgergeschrei: *Pou? Pou?* (Wo? Wo?)

So entsetzlich können Liebesgeschichten enden. Die nächste ist auch nicht besser.

62
In Liebe geschrumpft
– Eos und Tithonos: eine unsterbliche Beziehung –

Wenn Eos erwacht und die Rosenfinger unter der Bettdecke hervorzieht, beginnt es zart am Horizont zu leuchten. Das ist das Signal für die Vögel, den Morgenchoral zu zwitschern.

Eos besteigt ihre Rosenkutsche und läßt sich von ihren Purpurrossen zum Olymp ziehen. Dort ruft sie: *Wacht auf, ihr Schlafmützen!*

Außer dieser Beschäftigung hat sie nichts zu tun und somit Zeit für ein reges Liebesleben. Dabei kommt sie hin und wieder anderen Göttinnen ins Gehege, so eines Nachts Aphrodite. Die will gerade zu ihrem strammen Ares unter die Decke schlüpfen, da sieht sie einen roten Wuschelkopf aus dem Bett leuchten.

Aphrodite läuft sofort heiß. Sie reißt die rosige Rivalin aus dem Lotterbett. Eos schlägt erschrocken die Augen auf und hebt abwehrend ihre Rosenfinger. Da beginnt die Lerche zu trällern und der Hahn zu krakeelen, obwohl es erst null Uhr dreißig ist. Der ganze Kosmos gerät aus den Zeitfugen.

Ares zieht schützend die Bettdecke über den Kopf, als seine Primadonna Eos aus dem Haus keift. Während die Göttin der Morgenröte nackt und schamrot flüchtet, schickt ihr Aphrodite eine satte Verwünschung nach. Sie spuckt ihrer Nebenbuhlerin dreimal hinterher. Jetzt ist der Zauber unauflöslich. Eos kriegt seit dieser Nacht nie wieder einen Gott ins Bett und muß sich seitdem mit Lückenbüßern aus Wanne-Eickel, Schottland, den Toten Hosen aus Berlin oder Pizzabäckern aus Palermo trösten.

Das geht zwar auch, aber immer nur kurz. Gemessen am unsterblichen Leben einer Göttin sind das unbefriedigende Quickies. Als ihr eines Abends der atemberaubend schöne Tithonos, Bruder von Zeus' Lustknaben Ganymedes, ins Bett fällt, sehnt sie sich plötzlich nach einem Mann fürs Leben.

Eos ist über beide Ohrringe verliebt. Sie schmachtet den Knaben an und überschüttet ihn mit Kosenamen. Doch leider ist er nicht unsterblich in sie verliebt, weil er nach ein paar Dutzend Jährchen in die Urne springen muß.

Trotz allem ist sie finster entschlossen, das Single-Dasein für immer aufzugeben. Von Liebe beflügelt, eilt sie zu Zeus und wirft sich ihm zu Füßen. Der ist gerührt, als er erfährt, daß sie sich in den Bruder seines Liebsten verschossen hat. *Na, dann nix wie ran. In ein paar Jahren schrumpelt er dir davon. Menschenhaut bleibt nicht ewig frisch.*

Das ist es ja. Deshalb möchte ich, daß er unsterblich wird wie dein Ganymedes. Bitte, hilf!

Zeus lacht und zaubert ihrem Helden großherzig Unsterblichkeit ins Gebein.

Eos fällt ihrem Onkel vor Dankbarkeit um den Hals und flattert heim zu ihrem Betthupferl.

Ich habe eine ganz tolle Überraschung für dich, Tithonos. Zeus hat dir Unsterblichkeit verliehen!

Da macht ihr Liebster vor Freude einen Balztanz, und seitdem herrscht täglich zwölf Stunden Highlife auf Eos' Spielwiese.

Wochen, Monate, Jahre vergehen. Eines Morgens, Eos kommt gerade vom Frühdienst und will liebeshungrig zu ihrem Trösterchen in die Federn kriechen, sieht sie tiefe Falten um Augen und Mund.

Moment mal, entfährt es ihr, *wo kommt denn dieser Mumienlook her?* Sie betrachtet ihn aufmerksam. In der Augenbraue sprießt ein Silberhaar. *Das kann doch nicht sein, er ist doch unsterblich!*

Seit diesem Morgen beobachtet sie ihn genauer. Tatsächlich, er altert. Seine Hüftbewegungen verlieren an Elastizität. Ihre unermüdliche Liebeslust wird ihm lästig. Sie rast zu Zeus.

Tja, sagt Zeus achselzuckend. *Du hast ihm zwar Unsterblichkeit, nicht aber die ewige Jugend gewünscht. Den alten Sack bringen wir nicht mehr auf Touren. Tut mir leid.*

Eos heult hemmungslos. Was nun? Zur Liebe taugt er nicht mehr. Tithonos fallen inzwischen Locken und Zähne aus, mit Fistelstimme klagt er über Ischias und Hämorrhoiden und zerfließt vor Selbstmitleid. Außerdem schrumpft er jeden Monat einen Zentimeter.

Eos verbannt ihren Ex aus dem Bett und vergnügt sich mit knackigen jungen Liebhabern wie Kleitos, Orion, Kephalos und sonstigen Eintagsfliegen. Wenn Tithonos, inzwischen 249 Jahre alt und nur noch wenige Zentimeter groß, seine Lebensgefährtin mit einem Lückenbüßer im Schlafzimmer verschwinden sieht, beginnt er vor Eifersucht zu zetern.

Das geht natürlich den Lovern auf die Potenz.

Bist du endlich still! herrscht Eos ihn an, als sie eines Mittags mit einem besonders strammen Django heimkehrt. Aber Tithonos zirpt um so schriller. Da packt sie ihn und sperrt ihn in einen goldenen Käfig mit Puppenhauseinrichtung.

Von dieser Sekunde an bricht er in Dauergezeter aus und zirpt Tag und Nacht über seine geschrumpfte Liebe. So entstand aus einem Menschen die Zikade.

63
Zwei Mumien in der Kuschelecke
– Philemon und Baukis: ein klassisches Liebespaar –

Diese Teufel, zürnt Zeus mal wieder, *sie sind und bleiben Fehlkonstruktionen – in jeder Hinsicht!*

Du meinst alle Menschen?

Darauf gehe ich jede Wette ein.

Topp! Die Wette gilt, schlägt Hermes ein. *Wir verkleiden uns und begeben uns unter sie. Wenn wir in drei Wochen nur Motherfucker, Kinderfresser, Vatermörder und andere dieser Art getroffen haben, wasche ich dir sieben Jahre lang die Füße. Treffen wir ein Gutherz, vice versa.*

Gebongt, grinst Zeus.

Zeus verkleidet sich als Tippelbruder, Hermes als Wandervogel. Dergestalt getarnt, tingeln sie als Rucksacktouristen durch Griechenland, springen von Insel zu Insel bis zur Türkei, deren Ägäisküste damals noch in griechischer Oberhand ist.

Wo sie auftauchen, kriegen die frommen Vorchristen saure Mienen.

Na, was habe ich gesagt, empört sich Zeus. *Nicht einer hat uns bislang einen alten Rubel oder ein Lächeln geschenkt.*

Wir sind ja erst 17 Tage unterwegs, wirft Hermes ein.

Schau mal, da drüben ist ein reiches griechisches Kaff. Jetzt machen wir es ganz clever und bitten einfach um einen Schluck Wasser. Den können sie uns nicht verwehren.

Hermes biegt in einen stattlichen Gutshof ein. Kaum ist er durchs Tor – Zeus hält sich etwas zurück –, pfeift der Gutsherr nach seinem Wachhund: *Bello, faß! Ein Penner!*

Die Bestie kommt bellend angerast. Hermes springt entsetzt zurück und verliert ein Stück Hose im Gebiß der Töle.

Zeus seufzt schwer: *Ganz schön kriminell, unser Abenteuerurlaub. Ich frag' mal da drüben.*

Er geht zum gegenüberliegenden Hof. *Arbeitsscheues Gesindel!* keift die Großbäuerin. *Haut ab, bevor euch meine Söhne vor den Pflug spannen!*

Im dritten Gehöft zieht ihnen, noch bevor sie den Mund aufmachen, der Krautjunker eins mit der Reitpeitsche über.

Dieser Mistkerl! zischt Zeus und hält sich die Backe, wo ein roter Striemen prangt. *Wenn wir nicht gewettet hätten, würde ich den jetzt in Öl sieden.*

Hermes greift sich stöhnend in den Nacken: *Wir machen halt Feldforschung. So sammelt man eben Erfahrung.* Er singt zur Entspannung ein Liedchen.

Sehr schön. Du hast Talent, sagt plötzlich eine zittrige Stimme. *Ihr habt sicher Hunger und Blasen an den Füßen. Kommt mit mir.*

Zeus ist mißtrauisch geworden. Er raunt Hermes zu: *Das ist sicher eine Falle.*

Quatsch! Der ist einfach nur menschlich. Also der erste Mensch, den wir treffen.

Unter einem Ölbaum krabbelt ein Greis hervor. *Dort hinten steht meine Hütte. Ich bin Philemon*, er reicht ihnen die Hand. *Und wer seid ihr?*

Ich bin Herm...mann, lacht Hermes, *und das ist mein Kumpel Zeu...selfink.*

Komische Namen. Ihr seid wohl nicht von hier? Da könnt ihr meiner Baukis schöne Abenteuergeschichten erzählen.

Sie folgen dem Opa in die halbverfallene Hütte. Ein dürres Weiblein kommt vom Ziegenmelken herein. *Oh, so feine Leute zu Besuch. Setzt euch doch!*

Während der Alte das Feuer aufflackern läßt, bereitet sie einen Bauernsalat zu, zaubert warmes Brot aus dem Ofen und stellt eine Flasche Wein auf den Tisch.

Zeus und Hermes fallen ausgehungert über das Essen her. Derweil drücken sich Philemon und Baukis wie zwei verliebte Teenager in die Kuschelecke und freuen sich über den gesunden Appetit der Gäste. Sie tuscheln und turteln, bis schließlich Baukis im Nebenzimmer verschwindet.

Sicher seid ihr müde wie Murmeltiere, lächelt sie, holt eine Schüssel warmes Wasser und beginnt, Zeus die Füße zu waschen. Peinlich berührt windet er sich auf seinem Stuhl. *Halt still*, funkt ihm Hermes nonverbal zu, *das ist ein Liebesdienst!*

Danach wird Hermes verarztet. Währenddessen schenkt ihnen Philemon einen ordentlichen Schlaftrunk nach dem anderen ein. Dann geht's ins Bett.

Ich glaube, das ist ihr Bett, flüstert Hermes. *So was Rührendes. Wo die wohl schlafen?*

Das wissen sie ein paar Minuten später. Das Tatterpärchen bettet sich in der Küche und freut sich des Liebeslebens.

Das darf doch nicht wahr sein, murmelt Zeus, *wenn ich da an Hera denke…*

Beim Aufwachen hört Zeus einen Kurzdialog der Gastgeber: *Was sollen wir ihnen zu essen geben? Es ist nichts mehr da.*

Dann schlachte die Gans.

Gute Idee. Sie ist zwar schon alt, aber sicher schmackhaft.

Philemon schleicht, das Küchenmesser in der Hand, auf den Hof.

Zeus springt auf und dem Alten in den Arm: *Stop! Laß den armen Vogel leben.*

Philemon dreht sich um und prallt entsetzt zurück. Vor ihm steht nicht der Landstreicher von gestern abend, sondern derjenige, den er so oft mit religiöser Inbrunst in Lindenholz verewigt hat.

Bei Zeus! stößt er hervor.

Ja, da staunst du, was? lacht Zeus über den Spaß.

Die beiden Alten sind perplex.

Kommt mal mit! ruft Zeus und geht mit Hermes dem Paar voran auf den Berg zum Zeustempel. Oben zeigt Zeus auf das Land ihrer reichen Nachbarn.

Ich glaub, ich seh' nicht recht, entfährt es Philemon.

Denn statt der satten Äcker und wogenden Wiesen, prächtigen Ställe und schloßartigen Gutshöfe sehen sie nur ein riesiges Sumpfgebiet.

Wo sind denn die Leute geblieben? wundert sich Baukis.

Immer noch da, wo sie waren. Ich habe sie bloß in Frösche verwandelt, freut sich Zeus wie ein Schulbub.

Sie haben uns nämlich die Peitsche zu kosten gegeben, während ihr beide eure letzte Brotkruste mit uns geteilt habt. Dafür dürft ihr euch wünschen, was immer ihr wollt.

Die Alten sind stumm vor Angst. Da sehen sie, wie ihre Hütte wächst und zum Schlößchen wird. Tränen fließen über die Furchen ihrer Gesichter.

Nachdem sich Philemon gefangen hat, stammelt er: *O Zeus. Welch Glück, dich einmal persönlich zu treffen. So viel für so wenig!*

Er will Zeus die Hühneraugen küssen, kommt aber nicht so schnell auf die Knie, wie ihn Zeus an die Brust drückt.

Mensch, Philemon, nun ist auch Zeus gerührt, wünsch dir schnell was, sonst mache ich dich zum Kaiser von China.

O nein, stöhnt Philemon. *Mit dem Bauernhof habe ich genug am Hals. Wenn ich in Ruhe mit meiner Baukis alt werden kann, ohne Zoff und Rheuma, bin ich glücklich wie ein Gott.*

Hast du eine Ahnung, verkneift sich Zeus, an Hera denkend.

Auch ich habe eine kleine Bitte, stammelt Baukis errötend. *Wenn der Tag kommt, wo Philemon in den Tartaros springen muß, möchte ich mit ihm springen.*

Kaum ist der Wunsch ausgesprochen, lösen sich Zeus und Hermes in blauen Dunst auf.

Ich glaub', ich habe Visionen, schüttelt sich Philemon.

Aber sosehr sich die beiden gegenseitig kneifen, es war kein Traum.

Die Greise blühen förmlich auf und erleben so etwas wie eine zweite Pubertät. Und die währt 35 lustige Jahre.

Dann, eines Morgens, fühlt sich Philemon nach dem Liebesspiel matt. Er ist immerhin hundertzehn Jahre.

Er geht in den Garten und lauscht voll Freude dem Amselgesang, riecht an der Kupferrose, knabbert ein paar Waldbeeren. Zärtlich ruft er Baukis: *Zieh dein schönstes Kleid an, leg Parfüm und deinen Hochzeitsschmuck an! Es ist soweit.*

Baukis kommt heraus. Sie küssen sich, reichen sich die Hände, blicken sich tief in die Augen und sagen *Mein Leben*, da schlagen ihre Füße Wurzeln. Ihre krummen Körper recken sich empor. Über Philemons Gesicht huscht ein Lächeln. Da wölbt sich sein Kopf zum Laubdach: Er ist eine knorrige Eiche. Baukis wird im selben Moment zur duftenden Sommerlinde.

Ihre Äste verschlingen sich ineinander, und leise wispern sie sich durchs Blattwerk Koseworte zu.

Der Tempel wird zur Ruine, der Gutshof verschwindet im Waldgestrüpp. Nur die beiden Bäume stehen bis heute in der Westtürkei und lauschen dem Froschgesang aus dem Sumpf.

64
Dreißig Kilo Künstlerpech
– Daidalos meuchelt Talos –

Athen, heute bloß Hauptstadt Griechenlands, war zur mythischen Zeit das Kulturmekka des Mittelmeerraums. Die noble Raumplanung und das schicke Outfit verdankt die antike Stadt dem Hyperkünstler Daidalos, einem genialen Sproß der alten Dynastie von König Erechtheus.

Wo Daidalos, wie sein Name sagt, der Kulturschaffende schlechthin, seine goldenen Hände im Spiel hat, entstehen dorische Tempel, Roboter, kunstvolle Maschinen, goldene Schnitte, Geomantie und Schrifttypen. Kurz: Daidalos ist eine Mischung aus Leonardo da Vinci, Dali und Hundertwasser mit einem Schuß Ein- und Wittgenstein.

Sein Hirn bringt so viele Ideen hervor, daß er höchstens zwei Stunden täglich zum Schlafen kommt. Klar, solch ein Multitalent ist stets von einer Schülerschaft umlagert. Aber unter all diesen Adepten gibt es nur einen, der zählt. Sein Neffe Talos. Das Wunderkind ist erst zwölf Jahre alt und erfindet beispielsweise so revolutionäre Dinge wie die Töpferscheibe oder den Zirkel.

Der Künstleronkel ist natürlich mächtig stolz, bis Talos seine dritte weltbewegende Erfindung macht. Am

Strand findet er zufällig einen toten Sägefisch. Er geht nachdenklich um den Fischleichnam herum. Kurzentschlossen haut er dann dem toten Säger den Zackenauswuchs ab und sägt mit dem Ding versuchsweise an einem morschen Stück Treibholz. *Genial*, freut sich der Erfinder, *jetzt muß man die Bretter nicht mehr mühsam mit dem Taschenmesser schnitzen.*

In Daidalos' Labor formt er den Sägezahn in Eisen nach. Als sein Herr und Meister nachmittags heimkommt, klappt diesem der Unterkiefer runter. Daidalos will sofort den neuen Zerstückler ausprobieren. Er macht Tische, Bänke und Schränke zu Feuerholz. *Das ist eine technische Revolution!* ruft er begeistert. *Ein Segen für die Menschheit.*

Warum ist dieses Wunderwerk der Technik nicht mir eingefallen, grämt er sich gleich drauf. *Erst die Töpferscheibe, dann der Zirkel und jetzt das hier*, denkt er verbittert. *Bald wird mein internationaler Ruhm in seiner Sonne verblassen.*

Er wirft erschöpft die Säge weg. *Ganz schön anstrengend. Man bräuchte einen automatischen Beweger, der das Ding in Schwung hält.*

Talos sinnt: *Ein Motor wäre nicht schlecht, aber ich glaube, zwei Sägesklaven sind billiger.*

Da könntest du recht haben. Aber jetzt komm, ich möchte mit dir eine Fallstudie machen.

Er führt das kleine Genie auf das Dach des Athene-Tempels und zeigt auf die herrliche Dachlandschaft Athens zu seinen Füßen.

Der Wunderknabe staunt und tritt an den Rand. Da gibt ihm Daidalos einen freundschaftlichen Stoß in die Rippen und ruft: *Nun überflügelst du dich selbst!* Talos segelt mit einem Schrei in den Abgrund. Er landet am Fuß der Akropolis. Das Blut spritzt an die Felsen und leuchtet purpurn in der Sonne.

Daidalos rast vom Dach und steckt den zerschmetterten Körper in einen Sack. Er schultert die dreißig Kilo Künstlerpech und stiehlt sich davon, um das Unfallopfer zu verscharren. Gerade biegt er um die Ecke, da kommt einer seiner Anhänger vorbei: *Was schleppst du denn da? Gibt's eine Feier?*

Ich habe eine plattgefahrene Schlange aufgesammelt. Die will ich nach gallikanischem Ritus bestatten, sagt Daidalos schmallippig.

Und wo?

Weiß noch nicht. Schau morgen bei mir vorbei.

Der Kunstfreund eilt ins nächste Cafenion. *Daidalos plant irgendwas!* ruft er fünf, sechs anderen zu. *Wenn wir uns beeilen, kriegen wir die Performance mit.*

Daidalos' Fans bezahlen ihren Mokka und eilen zum Fuß der Akropolis. *Was ist denn hier passiert, Hipponax?* entfährt es einem, *das sieht nach einem Verkehrsunfall aus!*

Die Kunstliebhaber stehen fröstelnd um den Blutfleck.
Vielleicht war da ein Aktionskünstler am Werk?

Oder Daidalos hat seine Riesenschlange vom Tempel geschmissen?

Das Kunstproblem erörternd, spüren sie den Blutstropfen nach, die aus Daidalos' Sack getröpfelt sind. Nach einem Kilometer, in einem Rhododendron-Gesträuch vor der Stadt, treffen sie auf den buddelnden Künstler. Gerade wollen sie ihn laut begrüßen, da verstummen sie entsetzt. Halb eingescharrt, blickt sie Talos' überaus bleiches Knabengesicht an.

Hipponax schreit plötzlich: *Ich denke, du wolltest eine Schlange...*

Ich habe eine Natter an meinem Busen genährt! kreischt Daidalos. *Er hat mir meine Erfindungen weggeschnappt.*

Die Kunstfreunde stürzen sich auf ihn und schlagen ihn ohnmächtig. Dann schleppen sie ihn vor das Gericht des Areiopagos, wo Lustmörder, Verstümmler und sonstige abartige Verbrecher zur Strecke gebracht werden.

Dort kommt der Ohnmächtige wieder zu sich und in Untersuchungshaft. Die ganze Stadt genießt den Skandal.

Talos' Seele rauscht in Gestalt eines Rebhuhns davon, und seine Mutter Polykaste hängt vor Verzweiflung ihren hübschen Schwanenhals so lange in eine Schlinge, bis sie das Atmen vergißt.

Nur Daidalos kommt unbemerkt bei Mondfinsternis aus dem Knast, weil er kurzerhand den Dietrich erfindet. Er entfleucht in ein attisches Dorf. Dort schwängert er so viele Mädchen, daß sich die Bevölkerung seit dem Künstlerbesuch stolz als Daidaliden bezeichnet. Als die Väter der Geschwängerten die Bescherung durchschauen, verduftet Daidalos nach Kreta.

65
Ein Gott wird beschissen
– Minos linkt Poseidon –

Während Daidalos mit seiner Yacht vor Kreta kreuzt, bleibt uns ein wenig Zeit, Minos, den Kreterkönig vorzustellen. Der ist nämlich allerhöchster Abkunft und ein besonderes Früchtchen.

Nachdem Zeus genug von Europa hat, verheiratet er sie mit dem Kreterboß Asterios. Man weiß nicht warum, aber seit der Hochzeitsnacht mangelt es dem kleinen zähen Mann an Stehvermögen. Asterios ist natürlich schwer frustriert, daß Amor ihn in den entscheidenden Stunden hängen läßt. Während er seinen Geschäften nachgeht, bekommt Europa hin und wieder Besuch von Zeus in Kuckuckstarnung. Der lacht sich einen Ast: *Tja, dein zu kurz geratener Betthüter wird wohl unsere strammen Söhne Minos, Rhadamanthys und Sarpedon adoptieren müssen. Sonst kann er seine Dynastie vergessen.*

So kommt eines Tages Asterios fast von selbst auf die Idee, seine Stiefsöhne als legitime Nachfolger zum Erhalt seines Königsgeschlechts, den Asteroiden, einzusetzen.

Kaum ist die Nachfolge besiegelt, verabschiedet sich Asterios von seiner süßen Europa und verfüttert seinen königlichen Leib an die Gruftwürmer.

Da hat er wenigstens einmal eine Sternstunde gehabt, freut sich Europa, als das Testament verlesen wird.

Aber drei Erben? Das kann nicht gutgehen. Ein paar Monate im Amt, gibt es schon Zoff wegen eines hübschen Jungen namens Miletos. Als sich dieser für Sarpedon entscheidet, wütet Minos vor Liebeskummer und verjagt Lover nebst Bruder. Rhadamanthys, Bruder Nr. 3, ein Schlaumeier, unterwirft sich Minos und widmet sich seinem juristischen Hobby: dem Gesetzerfinden.

Minos ist damit zufrieden. Als politisches Naturtalent plant er, sich seinen leicht dubiosen Anspruch auf den Kreterthron von den Göttern absegnen zu lassen. *Dann kann mir meiner Herkunft wegen kein Kreter mehr was*, kalkuliert er gerissen. In der nächsten Vollmondnacht, beim Treffen aller kretischen Fürsten, verkündet er: *Freunde! Dank göttlicher Gnade bin ich zu höchsten Ehren aufgestiegen. Nun möchte ich den Segen aller Götter erbitten, um meine Herrschaft bestätigen zu lassen. Wer damit nicht einverstanden ist, sage es frei heraus.*

Schlau, schlau. Gegen ein Gottesurteil kann natürlich selbst die größte Miesmuschel nicht anstinken.

Minos läßt für Onkel Poseidon auf einem Korallenaltar ein Opfer in Form eines riesigen Büfetts aufbauen. Als der Bratenduft knusprig seewärts zieht, beginnt Minos seinen göttlichen Onkel anzurufen. Nach dem Gebet stimmen die Priester einen Choral an, und Volk und Fürsten fallen ein. Der Gesang wallt zum Wasser, und mit den Wogen kommt ein schneeweißer Riesenbulle angeschwommen. Sozusagen als Einstandsgeschenk Poseidons zur Königskür seines Neffen, damit Götter, Priester und normale Sterbliche einen ordentlichen Bissen Fleisch zwischen die Zähne kriegen.

Volk und Fürsten sinken vor Minos in die Knie. *Schon gut, Leute,* lächelt er gütig, *ihr seht: alles nicht von schlechten Eltern.*

Dann begibt er sich würdevoll zum Stier. Der beste Zuchtbulle, den man je in Kreta gesehen hat. Minos klopft dem Albino auf den Hals, bewundert seine Hoden und läßt ihn einen Blumenstrauß Petersilie kosten. Dann wendet er sich an den Priester. *Diesen strammen*

Burschen werden wir heute Poseidon opfern. Ich lasse ihn derweil striegeln und schmücken.

Der Oberpriester meint: *Ist doch nicht nötig, Majestät. Der ist doch wie aus dem Ei gepellt.* Aber Minos läßt sich nicht von seiner Dekorationsidee abbringen und führt den Bullen persönlich in den Stall.

Dort ruft er nach seinem Stallmeister. *Hier ist ein erstklassiger Zuchtbulle. Der wird unsere hübschen Kühe beglücken. Verbirg ihn gut. Niemand darf von seiner Existenz wissen. Such in der Herde ein Exemplar, das ihm ähnlich sieht, und behäng es dicht mit Rosenkränzen, Orchideengirlanden, Weinlaub und anderem Firlefanz.*

Der Stallmeister sucht ein Double und maskiert es wie an Festtagen.

Wär doch zu schade, das hervorragende Genmaterial einfach zu verwursten, entschuldigt Minos seine blasphemische Untat. Aber er hat die Rechnung ohne seinen mißtrauischen Onkel gemacht. *Bullshit,* flucht Poseidon, *ich hab's geahnt. Kaum reicht man dem Schurken einen Mastochsen, will er das gute Stück heimlich vervielfältigen. Der wird sich noch wundern!*

66
Scharf auf Bullenfleisch
– Pasiphaes steiles Liebesleben –

Kaum ist Minos offiziell inthronisiert, sucht er sich seine Königin. Die Erwählte ist Pasiphae, eine Tochter von Helios und der Strandnymphe Krete.

Nach den Flitterwochen stellt das junge Traumpaar das ganze Königreich auf den Kopf. Scharen moderner Künstler dürfen sich nach Lust und Laune austoben, so daß die verunsicherten Bewohner von Knossos ihre eigenen Häuser kaum wiederfinden.

Just in diesen Trubel gerät Daidalos nach seiner Flucht aus Attika. *Hier bin ich richtig*, freut sich der Tausendsassa.

Was? Daidalos, das größte Genie aller Zeiten ist da? jubelt Minos, als ihm der Chef der Fremdenpolizei die Einreise des Weltberühmten meldet.

Daidalos fällt Minos, seinem Cousin um drei Ecken, um den Hals und küßt Königin Pasiphae den zierlichen Fuß.

Nach ein paar artigen Begrüßungsfloskeln zieht der Nestbeschmutzer über seine Vaterstadt her: *Athen ist doch ein Provinzkaff. Nix los! Dort huldigen sie immer noch dem total überholten Klassizismus.*

Damit streift er Minos' empfindlichsten Nerv. Der

kunstbegeisterte König will nämlich Knossos zur Kulturmetropole machen. Er strahlt: *Wenn die Kunstmumien dein Genie nicht zu schätzen wissen, ernenne ich dich hiermit zu meinem ersten Minister für Ästhetik und zu meinem persönlichen Berater in Geschmacksfragen. Budget unbegrenzt!*

O fürstlicher Vetter, stottert Daidalos, überrascht von soviel Gunst.

Na, na, grinst Minos. *Ich freu mich, dich an meiner Seite zu haben. Wir werden Knossos herausputzen, daß Athen vollends aus der Geschichte verschwindet.*

Nach einer rauschenden Nacht bastelt der Kunsthandwerker sofort los. Als erstes stellt er Roboter her, die Männchen machen, Wände hochgehen und Saltos schlagen. Zur Gaudi von Minos und seinen Söhnen, die diese überall in Knossos loslassen.

Neben solchem Schnickschnack stylt Daidalos die Metropole. Vom Weinflaschendesign bis zum Togaknopf kommt eine komplett neue Kunstrichtung über Knossos.

Während Daidalos sich im Dienste seines Königs erschöpft, ist auch der Zuchtbulle Poseidons rastlos tätig und schwängert alle Kühe in Minos' Paradestall.

Wie gut, daß ich dieses Potenzwunder nicht frikassiert habe, freut sich Minos bei einem Stallbesuch mit Pasiphae. *Er bedient jeden Tag zwölf Kühe. Mit dieser vitalen*

Leistung gewinnen wir beim Zuchtwettbewerb das Golde-
ne Euter.

Pasiphae hat nur mit halbem Ohr zugehört und mit großen Augen die enormen Stiergenitalien bewundert. Der steile Stier rammelt gerade auf einer Kuh, da schießt sein wilder Blick durch Pasiphaes Mandelauge mitten in ihre Eierstöcke. Das klingt zwar nach Tausendundeiner Nacht, aber vierzehn berühmte Mythenexperten von Apollodoros bis Tzetzes haben die tolle Geschichte überliefert.

Den geilen Blick hat Poseidon ferngesteuert, um sich an Minos für den Bullenklau zu rächen.

In Pasiphae kribbelt es vom Intimbereich bis zur Zirbeldrüse. Sie schnappt nach Luft, kriegt Hitzewellen und möchte dem Bullen um den Hals fallen. Der fängt bei ihrem entflammten Anblick so zu grunzen an, daß die Königin mit einem Seufzer in Ohnmacht fällt.

Um Gottes willen, Liebling! Minos pfeift ein paar Diener herbei. *Schnell. Das Ochsengebrüll hat die Königin umgeblasen. Tragt sie in ihre Gemächer.*

Kaum liegt das kostbare Stück in ihrem Himmelbett, holt sie der Leibarzt mit einem scharfen Wässerchen wieder in die Gegenwart zurück.

Der Stier! stammelt sie.

Keine Panik, beruhigt sie der König, froh, daß seine Holde wieder alle beisammen hat, wie er glaubt.

Pasiphae bekommt indes die verrücktesten erotischen Gelüste und träumt von der großen Nummer mit dem Zuchtbullen.

Mehrmals am Tag geht sie in der Nähe des Stalls spazieren. Bei leisester Witterung beginnt sie zu vibrieren. Einmal, sie ist ganz allein mit Hagios Phallos, wie die Stallburschen ihn nennen, küßt sie seine rosa Lippen und krault ihn zärtlich. Sie wackelt vor seiner Nase aufreizend mit dem Po, aber der Bulle steht da wie der Ochs vorm Berg. Er kapiert einfach nicht. Frustriert läuft Pasiphae davon. Was ist schmerzhafter als unerwiderte Liebe!?

Vor Liebeskummer magert sie zusehends ab, kriegt schwarze Ringe um die Augen und eine spitze Nase.

Ja, Pasiphaelein, sorgt sich Minos, als seine Herzdame auf seine zarten Anfälle nur noch eisig reagiert. *Vielleicht solltest du dich mal richtig aussprechen. Rede mit Daidalos. Künstler sind sensibel. Der weiß sicher, wo's fehlt.*

Kaum schimmert von fern über Hügel der Morgen, eilt sie zu Daidalos. Errötend berichtet sie ihrem untertänigsten Diener, denn nichts anderes heißt Therapeut, von ihren abartigen Gelüsten. Daidalos streicht sich sinnend den Bart. Seit dem Meuchelmord an seinem Neffen ist ihm nichts Menschliches fremd, nicht mal die Sehnsucht einer First Lady.

Sexuelle Obsessionen heilt man am besten, indem man sie befriedigt, kommentiert er sachlich.

Aber er hat mich verschmäht, weint Pasiphae und beichtet den unbefriedigenden Stallbesuch.

Du bist ihm wahrscheinlich zu dürr. Wir müßten dich in eine lebensechte Kuhattrappe stecken, sinniert der Künstler, schon Feuer und Flamme für das einzigartige Experiment. *Ich werde mal ein bißchen herumprobieren*, er schiebt sie aufmunternd aus der Tür.

Daidalos entwirft einen Konstruktionsplan, analysiert das Aroma stieriger Bullenbräute, mißt die Temperatur heißer Kühe etc. Nach zwei Tagen nimmt er Pasiphaes exakte Maße, und eine Woche drauf ist die Kunstkuh fertig. Er schickt eine Geheimbotschaft an seine Auftraggeberin: *Tierversuch vorbereitet. Morgen früh fünf Uhr Experiment.*

Pasiphae kriegt vor Aufregung nicht ein Auge zu. Lüstern wälzt sie sich hin und her. Um vier salbt sie ihren Leib mit Rinderfett.

Wo willst du denn schon hin? blinzelt ihr Gatte, als sie gerade die Schlafzimmertür schließen will.

Zu meiner Therapie. Ich bin so aufgeregt. Heute wollen wir den kritischen Punkt angehen. Drück mir die Daumen, Liebster! Sie küßt Minos auf die Stirn und eilt zur Wiese, wo der weiße Stier sein Bullenleben genießt.

Daidalos hat hinter einem Gebüsch den Kuhköder aufgestellt.

Moin, moin, flüstert er. *Stell dich in Positur!*

Pasiphae gleitet nackt und empfangsbereit in die Attrappe. Daidalos überprüft, ob alles am richtigen Platz ist. Dann sprüht er einen scharfen Kuhduftstoff in Richtung Bulle. Der beginnt sofort mit den Hufen zu scharren. Daidalos liegt, vor Anspannung zitternd, auf einem Felsen. Jetzt, wo der Bulle witternd warmläuft, läßt er durch einen antiken Lautsprecher Brunstgemuh erschallen.

Der Bulle stellt die Lauscher steif und fetzt heran. Er schnuppert. Dann springt er mit einem Satz auf die Holzkuh. Die geht bei dem Ansturm fast in die Knie, und Pasiphae schreit ihre Lust in langgezogenen Lauten durchs Tal.

Der Bulle, ganz von Sinnen, rammelt, daß die Kunstkuh kracht. Daidalos hält sich vor Angst die Augen zu. *Wenn der die Königin plattmacht, kann ich einpacken!*

Aber Gestell und Dame zeigen sich dem Ansturm gewachsen. Als der Bulle einen Interruptus macht und erschöpft im Fluß ein Bad nimmt, eilt Daidalos zur ramponierten Attrappe und zieht die ohnmächtige Pasiphae hervor. Er trägt sie auf den Felsen, schiebt die Kunstkuh in eine Höhle und Felsbrocken vor den Eingang.

Als er zurückkommt, blickt ihn Pasiphae mit glänzenden Augen an. *Es war göttlich*, haucht sie.

Ein paar Stunden später eilt sie ausgeruht und verjüngt nach Hause. Abends kennt Minos sein Gespons kaum wieder.

Das war das klärende Gespräch. Daidalos hat mir sehr geholfen, schwärmt sie, derweil das Bullensperma in ihr Verwirrung stiftet.

Pasiphae hat eine herrliche Nacht und am Morgen eine unstillbare Sehnsucht nach ihrem vierbeinigen Lover. Um acht ist sie mit Daidalos zu einer Vertiefung des Problems verabredet. Aber vom Bullen ist weit und breit nichts zu sehen.

Vielleicht haben sie ihn in den Stall gebracht, hofft die verzweifelte Königin. Daidalos interviewt die Kuhhirten. Doch keiner weiß etwas.

Was?! schreit der Oberstallmeister entsetzt, als er vom Verschwinden des Zuchtbullen hört. *Minos macht mich zu Hackfleisch!*

Die Polizei schwärmt aus, aber das Wundertier bleibt verschwunden. Eigentlich klar. Denn da der Bulle seinen Zweck erfüllt hat, schickt ihn Poseidon nun zu den Seekühen.

Pasiphae wird vor Liebeskummer schier wahnsinnig. Daidalos versucht sie zu trösten: *Versuch's doch mal wieder mit Minos.*

Ach der! greint die Liebeskranke, und ihre Sehnsucht wächst ins Unendliche, während in ihrem Bauch ein toller Typ heranreift.

67
Frischer Ochsenmaulsalat
– Minotauros' Mahlzeiten –

270 Tage nach der tierischen Nummer kriegt Pasiphae Wehen, daß sie glaubt, es zerreißt sie. Doch das Baby kommt und kommt nicht.

Erst als Daidalos ihr eine geheime Mixtur gibt, schießt das Kind durch den Geburtskanal. Mit einem gräßlichen Schrei sinkt Pasiphae in Ohnmacht.

Als sie wieder erwacht, zeigt die Hebamme der Mutter den neuen Erdenbürger. Die Lebensgeister verlassen sie erneut. Das Baby ist zwar körperlich intakt, sogar ausgesprochen hübsch, doch statt eines menschlichen Antlitzes hat es einen Kalbskopf, wenn auch mit wunderschönen Augen. Im Grunde sieht er ganz apart aus – wenn die Welt nicht ihre Vorurteile hätte.

Was? Das soll mein Sohn sein? Minos kann's nicht fassen. *Zwei Götter als Großväter, und dann so ein Hornochse? Sofort aussetzen!* befiehlt er und trinkt einen halben Liter Ouzo zur Beruhigung.

Aber Minos! tröstet der herbeigerufene Kuppler Daidalos den vermeintlichen Vater. *Immerhin hat er auch göttliches Erbmaterial. So was kann man nicht einfach wegschmeißen. Vom Standpunkt der Kunst aus betrachtet ist dein Filius ein einzigartiges Werk der Schöpfung. So wie die Meerweiber einen hübschen Fischschwanz und die Kentauren eine rassige Pferdefigur haben, so ist dein Bengel eben gehörnt. Ich schlage vor, wir taufen ihn Minotauros und sehen, wie sich der kleine Stier entwickelt.*

Minos, vom Ouzo inzwischen wieder stabilisiert, findet sein ochsenköpfiges Kuckucksei plötzlich reizend und macht auf närrischen Erzeuger.

Als Pasiphae sieht, daß Minos den schweren Betriebsunfall auf die leichte Schulter nimmt, gewöhnt sie sich an die Mißgeburt und gibt ihm sogar die Brust.

Minotauros spricht bereits nach zwei Monaten Griechisch und bald darauf auch Altägypitsch und Semitisch. Mit sechs rauft er sich mit Zwölfjährigen.

Und da passiert es: Im Kampf gereizt, stürzt er sich auf einmal wie ein wütender Bulle auf den Torero, galoppiert mit gesenktem Haupt auf den Knaben zu, nimmt ihn auf die Hörner, schleudert ihn auf die Treppe und trampelt auf dem zuckenden Bündel Mensch herum. Die Spielkameraden ergreifen entsetzt die Flucht.

Minotauros schnüffelt gierig. Dann leckt er das Blut des Stierkampfopfers, knabbert ihn an, kaut genüßlich, bis der Beamtensohn gar nicht mehr wie ein solcher aussieht. Angelockt vom Geschrei der Knaben, eilt Minos aus seinem Arbeitszimmer und prallt zurück:

Was tust du, Untier?! graust sich der Pflegevater.

Minotauros wischt sich elegant die Lippen ab: *Schmeckt wunderbar! Viel besser als dieser Schulfraß.*

Minos kotzt vor Ekel in den Papierkorb und rast zu Daidalos:

Ist das nicht grauslich? Mein Sohn mag Knabenfleisch! Wir müssen ihn absondern. Sonst frißt er alle Spielkameraden auf.

Selbst Daidalos, dessen moralisches Empfinden kaum etwas belasten kann, kriegt Gänsehaut.

Das ist ja pervers! murmelt er geschockt. *Ich werde dem Knabenfresser eine Art Freilaufgefängnis bauen.*

Minos trinkt vor Erleichterung die Flasche leer und läßt Minotauros im Keller einsperren.

Während sich Daidalos den Kopf zermartert, fragt Minos zur Sicherheit bei einem zweiten Spezialisten nach, was zu tun sei. Das Orakel antwortet wie bestochen: *Berühmtester Architekt soll einen Bauplan entwerfen. Dann wird alles gut.*

Daidalos konzipiert ein Gebäude mit ins Blinde laufenden Gängen, Treppen, die im Nichts enden, Wandgemälden, die wie weite Räume wirken, sich verschachtelnden Sälen, Turmlabyrinthen und zwanzig Stockwerke tiefen Kellern.

Weil Minos gerade Athen besiegt hat, gibt's jede Menge Kriegssklaven, die Tag und Nacht mit bloßen Händen schuften. So entsteht der gigantische Kasten in einer Rekordzeit von elf Monaten.

Minotauros wird in sein Wohnheim gesperrt und kann sich jetzt nach Herzenslust verlaufen. Täglich bekommt er durch einen Aufzug drei reichgedeckte Tafeln, und weil er ohne Befriedigung seiner kannibalischen Begierden depressiv werden könnte, läßt der treusorgende Minos ihm gelegentlich ein paar lebende Teenager zur Speisung vorwerfen. Die müssen die unterworfenen Athener als Tribut schicken.

So wäre alles bestens geregelt, wenn nicht eines Nachts das Traumgeflüster Pasiphaes Minos geweckt hätte. Pasiphae, seit der Bullenaffäre völlig unbefriedigt, so viele Liebhaber sie auch verbraucht, träumt Nacht für Nacht von ihrem Vierbeiner. *O Hagios Phallos, schönster Bulle unter der Sonne, erhöre mich!* fleht sie im stillen Kämmerlein.

Minos spitzt die Ohren. Plötzlich ist ihm klar, wer das Monster gezeugt hat. *Sie hat mich mit Poseidons Superbullen gehörnt!* ekelt es ihn. *Aber wie? Der Bulle besteigt doch keine Königin!* Grübelnd wälzt er sich hin und her, bis er den Faden des Verwirrspiels gefunden hat. *Die Gespräche mit Daidalos! Danach war sie wie ausgewechselt.*

Er zieht sich leise an und läuft zur Wiese, von der der Bulle so rätselhaft verschwand.

Hier war doch irgendwo eine Höhle, fällt ihm ein. *Da haben wir als Kinder drin gespielt.* Er überlegt angestrengt. *Genau! Hier war der Eingang. Irgendwer hat ihn verschlossen.*

Von Neugier getrieben, beginnt Minos die Brocken beiseite zu wuchten. Er rollt und wälzt – und plötzlich steht das Corpus delicti vor ihm im Morgenlicht. Minos ist fassungslos. Er krabbelt ächzend in den Kuhkörper und kann sich nun alles weitere lebhaft vorstellen.

Hure, Bullensau! krakeelt er, krank vor Wut. Er rast in den Palast und pfeift dem Kommandeur der Palastwache: *Sofort Daidalos verhaften und ihn umstandslos zusammen mit seinem Sohn Ikaros ins Labyrinth schmeißen!*

Dann knöpft er sich Pasiphae vor: *Du Miststück!* giftet er. *Jetzt weiß ich, wer der Erzeuger deines Scheusals ist.* Und dann erzählt ihr der Hobbydetektiv haarklein, wie das sodomistische Rendezvous vonstatten ging. Sosehr Pasiphae auch dementiert und von einer Ohnmacht in die andere fällt, starrsinnig wie alle betrogenen Ehemänner spielt Minos den Beleidigten und läßt sie ebenfalls in den Monsterkeller werfen. *Friede deinem sündigen Fleisch!* ruft er ihr mit wundem Herzen nach und beschließt, wieder ganz von vorn anzufangen. Das ist kein Problem, weil ihm Zeus dreimal lebenslänglich garantiert hat.

68
Absturz eines Spitzensportlers
– Ikaros geht baden –

Pasiphae hat Glück im Unglück. Nach wenigen Stunden im Grusellabyrinth trifft sie zufällig auf Daidalos und Ikaros.

Sie grübeln nach einem Ausweg: *Wir sollten verschwinden, bevor es zu einer Begegnung mit deinem Sohn kommt.*

Aber wie? fragt Pasiphae.

Ich habe für den Fall der Fälle eine Geheimtür eingebaut. Ich weiß nur nicht mehr, wo.

Deprimiertes Schweigen. Dann hat Ikaros die Idee.

Weißt du was? sprudelt der Zwölfjährige, *aus einem Labyrinth herauszukommen ist für einen ausgeschlafenen Intelligenzler leichter, als hineinzukommen.*

Ach nee! höhnt Daidalos. *Dann mach's mal vor.*

Du mußt allerdings deine Geheimtür finden, denn ich weiß nicht, wie sie aussieht.

Ikaros geht voraus. Nach Stunden, sie haben weder die Geheimtür gefunden noch einen Grunzer von Minotauros gehört, zweifelt Daidalos am Kurs.

Wollen wir nicht lieber… will er gerade vorschlagen, da fällt sein Blick auf eine geheime Inschrift. Dort steht: *Das Tor der Welt. Mit etwas Glück in der Hand kommst du von hier nach Griechenland.* Den Text hat Daidalos nach Fertigstellung des Labyrinths in die Geheimtür graviert.

Im selben Moment röhrt es dumpf vier Stockwerke über ihnen.

Oje! flüstert Ikaros. *Das Monster. Jetzt wird's heiter.*

Daidalos lacht herausfordernd auf und tippt gegen einen Stein. Die Geheimtür öffnet sich. Daidalos stößt Pasiphae und Ikaros über die Schwelle. Die Tür schwingt lautlos zurück und dem anstürmenden Minotauros an den Kopf.

Sie warten, bis Helios seine Rösser in den Stall stellt, dann schleichen sie durch den Schloßpark, übersteigen die Mauer und eilen im Mondschein die Berge hinauf. Dort besitzt Pasiphae ein einsames Landhaus.

Hier vermutet uns niemand, sagt Pasiphae erschöpft.

Und wenn Minos zum Picknick vorbeischaut? Dann können wir uns ausgestopft in seiner Raritätensammlung bewundern. Besser, wir verlassen Kreta.

Aber wie? Jeder kennt uns. Alle Schiffe werden kontrolliert. Wir sitzen fest, zweifelt Pasiphae.

Egal wie, sagt Ikaros, *wir müssen so schnell wie möglich den Abflug machen.*

Junge, du bist einfach ein Genie. Daidalos springt auf. *Wir basteln uns ein Flugzeug und dann: Flieger, grüß mir die Sonne!*

Ein was? rufen Pasiphae und der Knabe.

Doch Daidalos ist bereits draußen und trommel Pasiphaes Sklaven zusammen. Er redet mit Händen und Füßen auf sie ein. Doch sie verstehen nicht.

Sag ihnen, sie sollen auf Vogeljagd gehen. Ich brauche jede Menge Federn, drängt er Pasiphae. Die Königin übersetzt seinen Wunsch ins Sudanesische.

Die Diener schwärmen aus. Nach zwei Tagen kommen sie mit umfangreicher Beute zurück.

Daidalos läßt das Federwild rupfen. Inzwischen hat eine andere Sklavenschar im Wald wilde Bienenstöcke ausgespäht. Es kommt zum Kampf zwischen Mensch und Insekt. Zwar bleiben einige stachelgespickt auf dem Schlachtfeld, weil zufällig drei Hornissennester darunter waren, aber Daidalos ist im Besitz von 25 Bienenwachsburgen.

Um es kurz zu machen: Aus Vogelfedern und Bienenwachs bastelt der Ingenieur die ersten vier Flugapparate der Technikgeschichte.

Fertig zum Countdown! strahlt der Erfinder und zieht in Begleitung von Pasiphae und Ikaros auf einen mäßig hohen Hügel zum Probefliegen.

Ikaros gurtet sich seine beiden Flügel an und springt vom Felsen hinunter. Eine sanfte Brise rauscht durchs Gefieder.

Sie fliegen, sie fliegen! jubelt Pasiphae, als die beiden ersten Drachenflieger um den Hügel flattern.

Perfekt! Daidalos ist stolz auf sich und seine neue Erfindung. *Morgen früh starten wir vom 2460 Meter hohen Ida-Gipfel.*

Nach einer unruhigen Nacht verabschieden sie sich von Pasiphae und reiten auf ihren Eseln zum Flugplatz. Oben weht ein scharfer Wind. Daidalos prüft nochmals die Flugtechnik, dann schnallt er Ikaros die Gurte fest.

Er wirft einen Kontrollblick auf die Julisonne. Bereits jetzt, um acht Uhr früh, brennt sie heiß herab.

Noch eins, Ikaros, sagt er sehr ernst, *keine sportlichen Höhenflüge! Die Sonnenhitze kann unsere Wachsflügel schmelzen. Dann gibt's eine Bruchlandung.*

Ja, ja, Ikaros zappelt fluggeil herum.

Na, denn, fly off! kommandiert Daidalos und schwingt sich selbst in den Abgrund des Ida-Gebirges.

Der Schirokko frischt auf und jagt die beiden Wandervögel mit rund 100 Stundenkilometern Richtung Kleinasien. Als sie über Knossos segeln, läuft das Volk zusammen und glotzt sich die Hälse lang: *Die Marsmenschen kommen! Hilfe!*

Vom Geschrei herbeigelockt, tritt Minos auf die Terrasse und blickt in den Himmel. *Schnell, mein Teleskop!* ruft er seinem Kammersklaven zu. Er setzt das Fernrohr an. *Das sind ja Daidalos und Ikaros. Die hauen ab! Holt sie runter!*

Ein Hagel Giftpfeile schwirrt auf die beiden Flieger

los. Doch sie sind bereits außer Schußweite. Daidalos wackelt grüßend mit den Flügeln.

Mückenarsch! brüllt Minos zum Himmel, *ich werde nicht ruhen, bis dein Schrumpfkopf in meiner Sammlung ist!*

Dann viel Glück! höhnt Daidalos und spuckt dem König auf die Glatze.

Die Flieger sausen über das azurblaue Meer. Daidalos rudert mächtig mit den Flügeln und zieht eine zielgerade Bahn, während Ikaros hinter ihm herumalbert, Sturzflüge auf Meerweiber veranstaltet, Pirouetten dreht oder Schwalben jagt.

Schon taucht die türkische Küste im Fadenkreuz von Daidalos' sehnsuchtsvollem Blick auf. Sie schweben hart an einem Eiland neben der Insel Samos vorbei, da reitet Ikaros plötzlich die Windsbraut: *Ich werde Helios einen Gruß zuflüstern.* Er steigt höher und höher, von Daidalos unbemerkt.

Die Flügel rauschen im Wind. Plötzlich entdeckt Helios den tollkühnen Drachenflieger unter sich und reißt die Rosse hoch: *Bist du wahnsinnig? Ich fahr' einen heißen Schlitten. Zurück!* brüllt er.

Es ist genau zwölf Uhr mittags. Eine Glutwelle zuckt aus der heißen Kutsche. Daidalos, aufgeschreckt vom Schrei, fährt herum: *Komm sofort herunter!* Das tut Ikaros auch, aber schneller als erwartet.

Die Hitze läßt das Bienenwachs über Nacken und Schultern rinnen wie Karamelsoße über Vanillepudding. Tausende Federn flattern im Südwind davon, und Ikaros saust wie ein Fallschirmspringer ohne Fallschirm durch die Ozonschicht ins schöne blaue Mittelmeer hinab. Es gibt eine riesige Fontäne, und der Junge geht baden.

Hat sicher keinen Flugschein, Todeskandidat wie mein Phaeton! Herzliches Beileid, ruft Helios dem verzweifelten Vater zu.

Daidalos setzt stracks zur Landung an und schwebt vor dem Eiland nahe der Unfallstelle suchend über die Wogen.

Endlich taucht die Wasserleiche an der Oberfläche auf. Daidalos setzt am Strand auf, wirft die Flügel ab, stürzt sich ins Wasser und zieht den toten Körper an Land.

Ein paar Hirten kommen gelaufen und helfen, den Bruchpiloten zu bergen. Vor Verzweiflung und Erschöpfung klappt Daidalos zusammen. Immerhin ist er rund vierhundertachtzig Kilometer in vier Stunden geflogen.

Als er nach 48 Stunden wieder aufwacht, begräbt er weinend den Knaben.

Wie heißt euer Eiland? fragt er die helfenden Hirten.

Bis jetzt konnten wir uns auf keinen Namen einigen.

Dann soll es zur Erinnerung an meinen Sohn Ikaria heißen. Einverstanden?

Schön, freuen sich die Männer. Endlich wissen wir, wo wir zu Hause sind.

Daidalos wirft einen letzten Blick auf den Grabhügel, da dringt hämisches Rebhuhngegacker an sein Ohr: *Hi, hi, zu schade aber auch, daß sich dein Sohn den Hals gebrochen hat. Endlich kann ich ruhig schlafen. Rache ist ein Leckerbissen und ein gutes Ruhekissen.*

Wer bist du? fragt er todtraurig.

Polykaste, gackert das Rebhuhn. *Deine Schwester, deren Sohn du gemeuchelt hast. Jetzt sind wir quitt.*

Himmel hilf! stöhnt Daidalos und schwingt die Flügel. *Nix wie weg! Überall wird man von seiner Vergangenheit eingeholt.*

69
Ein ausgekochter König
– Daidalos rächt sich mafios –

Wo willst du denn überhaupt hin? fragt der Schirokko den Flugreisenden.

Wenn ich das nur wüßte, antwortet Daidalos mutlos.

Warst du schon mal in Italien? Tolles Klima, schöne Frauen, ausgezeichnete Küche.

Nicht schlecht, überlegt Daidalos.

Der Wind springt um und bläst den Flieger mächtig Richtung Athen. Daidalos jagt zwischen Wolkenbergen über den Peloponnes zur italienischen Stiefelspitze. Dort dreht der Wind und treibt ihn nach Norden. *Da unten ist der Golf von Neapel*, informiert der Windmacher Daidalos.

Der Schirokko schlafft ab, und Daidalos landet sanft in Cumae. Die Bewohner des Kaffs sind griechische Kolonisten, die in den wilden Westen ausgewandert sind und von den Früchten italienischer Lohnsklaven leben. Als sie erfahren, welcher berühmte Vogel bei ihnen gelandet ist, bestürmen sie Daidalos: *Wir haben noch keine Kirche im Dorf. Bau uns einen Vier-Sterne-Apollon-Tempel! Geld spielt keine Rolle.*

Domani, gähnt Daidalos. *Ich habe einen anstrengenden Flug hinter mir und muß mich erst mal ausruhen.*

Am nächsten Tag macht er eine Besichtigungstour, fliegt zum Vesuv hinauf, bewundert das Panorama und besucht die idyllische Stelle, wo Pompeji einst sein wird. Danach genießt er eine köstliche Pizza und malt nebenbei auf die Serviette den Grundriß des Tempels.

Der Bürgermeister kriegt runde Augen vor Begeisterung, als ihm Daidalos das geistliche Zentrum in Skizze unter die Nase hält: *Und hier stecken wir als Weihgabe meine gekreuzten Flügel aufs goldene Dach. Das Projekt ist multifunktional. Tempel und Fliegerdenkmal in einem.*

55 000 albanische Lastträger und 60 000 latinische Steinbrucharbeiter fangen sofort mit der Arbeit an. Nach sechs Monaten leuchtet das Glanzstück Gläubige anlockend in der Sonne.

Daidalos verlangt sein Architektenhonorar, kauft sich davon eine Hundertschaft Sklaven, verabschiedet sich vom jubelnden Cumae und schifft sich nach Sizilien ein. Dort hilft er König Kokalos von Kamikos, die Bauwirtschaft in Schwung zu bringen. Bald sind Stadt und umliegende Landschaft zur Freude des Königs mit modernen Wohnburgen, Tempeln, Verwaltungsgebäuden, Vergnügungsparks, Viadukten, künstlichen Seen etc. verbaut.

Inzwischen kreuzt Minos mit seiner Kriegsmarine durchs Mittelmeer auf der Suche nach dem Kunstflieger. Er durchpflügt die Ägäis und das Schwarze Meer. Aber niemand hat vom Flüchtling auch nur eine Schwanzfeder gesehen, bis er endlich auf Ikaria landet. Dort zeigen ihm die Hirten den Grabhügel und erzählen ihm die Geschichte: *Der Kleine hat hier eine Bruchlandung gemacht. Der andere ist Richtung Athen weitergeflogen.*

Endlich eine Spur. Minos reibt sich die Hände und läßt Segel setzen. Aber in Athen weiß niemand etwas.

In Korinth hat er Glück. *Daidalos*, nickt ein alter Seebär, *der hat vor ein paar Monaten ein Fliegerdenkmal in Cumae gebaut und Apollon geweiht.*

In Sizilien wird es derweil Winter. *Saukalt, die Marmorfliesen!* beklagt sich der kreislaufschwache Kokalos.

Man müßte eine Fußbodenheizung erfinden, grübelt Daidalos, *dann hätten die Hofdamen auch nicht dauernd Blasenentzündung, was sie so häufig aus dem Verkehr zieht.*

Am nächsten Tag kommt ihm beim Rasieren eine Idee: *Die Vulkanenergie anzapfen und durch ein Heizschlangensystem unter die Fußböden kanalisieren! Nebenher kann die Heißluft Wasserkessel erhitzen.*

Nicht weit von Kokalos' kalter Burg wütet ein Minivulkan, sozusagen ein kleiner Verwandter des Ätna.

Daidalos läßt zwei hitzeerprobte Küchensklaven den Vulkan anbohren. Sofort sprüht eine Lavafontäne aus dem Bohrloch und überzieht die Sklaven mit dem flüssigen Gestein. Langsam erstarren sie zu Bildsäulen.

Exquisit! freut sich der Konstruktivist. *In Zukunft braucht man nicht mehr mühsam Menschen nachzumeißeln, sondern lebende Objekte nur mit Lava übergießen, fertig ist die Form.*

Er läßt die glühende Hitze in das vorbereitete Kanalsystem strömen. Nach zwei weiteren Wochen hat Kokalos im Winter nie mehr kalte Füße und die Damen alle einen wohltemperierten Unterleib. Zur Komplettierung läßt Daidalos das Wasser einer starken Quelle in einem Riesentank auf 100 Grad erhitzen und per Leitung im Schloß verteilen. Jetzt sind alle sanitären Anlagen mit vulkanenergetischem Wasser versorgt.

Kaum ist das brandneue Heizsystem installiert, taucht Minos mit seiner Flotte vor Kokalos' Burg auf. Er schickt einen Diplomaten zu Kokalos mit der Botschaft:

Brüderlicher Kollege, wie ich höre, hat sich mein flüchtiger Kunsthandwerker Daidalos bei dir eingeschlichen. Ich verlange die sofortige Auslieferung des Delinquenten zwecks richterlicher Abstrafung. Andernfalls muß ich ihn selbst suchen, wobei kein Stein auf dem anderen bleiben wird. Gruß Minos.

Kokalos antwortet diplomatisch: *Unangenehmer Fall. Von Untaten des Künstlers wußte ich nichts. Leider ist er zur Zeit absent. Um uns kordial zu verständigen, lade ich dich aber hiermit offiziell zum Staatsbesuch ein.*

Anschließend eilt er zu Daidalos und erzählt ihm aufgeregt Minos' ruppige Forderung.

Immer mit der Ruhe, meint Daidalos.

Das ist ein ganz Ausgekochter! Dem König flattern die Nerven.

Das ist das Stichwort, grinst der Alleskünstler. Er zwinkert Kokalos zu: *Gib ihm die Suite über der Therme...* Hier senkt er seine Stimme und flüstert dem König den Rest ins Ohr. Sie reichen sich verschwörerisch die Hände.

Zwei Stunden später erscheint Minos, begleitet von einer Einheit Panzersoldaten, im Schloß. Die Könige tauschen Bruderküsse.

Vor dem Diner begibt sich Minos mit drei Begleiterinnen ins Bad. Der Glanz des Bodens und der Wände überwältigt sie. Alles aus Stahl und herrlich warm.

Tja, sagt Minos gelb vor Neid. *So etwas Tolles kann nur Daidalos entwerfen.*

Das Wasser läuft dampfend in die Wanne. Kräuterdüfte steigen betörend auf.

Hinein ins Vergnügen! ruft Minos und hechtet ins Bad.

Au, verdammt heiß! blubbert er. *Dreh mal das kalte an!*

Die Nymphe dreht am Wasserhahn und kreischt. Ein kochender Strahl ergießt sich über sie. Minos springt vor und versucht den Hahn abzudrehen. *Mist!* schreit er, als er sich die Finger verbrüht, *das Ding klemmt!*

Die Badenden springen aus dem kochenden Becken. Jetzt führen sie eine Art Steptanz auf, denn der Boden glüht unter ihren Füßen. Sie flüchten zur Tür. Doch die hat keinen Griff.

Hilfe, Hilfe, wir kochen! heulen sie vor Schmerz und klopfen an die schwere Tür. Verzweifelt stürzen sie zurück zum Beckenrand, der einzigen noch lauwarmen Stelle des Badebunkers.

Das Kochwasser spritzt in zwei armdicken Strahlen

aus der Goldarmatur und steigt unaufhaltsam, rinnt über den Beckenrand und brüht die hübschen Hintern der Mädels und Minos' alten Arsch.

Wimmernd springen sie auf den Boden, kreischend weichen sie zurück. An den Fußsohlen bilden sich Brandblasen.

Minos robbt auf dem glühenden Edelstahlboden im siedenden Wasser umher, rot wie ein Krebs.

Daidalos, ächzt der König, *welch elender Tod. Meine Rache wird schrecklich!*

Minos richtet sich auf. Sein Körper ist eine einzige Brandblase. Der König schreitet hochaufgerichtet auf das Becken zu. Ein Hechtsprung, und die königliche Brandblase versinkt in den kochenden Fluten. Immerhin: mit Würde gestorben.

Die Mädels zappeln noch ein wenig, dann bricht eines nach dem anderen zusammen.

Jetzt sind sie still. Die Hygieneorgie ist beendet, grinst Daidalos, dreht den Haupthahn zu und öffnet den Abflußkanal. Anschließend öffnen sie vorsichtig die Badestube und betrachten wohlgefällig ihren gesottenen ungebetenen Gast.

Sie lassen den ausgekochten König standesgemäß salben und kleiden. Dann bestellt Kokalos den Sonderbotschafter zu sich: *Wir haben leider einen höchst bedauerlichen Trauerfall. Aus diesem Grund werdet ihr wohl unsere*

Gastfreundschaft nicht länger in Anspruch nehmen, er schneuzt sich diskret in ein schwarzes Taschentuch.

Sofern mein König Minos damit einverstanden ist, beeilt sich der Botschafter.

Dann frag ihn mal, antwortet Kokalos und geleitet den Diplomaten in den Aufbahrungssaal. Dem Botschafter fällt vor Schreck die Kinnlade runter. *Ja... aber... wie das...?*

Er ist von seinen Badenixen zu heiß gebadet worden und verbrüht.

Der Botschafter findet die Fassung wieder. *Die Schuldigen müssen strengstens bestraft werden!*

Wurde bereits veranlaßt. Die Fräuleins wurden ebenfalls gekocht. Kokalos macht eine Gedenkpause, dann fragt er: *Wollt ihr den verehrten Dahingegangenen nach Kreta bringen, oder sollen wir ihm ein Staatsbegräbnis zelebrieren?*

Der Botschafter eilt zum Admiral der Flotte.

Schöne Scheiße! knurrt der Seebär. *Der mit seinem Badefimmel! Ein totgekochter König kommt mir nicht an Bord! Das bringt Unglück.*

Minos wird in der folgenden Nacht unter großem Pomp von den Kretern begraben. Währenddessen läßt Kokalos von einem Kamikaze-Kommando mit einer brandneuen Waffe deren Flotte in Flammen aufgehen. Die Bömbchen stammen natürlich aus dem chemischen Labor Daidalos' und gehen als Griechisches Feuer in die Geschichte ein.

Weil die Kreter nicht mehr absegeln können, müssen Matrosen und Seesoldaten bei Kokalos Kriegsbedienstete werden, die sizilianische Staatsbürgerschaft annehmen und Schutzgelder zahlen.

70
Spiel mir den Blues
– Orpheus Musensohn –

Wie der Sound war, wissen wir nicht. Seine Zeitgenossen sind sich jedoch sicher: Wenn Orpheus die Klampfe zupft, kriegen selbst Steine Zustände und beginnen zu tanzen.

Seine Stimme geht sogar völlig Unmusikalischen ins Ohr. Wessen Kunstnerv gestreift wird, der beginnt sofort, sich rhythmisch zu wiegen oder zumindest mit dem Zeh zu wippen. Selbst Tiere und Bäume werden hiervon ergriffen.

Kurz: Orpheus ist der Minnesänger der Antike. Die Kunst steckt ihm sozusagen in den Genen: Sein Vater ist der in tausend Zungen singende thrakische Flußgott Oiagros, seine Mutter die flinkzüngige Kalliope, Muse der Helden- und sonstigen Arbeiterdichtung. Als der Musensohn an einem Bergsee sitzt und Kiesel über den

Wasserspiegel flitzen läßt, kommt zufällig Apollon vorbei. Er lauscht interessiert Orpheus' ersten Reimversuchen. *Ein Wunderkind*, denkt Apollon sich sogleich und tritt an den jungen Poeten heran. *Mach weiter so, dann zupfe ich dazu die Leier.*

Orpheus schaut ihn mit Kinderaugen an: *Meine Mama hat aber gesagt, ich soll nicht mit fremden Leuten leiern.*

Wo ist denn deine Mama?

Die dichtet gerade den Wasserhahn, lispelt Orpheus.

Apollon geht ins Haus: *Hallo, Schwesterchen.*

Kalliope kommt an und legt die Rohrzange beiseite. *Hi, Apollon. Ewig nicht gesehen. Magst du einen Tee?*

Apollon wehrt bescheiden ab: *Ich will dich nicht aufhalten.*

Kalliope lächelt und macht trotzdem einen Tee.

Währenddessen schwärmt der Gott der Dichtkunst von ihrem begabten Sohn: *Aus dem wird ein Megastar. Welch rhythmisches Gefühl, welche Gabe der Modulation, welche Lungenkraft! Der muß gefördert werden. Ich schenke ihm meine magische Klampfe, damit wird er als Sänger unsterblich werden.*

Kalliope ruft sofort Orpheus: *Komm her! Apollon schenkt dir seine Leier, wenn du ihm was vorsingst.*

Orpheus läßt den Daumen über die Darmsaiten laufen. *Toll! Das klingt phantastisch.*

Orpheus übt, und Apollon ist gerührt. *Tönt es nicht göttlich? Du wirst einst mit Bach und Elvis in einem Atemzug genannt werden.*

Und schon ist Apollon zur Tür hinaus, um aller Welt von seiner sensationellen Entdeckung zu berichten.

Wie die meisten Genies hält Orpheus nichts vom Üben, sondern zieht sofort dudelnd durch Wald und Wiese. Er hat's einfach im Blut. Je mehr er wächst, um so kräftiger wird seine Stimme und um so mehr schwillt ihm die Brust. Mit sechzehn heuert er als Alleinunterhalter auf der Segelyacht Argo an. Als er wieder zurückkommt, sitzt er klimpernd an einem Fluß und besingt das Abendrot, da steigt eine Nymphe an Land und lauscht verträumt seinen Arien. Kaum fällt Orpheus' Auge auf die Kurvenreiche, fließt es betörend von seinen Lippen:

Du bist mein Abendstern am Morgen, mein Sonnensegel in der Nacht…

Je mehr er poetisiert, desto größer wird das Publikum. Krebse krabbeln aus den Fluten, Blumen und Steine rücken näher, Maulwurf, Marder, Schlange spitzen die Ohren. *Verdammt*, denkt Orpheus. *Wie soll ich die Nymphe kennenlernen, wenn hier pausenlos Publikum rumsteht.*

Gesang und Leier verstummen. Seine Zuhörer verschwinden in der Nacht, leider auch seine Nymphe.

Orpheus ist schwer gefrustet, weil zum ersten Mal in

seinem Leben total verliebt. Schnulzen stammelnd wandert er durch den Wald.

Da flüstert eine Stimme: *Du mußt ihr so lange nachjagen, bis du sie erwischst.*

Wer bist du, hilfreiche Fee? fragt Orpheus ins Dunkel.

Die, die du suchst, lacht es. Orpheus hört sie davonhuschen. Er läuft hinterher. Das Rascheln entfernt sich. Er bleibt stehen und lauscht. Da ruft's von ferne: *Spiel mir den Blues!*

Orpheus nimmt die Leier und singt herzzerreißend. Aber wieder lacht es aus der Nacht: *Nicht so melancholisch.*

Wo bist du, Holde? ruft er sehnsüchtig.

Doch nur das Echo antwortet.

Sssssst! zischt er einer Fledermaus zu. *Wer ist sie? Und wie heißt sie?*

Eurydike, fiept der Flattermann. *Wenn du sie anbaggern willst, mußt du ihr Witze erzählen. Oder ihr ein munteres Lied mit komischen Texten vorspielen. Auf so was steht sie. Sie wohnt am Fluß.*

Danke! Orpheus wandelt im Mondschein am Fluß. Dort langt er feste in die Saiten. Wenige Minuten später steigt sie juchzend ans Ufer. *Ich dachte schon, du bist so ein Depri wie Apollon.*

Plötzlich herrscht Stimmung. Aus Wald und Wiese

kommen Satyrn und Mainaden und wollen mithüpfen: *Endlich Hullygully!*

Es wird eine heiße Nacht. Man wechselt vom Tango zum eng getanzten Blues, und im Morgengrauen vernascht Eurydike kichernd ihren Walzerkönig.

Nun haben sie sich, und wenn sie nicht gestorben sind, dann leben sie heute in New York, würde jetzt die Grimmsche Märchenfassung von Orpheus und Eurydike enden. Aber in Griechenland geht's jetzt erst richtig los.

71
Gebissen hat sie verreisen müssen
– Eurydike springt in die Schlangengrube –

Nach etlichen Liebesstunden macht Eurydike vor Lebenslust trällernd einen Ausflug zum Tempeltal von Thessalien, wo der Peneios zwischen den Bergen Ossa und Olymp zur Ägäis fließt.

Von einem Felsen aus genießt sie ungeniert und nackt die Stimmung. Da schlendert leisen Fußes Aristaios, ein knorriger Bauerngott, den Uferpfad entlang. Kaum hat er die FKK-Touristin entdeckt, duckt er sich zunächst hinter einen Baum, um sich dann vorsichtig heranzuschleichen.

Eurydike räkelt sich lüstern in den letzten Sonnenstrahlen, da steht plötzlich Aristaios vor ihr.

Na, so ganz allein hier? scherzt er dümmlich grinsend und greift kühn nach Eurydikes rosigen Brüsten.

He! ruft die Belästigte und haut dem Lüstling auf die Finger: *Hast du Bock, versuch's mit einer Ziege!*

Aber, stottert Aristaios, nicht der Hellste unter der Sonne, *das will ich ja gerade.*

Seit wann bin ich Ziege? Der hängt das Euter dort, lacht Eurydike, springt auf, tritt dem Unhold ins Gemächte und rast davon. Aristaios schäumt vor Wut und Schmerz.

Du Luder! schreit er und jagt der Davonsausenden nach.

Die lacht und lockt, springt leichtfüßig von Felsen zu Felsen, wackelt mit dem Po und streckt die Zunge raus. Dadurch wird Aristaios erst richtig sauer. Eben federt Eurydike in eine Grube, und er will auf sie hechten, da schreit sie entsetzlich auf. Aristaios hält mitten im Sprung inne.

Eurydike hopst kreischend in der Grube und achtet nicht mehr auf ihren Verfolger. Das kommt Aristaios seltsam vor. Er lugt über den Grubenrand und kriegt Gänsehaut.

Das Lehmloch ist ein Schlangensilo mit 278 Insassen jeder Art und Sorte, von der Blindschleiche bis zur Schwarzen Mamba.

Scheiße! brüllt Aristaios und reißt die Nymphe aus dem Unglücksloch. Sie klammert sich zuckend an ihn.

Ja, jetzt! grimmt Aristaios. *Statt mit meiner Blindschleiche zu spielen, trampelst du die Giftnudeln platt.*

Er legt sie ins Gras, zieht das Messer, schneidet das Dutzend Bisse im Kreuzschnitt auf und saugt die Wunden aus.

Eurydike wimmert zitternd und bekommt Schaum vor dem Mund.

Aristaios fühlt ihr den Puls. *O Mann! Schade um das hübsche Ding. Wenn nicht ein Wunder geschieht, nibbelt sie ab.*

Er läuft in den Wald und holt Heilkräuter. Als er zurückkommt, zuckt die Gebissene am ganzen Körper und verglüht in 42 Grad Fieber.

Just als sie ihren letzten Haucher getan hat, taucht Orpheus klampfend zum Rendezvous am Peneios auf.

Was ist denn hier los? Laß die Pfoten von ihr! ruft er empört und starrt auf seine nackte Liebste und ihren Nothelfer.

Ist sie verletzt? fragt er bang.

Bißchen mehr, nickt Aristaios. *Bist du ihr Lover?*

Orpheus heult auf. Diesmal nicht kunstvoll. Langsam begreift er. Er wirft sich auf Eurydike und küßt sie ab. Aber dadurch ist noch niemand wieder lebendig geworden, außer Schneewittchen.

Aristaios holt aus seinem Bauernkittel einen Flachmann und flößt dem Trauernden einen ordentlichen Schluck ein. *So ein Pech*, denkt sich Aristaios, *statt ein paar Minuten Spaß hab' ich jetzt eine nackte Tote und einen Depressiven am Hals.* Er seufzt schwer und nuckelt die Flasche leer. Je herzlicher er auch versucht, Orpheus zu trösten, um so heftiger heult dieser.

Komm, komm. Sie ist ja noch nicht ganz verloren, meint da Aristaios mit vom Schnaps gelöster Zunge.

Orpheus horcht auf.

Vielleicht kannst du Persephone deine Kleine abspenstig machen, phantasiert der Bauerngott.

Orpheus setzt sich hin, angelt nach seiner Klampfe und beginnt zu klimpern. Sofort leuchten die Sterne freundlicher.

Die Idee ist nicht schlecht, überlegt er den schwachen Trost und singt aus dem Stegreif eine Elegie auf die Verflossene. Er zupft und singt so ergreifend, daß sogar Hera und Artemis vom Olymp herüberkommen, um ihm zuzuhören. Und selbst die böse Schlangensippe findet sich zum Konzert ein.

Wenn ich gewußt hätte, daß der Trampel einem solchen Künstler gehört, sinniert ein dicker Viperich, *aber die Schnalle hat mir so heftig auf den Schwanz getreten. Ich konnte gar nicht anders!*

72

Tränensack sucht Lachfalte
– Orpheus in der Unterwelt –

Nachdem sich Orpheus ein wenig Schmerz von der Seele gesungen hat, übernachtet er bei Aristaios im Tempeltal, und als die Sonne wieder lacht, bringen sie Eurydike in eine kühle Tropfsteinhöhle. Damit sie schön frisch bleibt.

Was willst du jetzt machen? fragt Aristaios.

Ich steige in den Tartaros und singe sie wieder lebendig. Entweder frißt mich Kerberos, oder ich komme mit ihr zurück.

Er umarmt Aristaios und begibt sich zum Styx.

Hast du genug Kohle dabei? Sonst fahr' ich erst gar nicht los, ruft Charon übellaunig über den Fluß des Vergessens. Als Antwort spielt Orpheus die Urfassung von »It's now or never«, ein Rührstück, wie es die Halb- und Unterwelt noch nicht gehört hat.

Charon ist hingerissen. Der Trauergondler fährt beflügelt zur Anlegestelle. Orpheus schmalzt mit aller Inbrunst: *Fahr mich rüber, lieber Fährmann,* bis Charons steinernes Herz weichgesungen ist und er den Sänger selbstlos über die Grenze von Sein und Nichtsein paddelt.

Kaum ist Orpheus an Land, rast Kerberos mit gefletschten Zähnen auf den Künstler zu. Orpheus reißt zur Verteidigung die Leier hoch und singt die 50 Gruselköpfe mit 50 Wiegenliedern müde.

Dann wandelt er weinend über die Asphodelischen Felder auf der Suche nach seiner Herzdame. Wie soll er sie unter den Millionen bloß wiederfinden?

Er zupft und singt. Die Schattenrisse können es nicht fassen. Die erste Live-Musik nach vielen, vielen Jahren.

Kennt ihr Eurydike? fragt er jeden Zombie am Wegesrand.

Orpheus klimpert traurig weiter und fragt so lange, bis ihm ein knöcherner Beamter den Tip gibt: *Frag doch mal im Personalbüro. Dort kriegt jeder Abgenibbelte eine Nummer.*

Endlich ein Hoffnungsschimmer. Orpheus folgt dem Wegweiser zum Verwaltungsapparat. Dort stellt er sich in die Reihe der Asylbewerber. Nach drei Tagen ist er endlich dran. *Name, Adresse, Beruf, Geburts- und Sterbedaten, Sargnummer!* fordert ein Beamten-Zombie.

Orpheus redet mit schwerer Zunge. Er hat seit vier Tagen nichts gegessen und getrunken.

Als der Beamte ihn auffordert, schneller zu sprechen, schreit Orpheus: *Ich bin doch noch gar nicht tot!*

Was? Scheintoter ohne Totenschein! Wache, abführen!

Zwei Miniaturkerberosse mit jeweils nur zehn Köpfen

stürmen herbei und wollen den lebendigen Leichnam wegzerren, da harft Orpheus los, was die Därme hergeben.

Sofort ist der Bär los. Die Warteschlangen formieren sich zur Polonaise. Alles tanzt, springt und lacht.

Und plötzlich sieht er sie: Eurydike winkt aus einer Epsilon-Schlange durch das Zombie-Gewusel. Orpheus tänzelt klampfend zu ihr hin. Koseworte stammelnd, versucht er ihren schillernden Astralleib zu umarmen. Aber Gespenst ist Gespenst, entsetzt greift er ins Leere.

Armer Kleiner, flüstert Eurydike, *du mußt nicht mehr heulen. Wen die Götter lieben, der stirbt jung.*

Aber du fehlst mir so, weint Orpheus. *Ich will dich wiederhaben, in jedem Fall!*

Die Zombies haben dem rührenden Dialog geduldig zugehört. Jetzt beginnt ein alter Opernfan zu murren: *Könnt ihr euern Dialog nicht singen? Das ist ja wie Wagner gesprochen.*

Indes ist Hades von der illegalen Konzertveranstaltung alarmiert worden.

Ein solcher Verstoß gegen die Regeln ist noch nie vorgekommen! flucht er und eilt zu Persephone. *Da ist irgendein Klampfheini aufgetaucht, und schon hüpft alles nach seinem Gedudel!*

Hab' schon gehört, freut sich Persephone, *da müssen wir hin!*

Orpheus hat gerade eine Klagearie auf seine Schattenbraut angestimmt, als Hades und Persephone die Schalterhalle betreten.

Alle Zombies weinen tränenlos. Nach zwei Takten verzieht auch Persephone das Gesicht. Selbst Hades geht der Schmachtfetzen ins Gemüt.

Orpheus hat natürlich aus den Augenwinkeln das Erscheinen der noblen Konzertgäste mitbekommen. Er wendet sich ihnen klampfend zu und singt Persephone direkt an. Die ist so gerührt, daß sie Hades am Ärmel zupft: *Schenk Eurydike noch einen Frühling! Er bricht mir das Herz,* fleht sie den Boß der Unterwelt an.

Der steht selbst im Wasser der Rührung: *Na gut. Aber jetzt müssen wir hier weg. Es zieht ja fürchterlich! Morgen habe ich bestimmt eine Tränensackentzündung.*

Persephone geht zum Musikus: *Wunderbar, deine Arie auf das Liebesleben. Hades läßt Eurydike noch einmal zu Fleisch werden und zu dir zurückkehren. Sie wird dir zum Ausgang folgen. Aber,* sie macht eine Pause, *wenn du dich ein einziges Mal nach ihr umsiehst, bis dich Charon an der Oberwelthaltestelle abgesetzt hat, hast du sie verloren!*

Die Zombies murren: *Beschiß! Wir wollen auch hier raus.*

Hades ist sauer: *Da haben wir's. Schon nagt der Neid. Einmal und nie wieder!*

Er wendet sich unwirsch an Orpheus: *Nimm deine*

Leier und verschwinde! Du hast den ganzen Betrieb durch-einandergebracht.

Orpheus wirft seiner Eurydike einen sehnsüchtigen Blick zu und wandert bangen Herzens Richtung Styx.

Er könnte vor Spannung die Höhlenwände hochgehen. *Folgt sie, folgt sie nicht? Hält sie Hades aus Verdruß zurück?* Beim Styx kläfft ihn Kerberos an. Charon kommt aus seinem Wärterhäuschen.

Na, Party schon zu Ende?

Orpheus beobachtet Charon mit flehenden Blicken. Doch der summt immer immer noch seinen Ohrwurm, während er sich am Boot zu schaffen macht.

Charon hat anscheinend kein Auge für charmante junge Damen: *Steig ein. Ich setz dich rüber.*

Orpheus' Herz wummert bis zum Adamsapfel. *Wenn der Blödmann mein Liebstes im Untergrund zurück-läßt, spring ich ins Wasser.* Schweiß bricht ihm aus. Er zittert.

Jetzt sind sie in der Mitte des Flusses. Charon pfeift vor sich hin, da hält Orpheus es nicht mehr aus. Er dreht ganz sacht den Kopf, und sein Herz steigt wie ein Falke. Hinter ihm sitzt Eurydike. Kaum treffen sich ihre Augen, schlägt sie die Hände vors Gesicht. Sie schreit auf, als ob sie in eine Gletscherspalte stürzte. Orpheus sieht ihren Schatten aus dem Boot schweben und immer länger werden, bis er in der Finsternis verschwindet.

Charon unterbricht sein Pfeifen: *Jetzt ist sie weg. Hättest du nicht noch eine Sekunde warten können?*

Orpheus steigt mehr tot als lebendig an Land. Hier scheint die Sonne, Vögel zwitschern und Zikaden zirpen. Aber Orpheus' Herz ist schwer wie ein Eisbrocken. So unerbittlich ist das Leben: Ein falscher Blick, und sie kommt nie zurück.

73
Der Sänger ohne Unterleib
– Orpheus' Abschiedstournee –

Orpheus zieht sich frustriert in die Bergwelt Thrakiens zurück. Er lebt einsam im Zölibat von wildem Honig, Heuschrecken und Früchten. Morgens und abends steigt er auf den Gipfel des Berges Pangaion und singt die Sonne an. Er nennt sie Apollon, den er für den größten der Götter hält. Man sieht: Seit dem Unterweltabenteuer mit Eurydike hat er nicht mehr alle beisammen.

Beim Anblick von Wanderern oder Jägern fängt Orpheus zu beben an, und wenn ihm zufällig ein weibliches Wesen über den Weg läuft, flüchtet er ins Gebüsch, schreit und pöbelt.

So was spricht sich natürlich rum. Die Frauen, deren Liebling er war, können ihn nun gar nicht mehr leiden, zumal er jetzt die Knabenliebe propagiert und ihre Ehemänner mit Päderastenarien manipuliert. Seine Reklame-Songs bringen die Damenwelt auf die Palme, weil selbst Wolfsrüden, Bärenkerle und sonstige männliche Waldbewohner auf maskuline Partner umsteigen.

Auch bei Dionysos ist er unten durch, weil er Weintrinken als Laster verteufelt. *Alkoholorgien sind Hexenkünste der Weiber zur Schwächung des Mannes!* warnt er seine Anhänger.

Der bekehrt noch den stärksten Trinker, wenn wir nicht was unternehmen, knurrt Dionysos.

Es ist Herbst. Der Nebel steigt, das Laub fällt, ein dionysisches Winzerfest nach dem anderen rauscht, wo Satyrn wilde Hufpartys veranstalten und Mainaden mit ihrer Scheu auch gleich die Keuschheit ablegen.

Trommeln rumpeln, Aulosse schrillen, Weiber heulen, Satyrn kreischen. Dionysos sticht das Meßweinfaß an und hebt den heiligen Humpen: *Nehmt und trinkt, dieser Rebensaft ist mein Blut, für euch vergossen zur neuen Runde!* Satyrn und Mainaden singen den Dithyrambos: *Laßt den Wein die Schranken rammen, laßt die Leiber Lust entflammen.*

Brüder und Schwestern im Spiritus, beginnt Dionysos seine Festtagsrede, *ein Feind des Weiblichen ergo des Le-*

bens, ein Verächter des Weins, der Freude und der Schwerelosigkeit verfolgt fanatisch unseren heiteren Kult. Machen wir ihn blau!

Amen! singt die Festgemeinde und läßt die Trommeln wirbeln.

Am Ende der heiligen Handlung zeigen die berauschten Frauen Symptome der Tollwut. Heulend rasen sie mit lodernden Fackeln zum Apollontempel, wo gerade Orpheus mit ihren Ehemännern eine esoterische Friedensmesse zelebriert.

Gerade als Orpheus zu seinem himmlischen Onkel betet: *Apollon, mach unsere Herzen rein..*, bricht eine rabiate Weiberhorde in den Tempel ein. Die Frauen schwingen in ihren Händen Schlachtmesser, Schwerter und Lanzen, die die Betenden in frommer Einfalt vor der Tür gelassen haben.

Ihre Anführerin kreischt: *Was ist schon ein Mann? Zeigt's ihnen!* Orpheus stürzt sich ihnen leierbewehrt entgegen: *Frieden! Heilig sind diese Hallen!*

Seine letzten Worte als Unversehrter. Lysistrate haut ihm ein Weihwasserbecken über den Schädel. Orpheus sinkt ohnmächtig auf den Marmor. Und nun hetzen die Mainaden im Blutrausch durch die Säulenhalle. Nach zehn Minuten heiliger Ekstase bestehen ihre ehemaligen Ehemänner nur noch aus Blutspritzern an den dorischen Säulen und zuckenden Gliedmaßen.

Gespenstisch lodern die Fackeln zum Triumphge-
heul.

Und jetzt schnappen wir uns den Oberschwulen!

Sie zerren den ohnmächtigen Sänger vor den Tempel
und tunken ihn so lange in einen kalten Brunnen, bis er
wieder zu sich kommt.

Hilfe! schreit der Erwachende, als er merkt, daß sein
Alptraum nackte Wirklichkeit ist.

Da formieren sich die Tiere des Waldes, um ihren Guru zu verteidigen. Doch während ein paar Mainaden die
treuen Viecher zu Wurst verarbeiten, knöpft sich ein
Spezialkommando den armen Künstler vor und reißt
ihm Stück für Stück die Extremitäten ab. Erst den Phal-
lus, dann Hoden, Hände, Arme, Zehen, Beine, bis nur
noch der Kopf übrigbleibt. Während der Prozedur
stimmt Orpheus unbeirrt seinen Schwanengesang an.

Halt die Schnauze! kreischen die Mainaden, als der
Sänger ohne Unterleib tapfer weitersingt.

*Das ist ja nicht zum Aushalten! Werft den Laberkopf in
den Fluß!* Sie kicken ihn in den Hebros und werfen ihm
die von selbst tönende Leier nach.

Nicht totzukriegen, der Heuler! fluchen sie, als der
Kopf singend an der Wasseroberfläche auftaucht.

Der Fluß trägt den singenden Kopf in die Ägäis, wo er
bis zur Insel Lesbos weitertreibt. Hier strandet er und
inspiriert die lesbische Dichterschule, welche so herrli-

che Genies wie Alkaios und Sappho hervorbringt. Selbst die Nachtigallen singen dort seit der Kopflandung zärtlicher.

Als Eos mit Rosenfingern ihre Vorhänge öffnet, können die blutbesudelten Mainaden ihren Anblick kaum ertragen. Sie nehmen im Helikon ein Sühnebad. Der Flußgott kriegt fast einen Blutsturz: *Seid ihr verrückt? Ihr zieht mich doch in euer Blutbad hinein. Damit will ich nix zu tun haben!* Entsetzt taucht er tief unter. Erst auf der anderen Seite des Gebirgszuges traut er sich unter dem Pseudonym Baphyra wieder ans Tageslicht. Durch dieses Abtauchen vermeidet er es, Mitschuldiger am Mord zu werden.

Auf dem Olymp hat derweil Apollon zum Krisengipfel gerufen.

Deine Schnapsdrosseln haben meinen Ziehsohn Orpheus zerpflückt! donnert er Dionysos an.

Dein Sänger hat meine Religion verhöhnt, verteidigt der Weingott seine Gefolgschaft.

Bitte keine Religionskriege wegen irgendwelcher Lappalien, stöhnt Zeus. *Sollen die einen den Wein anbeten, die anderen den Wodka. Das ist doch eine Frage des Geschmacks. Deshalb muß man sich nicht gleich meucheln.*

Aber seine durchgedrehten Weiber haben es getan! ereifert sich Apollon. *Und auf Priestermord steht Todesstrafe.*

Das stimmt. So zaubert Dionysos zum Schutz seiner

Verehrerinnen die bewährte österreichische Lösung aus dem Ärmel: *Weil Orpheus ja nur bis zum Kopf tot ist, sollen meine Anhängerinnen ebenfalls das halbe Leben geschenkt bekommen.*

Klingt einleuchtend, nickt Zeus.

Ich verwandle sie in heilige Eichen. Dann können sie mich weiterhin anhimmeln, ohne irgendwelche Sänger plattzumachen.

So geschieht's. Orpheus' singender Kopf wird inzwischen von ein paar Lesbierinnen, den Ureinwohnerinnen von Lesbos, eingefangen, in eine Höhle gestellt und als singende Reliquie verehrt. Dort tönt der Kopf Tag und Nacht, bis die esoterischen Fans nur noch an der Orpheus-Welle hängen und nicht mehr die traditionellen Apollon-Orakel von Delphi, Gryneion und Klaros frequentieren.

Wenn das so weitergeht, herrscht hier bald Funkstille! klagen die Propagandapriester Apollon.

Der zürnt: *Was, diese Kopfstimme raubt uns das Publikum?!*

Er fliegt nach Lesbos: *Dreh den Ton leiser, Junge. Du warst lange genug auf Sendung.*

Orpheus, bisher nur von Fans umjubelt, verschluckt sich vor Schreck, kriegt einen Hustenanfall und verstummt.

74
Großes Solo vor dem Spiegel
– Narkissos entdeckt die Liebe an und für sich –

Die blaue Nymphe Leiriope, eine schlanke Lilienfee, badet eines Nachmittags ihre Zehen im Fluß, da paddelt, auf dem Rücken liegend, der Flußgott Kephissos vorbei.

Lässig auf einen Baumstamm über dem Wasser hingestreckt, bemerkt sie den Spanner nicht, der langsam herantreibt und hinter dem Schilfdickicht hervorlinst. Kephissos läßt sich vom Anblick inspirieren. Er taucht ab und läßt die Fluten unmerklich steigen, bis der Baumstamm der Nymphe völlig umspült ist. Leiriope gähnt wohlig ins Gemurmel des Flusses und genießt das sanfte Wiegen der Wellen, sie schlummert ein.

Kephissos schiebt sich an den Baumstamm, streichelt Leiriope prüfend über die Wade. Doch die Nymphe rührt sich nicht.

Behutsam kriecht er auf den Baumstamm. Jetzt räkelt sie sich aufreizend, ihre Beine baumeln links und rechts im Wasser.

Kephissos macht sich über die Schlummernde her.

He, was willst du? stößt Leiriope, plötzlich wachgerüttelt, hervor.

Wollte nur sehen, wie lange du zum Wachwerden brauchst, keucht der Aquarius.

Du hast mich ja nicht mal gefragt! fährt Leiriope hoch und fällt mitsamt ihrem ungebetenen Lover ins Wasser, wo sie vor Schreck schwanger wird.

So schnell kann das manchmal gehen.

Sie bleiben keuchend im Wasserbett liegen.

Und was ist, wenn ich schwanger bin? seufzt Leiriope.

Dann nenn den Bengel Narkissos, weil du ihn dir in Narkose eingefangen hast.

Klasse Idee. Und wenn's ein Mädel wird, soll sie Narzisse heißen? fragt Leiriope keck.

Aber es wird ein Narkissos. Leiriope läuft mit dem Baby zum blinden Seher Teiresias und fragt ihn, was aus ihrem Plärrer werden wird. *Dein Sohnemann wird zweihundertsieben Jahre alt werden, sofern er sich nicht selbst erkennt.*

Ich denke, wendet die praktische Mutter ein, *das ist der Anfang allen Seins?!*

Schon richtig. Aber in diesem Fall geht's daneben. Klär ihn bloß nicht auf.

Leiriope nimmt sich die Empfehlung zu Herzen und erzieht ihren Bengel antiautoritär.

Damit er weder sich noch seine Grenzen kennt, soll er völlig frei aufwachsen, hat mir ein Spezialist verordnet, beschwichtigt Leiriope empörte Mitmenschen, die den hübschen Egoisten unerträglich finden.

Mit sechzehn ist er schöner als Sokrates und arroganter als ein Jungschauspieler. Hochmütig übersieht er verliebte junge Mädchen und schmachtende reife Damen. Das ruft kultivierte Herren auf den Plan, die den Beau mit Blicken verschlingen. Zum Beispiel ein Poet namens Anakreon, der ihn mit Gedichten und Rosen überschüttet: *Knabe mit Mädchenaugen, ich suche dich, doch du hörst mich nicht, weißt nicht, wie du stets am Band meine Seele dir nachziehst.*

Auch das noch! Das käme ja einer Leichenschändung gleich, spöttelt der Egomane und geht zur Hirschjagd ins Gebirge.

Unterwegs sieht ihn die scharfe Echo, und sofort beginnt's ihr überall zu kribbeln: *Der ist ja süß. Den muß ich haben!* Und sie folgt ihm leichtfüßig durchs Gestrüpp. Narkissos hört es rascheln. Er bleibt stehen und schnuppert. Eine Parfümwolke weht vorüber.

Ist hier jemand? ruft er verwirrt.

Hier! antwortet Echo zaghaft und versteckt sich unter den Blättern.

Komm!

Komm!

Laß dich blicken!

...icken? schelmt sie, hüpft liebesfroh aus dem Blattwerk und fällt ihm um den Hals. Narkissos wehrt angeekelt ab: *Ich will nicht mit dir schlafen!*

Schlafen, bettelt Echo und nestelt an ihrem Hemd.

Während sie sich die Textilie über den Kopf zieht, packt Narkissos das kalte Grausen, und er ergreift die Flucht.

Echo weint vor Liebesweh, zieht sich frustriert das Hemd an und in einsame Schluchten zurück. Dort verschmachtet sie langsam vor Sehnsucht nach dem Herzensbrecher, bis nur noch ihre Stimme übrig ist.

So frustet Narkissos die entflammte Schar seiner Verehrerinnen und Verehrer, bis es zum Skandal kommt.

Ameinios, ein sehr eleganter Herr, fällt dem schönen verhärteten Jüngling vor die Füße.

Ich kann ohne dich nicht leben! Gib mir eine Chance, winselt er. Narkissos, das größte Hartherz der Welt, tritt dem Verliebten gegen die Nase und holt ein Schwert: *Hier, trenn dich von deinem sündigen Fleisch!*

Ameinios blickt den Unbarmherzigen waidwund an. Dann schreit er auf: *Verflucht sollst du sein, du Gnadenloser!*

Völlig von Sinnen kastriert er erst sich selbst und stößt sich dann das Schwert in den Leib.

Narkissos schüttelt ungerührt den Kopf.

Aphrodite hat zufällig das Geröchel des Liebeskranken gehört.

Dieser verdammte Egoist. Der läßt gnadenlos Frauen leiden und Verehrer sich umbringen. Den laß' ich selbstentflammt leiden, bis er nicht mehr kann.

Sie spricht einen unauflöslichen Liebeszauber über den Egomanen.

Der Jüngling läßt den Selbstmörder vom Rettungsdienst abtransportieren und begibt sich auf einen Jagdausflug in die Thespischen Wälder.

Zur Panstunde um zwölf Uhr mittags bettet er sich neben einen eichenbeschatteten Brunnen. Die Quelle ist völlig rein. Weder Blätter, Unrat noch kleine Tiere verunreinigen das spiegelklare Wasser.

Der Jüngling legt sich auf den Bauch und will einen Schluck trinken, da streift sein Blick das eigene Spiegelbild. Narkissos ist wie verzaubert. Sein Herz schlägt wild. Er kann kaum atmen und vergafft sich immer mehr. *Ich liebe dich, mich reizt deine schöne Gestalt*, flüstert er. Doch der Jüngling im Wasser rührt sich nicht. Narkissos schreit auf und stürzt sich ins Wasser. Aber statt seines Gegenübers fühlt er nur schroffen Fels.

Verwirrt blickt er in den Wasserspiegel. *Das bin ich ja selbst! So schön, so verführerisch.*

Je mehr er seine Schönheit bewundert, um so mehr schwillt ihm vor Selbstliebe der Kamm. Er ist zum ersten Mal in seinem Leben verliebt. Narkissos betrachtet sich schmachtend. Lächelnd klimpert er mit den Wimpern, haucht Koseworte.

Endlich hält er die Fleischbeschau nicht mehr aus und legt Hand an sich, bis er Schatten um die Augen und eingefallene Wangen kriegt. Eifersüchtig beobachtet er sein Double, leidet, freut sich, hofft und zagt, weidet sich an seiner Qual und magert immer mehr ab.

Die verliebten Baumnymphen sehen mit Entsetzen, wie der stramme Jüngling sich in ein lebendes Skelett verwandelt und langsam in Selbstliebe verzehrt.

Weh, weh! greint er eines Tages, als nicht mal mehr Tränen fließen.

Echo, die ihn bei seinen dubiosen Handlungen beobachtet, stimmt in die Liebesklage ein: *Weh, weh!* Und unter ihren und seinen eigenen liebenden Blicken verschmachtet der große Masturbator unter der dicken Eiche.

Dort, wo er sich in endlosem Liebesleid verströmte, sprießt plötzlich die weiße Narzisse mit ihren rotgelben Herzblättern.

75
Künstler bastelt Schmusepuppe
– Pygmalion und der Safer Sex –

Während Narkissos selbstverliebt vertrocknet, hat der Steinmetz Pygmalion ganz andere Probleme. Als er eines Tages auf der Suche nach fleischfarbenem Marmor durchs Gebirge streift, entdeckt er in einem Waldsee eine frische Nudistin. Pygmalion flattern sofort Herzchen in den Augen. Er teilt das Buschwerk und betrachtet die göttliche Fleischwerdung der Liebe begierig. Die nasse Fee ist nämlich niemand anderes als Aphrodite, was er jedoch nicht weiß.

Aphrodite planscht fröhlich im See. Endlich steigt sie an Land und reckt vor dem glotzenden Pygmalion die Glieder. Als sie sich abtrocknet, hält es der Verliebte nicht mehr aus und wirft sich ihr zu Füßen.

Aphrodite fährt erschreckt auf und will den Frechling schon mit einem Zauberspruch in eine Wildsau verwandeln, da fleht er: *Schönstes Wesen unter den Gestirnen. Ich liebe dich. Laß mich dein Diener sein.*

Aphrodite, leicht irritiert, schreit: *Einfach eine Badende anzufallen, was fällt dir ein, du Zwerg?*

Das trifft den Verliebten in die Seele. Er ist tatsächlich nur einsvierzig groß, weshalb er auch Pygmalion genannt wird.

Die Länge des Leibes hat nichts mit der Größe der Liebe zu tun! heult der Pygmäe auf.

Da ist natürlich was dran. Und Aphrodite kennt als Erotikspezialistin eigentlich keine Vorurteile. Aber dieser hier ist ihr nun doch zu kurz.

Weißt du überhaupt, wer ich bin? fragt sie ruhig.

Nein, jammert der Bildhauer. *So ein schönes Wesen wie*

dich habe ich noch nie gesehen. Schöner als die Göttin der Liebe.

Aphrodite fühlt sich geschmeichelt. Sie beginnt sich für den Verehrer zu erwärmen.

Laß mich dich wenigstens einmal täglich ansehen, fleht Pygmalion.

Na gut, ich bade ohnehin jeden Morgen hier. Du darfst zuschauen. Sie küßt den kleinen Spanner auf die Nase, daß er in Ohnmacht fällt.

Nun kommt er jeden Tag, und von Mal zu Mal erscheint ihm sein Schwarm begehrlicher.

Weil er sie nicht ansingen kann, zeichnet er ihre Kurven auf ein Stück Kuhhaut, verbessert hier, strafft dort, bis der Entwurf perfekt ist. Inspiriert schleppt er jede Menge Elfenbein an und beginnt, die göttliche Figur daraus zu schnitzen.

Nach drei Wochen ist das lebensechte Abbild fertig. Das schleppt er nach Hause. Dort legt er sich verliebt mit ihm ins Bett. Aber auf Dauer ist das unbefriedigend. Bekümmert sitzt er weiterhin jeden Morgen am See.

Was ist denn, mein treuer Freund? fragt Aphrodite nach Wochen ihren kleinen Verehrer.

Weil du so unnahbar bist, habe ich mir dein Double aus Elfenbein geschnitzt. Aber das bleibt genauso kalt wie du. Was soll ich bloß machen?

Aphrodite überlegt, ob sie ihrem Fan nicht eine kleine Gunst gewähren soll. Doch sie hält sich zurück: *Pygmalion, du glaubst nicht, wie mich das ehrt. Ich würde gern dein Kunstwerk sehen.*

Wirklich? freut sich der Steinmetz und führt seine Angebetete nach Hause.

Aphrodite stößt einen Überraschungsschrei aus. Sie legt sich neben die kühle Dame auf den Diwan. Die Maße stimmen überein. Aphrodite streichelt selbstverliebt ihr Ebenbild.

Da könnte man fast narzißtisch werden, lobt sie den Künstler. *Pygmalion, du bist ein Genie! Und jetzt sag ich dir was: Ich bin Aphrodite. Und damit du siehst, daß ich treue Liebe belohne, werde ich dich glücklich machen.*

Pygmalion kann es nicht fassen und sinkt erneut in Ohnmacht.

Aphrodite lächelt und streichelt ihr Double. Dann bläst sie ihm ins Näschen.

Galatea sollst du heißen, flüstert sie.

Galateas Lippen öffnen sich, Aphrodite schlüpft durch den engen Spalt hinein und füllt sie bis in die geheimsten Falten aus. Dann atmet sie lang und tief aus. Galateas Herz beginnt zu pochen, ihre starren Glieder werden warm und beleben sich.

Aphrodite verläßt ihre belebte Zwillingsschwester wieder und rüttelt den bewußtlosen Künstler wach.

Pygmalion richtet sich in seiner ganzen Zwergengröße auf, wirft einen Blick auf Aphrodite, einen auf die schlummernde Galatea.

Wer ist jetzt wer? fragt er und weidet sich am doppelt schönen Anblick.

Aphrodite zeigt mit dem Daumen über die Schulter. *Behandle sie gut!*

Dann schwebt sie lachend durchs Fenster davon.

76
Porträt eines Hungerkünstlers
– König Tantalos auf Nulldiät –

Tantalos, verheiratet mit diversen Nymphen, hauptsächlich aber mit Euryanassa, der Mutter seines Sohnes Pelops, ist König von Lydien, das er von seinem Berg Sipylos aus beherrscht. Er besitzt einen hervorragenden Leumund, höchste Verbindungen und sagenhafte Reichtümer. Kurz: ein Vollblutpolitiker.

Was macht mein Freund Tantalos? fragt Zeus während einer olympischen Betriebsfeier Hermes.

Freut sich des Daseins und lebt wie die Made in der Pastete, lästert der Sportflieger. *Bei der Protektion!*

Zweifellos, er ist ein Liebling Gottes, lächelt Zeus. *Bei meinem letzten Besuch hat er mir sogar seine neueste Fa-*

voritin überlassen. Wenn das nicht Gastfreundschaft ist!
Ich würde mich gern revanchieren. Lade ihn als Ehrengast
zu unserer nächsten Feier ein.

Hermes wiegt den Kopf: *Bei aller Hochachtung, er ist*
doch nur ein Sterblicher. Man sollte ihn nicht zu sehr ver-
wöhnen. Das steigt ihm zu Kopf und gibt nur Ärger.

Unsinn! knurrt Zeus. *Wenn er mit an unserer Tafel*
sitzt, wird er von unserer Herrlichkeit künden. Wenn wir
nicht hin und wieder etwas für unsere Werbung tun, hal-
ten uns die Leute am Ende für Fabelwesen.

Ich weiß nicht . . . , wagt Hermes einzuwenden.

Ach was! Schick ihm am nächsten Samstag das sechs-
spännige Taxi. Großer Empfang, entscheidet Zeus.

So kommt Tantalos in allerhöchste Kreise und weiß
sich als Charmeur bei den Göttinnen und in die Gesellschaft einzuschmeicheln. Er fachsimpelt mit Artemis
im Jägerlatein, flirtet gekonnt mit Aphrodite, psycholo-
gisiert mit Hera Eheprobleme. Auch die Herren sind
angetan. Er lauscht ergeben Apollons langwierigen
Kunsterläuterungen, lacht schenkelklopfend über Zeus'
Herrenwitze, interessiert sich für Ares' Nahkampftech-
niken oder pokert mit Hermes und verliert aus Berech-
nung.

Welch angenehmer Gast! findet Hera, als die Party vorüber ist.

Nicht wahr? freut sich Zeus, *ich wußte, daß er dir gefällt.*

Ab jetzt kommt Tantalos, der trotz seines Namens gar nicht gequält, sondern stets happy wirkt, jeden Vollmond zur Götterparty.

Bin mit denen da oben auf du und du, prahlt er bei seinen Nachbarkönigen so lange, bis die vor Neid Gelbsucht kriegen.

Ich will dir ja gerne Glauben schenken, grient abschätzig ein König aus Kurdistan, *aber erst, wenn ich's sehe*.

Die anderen Neidhammel fallen sofort ein: *Er hat recht. Du und deine Götter! Das sind doch alles Pappkameraden aus dem Devotionalienhandel.*

Tantalos entrüstet sich. Jetzt teilt er mit Gottvater Kaviar und Geliebte, und keiner glaubt's.

Ihr Miesmacher, zürnt er. *Zum Beweis bringe ich vom nächsten Fest ein paar Köstlichkeiten mit.*

Tantalos kann den nächsten Jour fixe auf dem Olymp kaum erwarten. Vorsorglich hat er sich in die Toga geräumige Innentaschen nähen lassen. Immer, wenn er sich unbeobachtet fühlt, stopft er Götterspeise diverser Sorten hinein und läßt Nektar aus dem Pokal in seinen eingenähten Flachmann strömen. Alles sehr riskante Unternehmungen. Denn auf Mundraub vom Götterbüfett steht zweimal lebenslänglich.

Als die Party zu Ende ist, verabschiedet sich Tantalos, zehn Kilo schwerer, von seinen Gönnern. *Es war so schön, Freunde! Die nächste Vollmondfete findet bei mir* statt. *Bitte kommt! Ich werde euch ein einzigartiges Mahl bereiten.*

Zeus, sich der hübschen Gespielinnen erinnernd, nickt: *Wir kommen ganz sicher, Amigo.*

Tantalos eilt heim und bereitet seinen königlichen Nachbarn ein Göttermahl. Die Geladenen kosten und schmatzen genüßlich, bis einer endlich was zu meckern findet: *Schmeckt ja ganz ordentlich, wenn's auch seltsam aussieht. Aber diese homöopathischen Mengen ...*

Die übrigen Testesser schließen sich diesem Urteil an. *Wer weiß, ob du uns überhaupt echte Götterspeise serviert hast. Außerdem sind's ja nur Häppchen! Da ist mir was Richtiges schon lieber,* mokiert sich ein anderer.

Tantalos, berühmt für seine Gastfreundschaft, wird gallig: *Euch könnte man einen gebratenen Engel vorsetzen, und ihr würdet ihn zum Gummiadler degradieren!*

Wir bezweifeln ja nicht die Herkunft deiner Speisen, beschwichtigt der Vorlauteste, *wir bezweifeln den angeblich erlesenen Geschmack deiner erhabenen Freunde.*

Die haben den feinsten Gaumen der Welt! verteidigt Tantalos, wo es gar nichts zu verteidigen gibt. *Um das zu beweisen, werde ich dich als Augenzeuge zum Testessen einladen.*

Der nächste Vollmond rückt durch die Wolken. Tantalos mietet sich den berühmtesten Kochkünstler der Antike und läßt ihn ein einzigartiges Mahl kreieren. Fünf Stunden vor Vollmond trifft Zeus mit seiner heiligen Familie ein. Tantalos begrüßt aufgeregt seine Gäste: *Bei Zeus! Wie freue ich mich über euren Glanz in meiner Hütte.*

Nachdem die Olympier Schloß und Park bewundert und ihren Aperitif geschlürft haben, geleitet sie der Gastgeber in den Speisesaal.

Dort steht sein Zeuge mit angehaltenem Atem hinter einem Vorhang und staunt bloß noch.

Tantalos erläutert die Speisefolge und kündigt den Höhepunkt an: *Ein gar feiner Braten!*

Er gibt das Zeichen. Ein Vorhang öffnet sich, und eine antike Jazzband legt los. Die Saaltür schwingt auf, und die Vorspeise in dreißig Variationen wird hereingetragen.

Bildhübsche Kellner servieren, und geschmeidige Tänzerinnen umschwirren die Gäste. Man tafelt, man scherzt. Zeus strahlt. Punkt Vollmond tragen vier maskierte Oberkellner eine besonders lange Silberschüssel auf. Ein Tusch, und Tantalos lüftet den Deckel. Köstlicher Duft strömt durch den Speisesaal. Der Hausherr schöpft eigenhändig Suppenteller voll. Es wird feierlich.

Tantalos erhebt kurz das Glas, und die Band lärmt wieder los. Aber irgendwie weht plötzlich Polarluft durch den Saal. Zeus blickt Tantalos seufzend an, Hera hält sich perplex die Hand vor den Mund, Apollon schaut geistesabwesend auf die Musiker. Niemand ißt. Nur Demeter, gerade schwer gefrustet, weil Persephone wieder Ehesaison im Tartaros hat, schiebt einen Bissen nach dem anderen in den Mund.

Gespenstisch weht die Musik über die Tafel. Die Töne werden immer dünner. Nur Demeters Besteckgeklapper ist deutlich zu hören.

Ja, warum greift ihr denn nicht zu? fragt Tantalos. *Fehlt was?*

Zeus fixiert Tantalos: *So etwas wagst du uns vorzusetzen, Wahnsinniger?!*

Ich... ich... ich wollte euch das Kostbarste vorsetzen, was ich im Haus habe, verteidigt sich Tantalos.

Du hast deinen Sohn Pelops in die Suppe getan. Du wolltest uns zu Menschenfressern machen! grollt Zeus und sprüht Funken.

Aber..., will Tantalos sich rechtfertigen. Doch ein Blick seines Götterfreundes lähmt ihm die Zunge.

Zeus gibt ein paar kurze Anweisungen. Die Götter leeren ihre Teller in einen Kessel. Klotho hängt diesen über die Glut, bis es brodelt, und rührt, Pelops' Schicksalslied singend, siebenmal um. Dann spricht sie einen Zaubervers.

Die Brühe schäumt, Körperteile fügen sich zusammen, und Pelops steigt frisch und gesund aus der Suppe. Er dreht sich langsam um die eigene Achse wie eine Schönheitskönigin.

Perfekt, bis auf die Schulter, die Demeter gegessen hat,

stellt Hephaistos mit Kennerblick fest. Während er eine Prothese aus Elfenbein schnitzt und diese dem Knaben ohne Narkose einsetzt, spricht Zeus das Urteil über seinen Exfreund:

Schurke! Für diesen Horror wirst du in ewiger Verdammnis schmachten. Und nun folgt im Detail die Strafe, die Tantalos stumm zur Kenntnis nehmen muß.

Zeus schließt die Verhandlung: *Das Urteil wird sofort vollstreckt!* Zwei Riesenspinnen kriechen aus der Unterwelt durch den Kamin, packen Tantalos und schleppen ihn hinab in die ewige Verdammnis.

Seit diesem Tage steht der Kindermetzger im Tartaros bis zum Kinn im Wasser. Wenn er sich bückt, um einen Schluck zu erhaschen, rinnt es fort.

Durst, Durst! röchelt der Verdammte. Da strömt das Wasser wieder lockend hervor, steigt ihm bis zum Kinn und umspielt seine Lippen.

Der Hunger zerreißt ihm das Gedärm. Über ihm hängt ein Zweig mit allen köstlichen Früchten der Erde. Sobald er den Arm danach reckt, schnellt der Zweig hoch. Hin und wieder erhascht er ein Blatt, das er gierig verschlingt. Zuwenig zum Leben, zuviel zum Sterben. So fällt er ständig auf die Knie, um seine Lippen zu benetzen, und springt auf wie ein Springteufel, um den Zweig zu erwischen. Nie gelingt es ihm.

Als psychische Langzeitfolter hängt über Tantalos'

Schädel ein Hinkelstein und droht jeden Moment sein Hirn zu zerschmettern. So quälen ihn von Ewigkeit zu Ewigkeit Durst, Hunger und Angst.

77
Ein nackter Traum wird Wirklichkeit
– Sisyphos rächt sich an Autolykos –

Sisyphos, Sohn des Aiolos, des gleichnamigen Windgottes, ist ebenfalls ein windiger Bursche. Clever und skrupellos, besitzt er zudem enorme Tatkraft.

Er ist König von Ehpyra, das später Korinth heißt und zum New York der antiken Welt wird. Da er zu Beginn seiner Regierung über kein Stadtproletariat verfügt, das die Arbeit macht, bevölkert er seine Metropole mit Menschen, die die berühmte Zauberin Medea aus Stinkmorcheln und Fliegenpilzen hervorhext.

Sisyphos' Gemahlin ist Merope, Tochter des Himmelsstemmers Atlas. Sie bringt als Mitgift eine Rinderherde der Zuchtklasse A. Die Edelviecher stammen höchstwahrscheinlich von Minotauros' Papa ab.

Eines Tages streift Sisyphos' Nachbar Autolykos, selbst ein Wolf, wie der Name schon sagt, vorbei und kriegt begehrliche Gefühle.

Hab' gar nicht gewußt, daß es hier in der Gegend noch herrenloses Nutzvieh gibt, überrascht er seinen Jagdburschen.

Ich glaube, es gehört Sisyphos, erwidert der Einfaltspinsel.

Unsinn! fährt Autolykos ihm über den Mund, *steht doch gar nichts dran. Oder siehst du ein Brandzeichen? Eindeutig herrenloses Weidegut. Ist doch schade drum. Wir nehmen ein paar mit.*

So geschieht's. Und damit der Klau nicht auffällt, verwandelt Autolykos die geklauten Hornochsen in hörnerlose, die braunen Kühe in schwarze und die gefleckten in weiße. Den Kunstgriff hat ihm sein Vater Hermes beigebracht, und das ist nicht das einzige. Autolykos ist ein Weltklassekleptomane. Von der Brieftasche bis zum Bullterrier reißt er sich unter den Nagel, was ihm ins Visier kommt.

Jede Nacht läßt er ein paar von Sisyphos' Viechern mitgehen.

Sisyphos erfährt von seinen Hirten den rätselhaften Rinderschwund.

Das ist ja wie verhext! regt er sich auf. *Meine Herde schrumpft kontinuierlich, und Autolykos' kriegt dauernd Zuwachs.*

Er schleicht zu Autolykos' Weidegründen und nimmt dessen Herde in Augenschein. Aber er kann keins seiner Tiere entdecken. Alle haben andere Farben.

Er hat sie geklaut, aber ich kann's nicht beweisen! tobt er. *Wir brauchen einen Beweis!*

Wenn's weiter nix ist, beruhigt ihn Merope.

Am nächsten Tag versammelt Sisyphos seine Leute und läßt sie in jeden Kuhhuf *Geklaut von Autolykos* eingravieren.

Dann treiben sie die Herde auf die Wiese nahe Autolykos' Grundstück.

Bei Mondschein schwärmt dieser wieder aus, um sich weitere Rinder einzufangen.

Super, freut sich der Viehdieb, *wie bestellt!*

Er sammelt elf Kühe und einen Jungbullen ein und treibt sie vor Morgengrauen in seinen Stall. Dort werden sie sofort umgemodelt – wie heute beim Autoklau.

Kaum bringt Helios Licht ins Dunkel, ist Sisyphos mit seinen Cowboys am Tatort.

Ha, da ist der Beweis! Folgen wir der Spur, jubelt der Beklaute. *Die verräterischen Hufstapfen führen direkt zu Autolykos' Stall.*

Er befiehlt einem Hirten, sofort alle Nachbarn zusammenzutrommeln. *Wir brauchen sie als Zeugen.*

Wenig später sind die Nachbarrancher gestiefelt und gespornt bei Sisyphos und begutachten die Indizien.

Eindeutig Viehdiebstahl! stellt der Friedensrichter der Gegend fest. Sie dringen kraft des Gesetzes in den Stall ein und enttarnen die getürkten Viecher am Hufprofil.

Vom Lärm herbeigelockt, erscheint Autolykos.

Was ist hier los? Das ist Hausfriedensbruch! wettert er.

Du hast meine Kühe geklaut! beschuldigt ihn Sisyphos. *Da ist der Beweis.*

Unfug! röhrt der Kleptomane. *Das habe ich selbst in die Hufe geschnitzt. Falls jemand meine Rinder klauen sollte, ist das ein eindeutiger Beweis: Geklaut von Autolykos.*

Ein gefinkelter Schachzug. *Tatsächlich!* gibt der Friedensrichter zu. *Man kann die verräterische Schrift auch andersrum deuten.*

Sisyphos läuft rot an und vor Wut ins Freie. *So ein Mistkerl. Der ist ja durchtriebener als ich. Na warte!*

Während Zeugen, Dieb und Friedensrichter herumkrakeelen, saust Sisyphos unbemerkt ins Herrenhaus und schleicht zu den Frauengemächern hinauf. Er öffnet leise eine Tür und schiebt sich in den halbdunklen Raum. Auf dem Bett schläft nackt unter einem Seidenschleier eine junge Frau.

Wer mag diese Fee sein? Sisyphos wartet, bis sich seine Augen ans Dunkel gewöhnt haben.

Sieh an, Autolykos' süße Tochter Antikleia. Sie wird den Kuhklau ihres Alten wiedergutmachen.

Er riegelt die Tür ab und steigt zu ihr.

Von fern tönt das Geschimpfe der Streitenden. Antikleia schmiegt sich an ihn. *O liebster Laertes*, haucht sie im Halbschlaf, denn sie träumt von ihrem Geliebten, dem Herrn von Argos.

Sisyphos flüstert ihr Liebesschwüre ins Ohr, und so kommen sich ihre Leiber näher, bis sie ein Fleisch sind.

Als sie schließlich entspannt auf dem Laken liegen, öffnet Antikleia zum ersten Mal die Augen und denkt, sie spinnt.

Wer bist du? fragt sie zögernd.

Sisyphos, strahlt er sie an.

Ja, aber... stottert Antikleia. *Wie bist du hier hereingekommen?*

Durch die Tür, lächelt Sisyphos. *Es war nett mit dir. Leider muß ich jetzt gehen.* Er zieht sich an, gibt Antikleia, die ziemlich konfus ist, einen Abschiedskuß und ergänzt: *Wenn's ein Junge wird, nenn ihn Odysseus!*

Aber warum soll er »der Gehaßte« heißen? regt sich die werdende Mutter auf.

Weil ich ihn aus Haß auf deinen Alten gemacht habe. Aber weil du so toll warst, liebe ich ihn.

Damit schließt er die Tür und schleicht ungesehen davon.

Antikleia macht völlig verwirrt die Augen zu und beschließt, den Quicky als erotischen Traum zu verbuchen. So kommt Odysseus aufgrund eines Kuhklaus seines Großvaters zur Welt und wird ein berühmter

Abenteurer. Das muß an seiner Erbmasse und an der flotten Zeugung liegen.

Kaum ist der Zwischenfall mit Antikleia Geschichte, kreuzt ein Hiobsbote bei Sisyphos auf: *Aiolos, dein Alter, hat die Gabel beiseite gelegt. Herzliches Beileid! Dir steht als Erstgeborenem der thessalische Thron zu. Herzlichen Glückwunsch! Leider hat sich diesen dein Bruder Salmoneus unter den Nagel gerissen.*

Sisyphos tobt: *Verdammte Salmonelle! Überall auf dieser Welt wird man beschissen. Was soll ich machen?* fragt er seine schlaue Merope.

Schwieriger Fall. Konsultiere einen Rechtsberater, empfiehlt die kluge Gattin.

Sisyphos wallfahrtet zum Orakel nach Delphi, zeigt sich großzügig und spitzt die Ohren. Die Pythia blickt besonders tief ins Glas, bevor sie rät: *Schieb deiner Nichte zwei Knaben unter. Die werden dich rächen.*

Sofort segelt er mit scharfem Wind nach Thessalien.

Dort verkleidet er sich als Bildungsreisender und nähert sich zartfühlend Tyro, seines miesen Bruders Töchterlein. Er überschüttet sie mit Liebesreimen, bis sie ihm auf den Leim geht. Das nutzt Sisyphos so lange aus, bis Tyro sich anders fühlt und immer runder wird.

Ach, Sisyphos, ich bin ganz schön schwanger. Mein Alter macht einen Aufstand, wenn er erfährt, von wem.

Super, Schätzchen! triumphiert der heimtückische

Schwängerer, *dem hab' ich ein Ei gelegt. Der wird sich schwarz ärgern. Meine Strategie ist aufgegangen.*

Tyro klappt das Kinn runter. *Was? Du hast mich aufs Kreuz gelegt, um dich an deinem Bruder zu rächen? Du Heuchler, du Schwein!* weint Tyro überwältigt von soviel Gemeinheit.

Sisyphos macht sich unsichtbar und wartet als Fischer getarnt ab, wie sich die Zeitbombe in Tyros' Schoß entwickelt. Es werden zwei. Und je mehr die Zwillinge im Bauch rumoren, um so wütender wird Tyro auf den Verursacher. Kaum haben die Twins das Licht Thessaliens erblickt, reift in ihr ein ungeheurer Plan.

Euch mach ich kalt! zischt sie die herzigen Kleinen an, greift zum Messer und sticht zu. Just in diesem Augenblick kommen Vater und Onkel zur Tür herein.

Morgen, Süße, was machen unsere Söhnchen?

Die Kindsmörderin, schon nicht mehr zurechnungsfähig, bekommt einen Schreikrampf und wirft die kleinen Leichname auf ihren Erzeuger. Das ist selbst für den nervenstarken Sisyphos zu viel. Er klemmt die toten Babys unter den Arm und hetzt zum Marktplatz.

Seht euch das an! schreit er anklagend. *Salmoneus, das Ferkel, hat seine Tochter bestiegen und dann sein eigen Fleisch und Blut gemeuchelt!*

Sofort herrscht Volksaufstand. Man schleppt die hysterisch gellende Tyro an. Die ist vor Schmerz komplett übergeschnappt und antwortet auf Sisyphos' inquisitorische Fragen immer nur apathisch mit *Ja*.

Seht ihr, sie gibt's zu! schreit Sisyphos, und die moralische Entrüstung kennt keine Grenzen. Angestachelt von Sisyphos stürmt der Pöbel die Akropolis, zerstückelt die Leibgarde und plündert all die herrlichen Habseligkeiten des Herrschers, während dieser im Tohuwabohu unerkannt entkommt.

78
Ein Toter auf Urlaub
– Sisyphos desertiert aus der Unterwelt –

Sisyphos weiß aus jedem Geschäft und sogar aus Zufall Profit zu schlagen. Eines Nachmittags beobachtet er, wie Zeus Aigina bei einem Spaziergang anspricht, und kurz darauf hört er es aus einem Gebüsch schreien: *Laß mich! Ich will nicht!*

Sofort ist ihm klar, wem die Stunde schlägt. Sisyphos wandert amüsiert weiter. Nach ein paar Metern rennt ihm der Flußgott Asopos völlig aufgelöst über den Weg.

Sisyphos, ich bin fix und fertig! Irgendwer hat meiner Tochter nachgestellt. Jetzt ist sie weg. Ich befürchte das Schlimmste.

Könnte sein, stimmt Sisyphos zu. *Ich habe vorhin ein Liebespaar gesehen, das mir bekannt vorkam. Wenn du meiner Erinnerung etwas nachhelfen würdest, fällt mir wieder ein, wer es war.* Er grinst den verzweifelten Vater heimtückisch an.

Wie meinst du das? stammelt wie ein falscher Fuffziger Asopos.

Ich sehne mich in meiner Burg nach dem Gemurmel einer Quelle, die mir Vergessenes zuflüstert, erpreßt Sisyphos den Flußgott.

Der seufzt. *Meinetwegen, wenn du mir den Schurken verrätst, soll es so sein.*

Sisyphos zwinkert: *Hinter der nächsten Wegbiegung nagelt Zeus deine Tochter.*

Asopos stürmt davon. Er haut Zeus mit ganzer Kraft einen Knüppel auf den göttlichen Schinken. Der schreckt von seiner Dame hoch und jagt in den Wald. Asopos rennt ihm nach. *Wenn ich dich kriege, schneid' ich dir was ab!* röhrt er.

Doch Zeus, von Angst beflügelt, ist schneller. Er verwandelt sich in einen Stein. Asopos kommt an und stolpert über den Felsbrocken: *Mist!* flucht er. *Wo ist der Hund jetzt?*

Er läuft hinkend und fluchend weiter.

Zeus nimmt wieder seine Gestalt an und flitzt zum Olymp. Von dort späht er mit seinem Ferngucker durch den Wald, bis er Asopos im Visier hat. Er läßt seine Stalinorgel losfeuern. Es donnert, pfeift und blitzt.

Asopos heult auf. Ein Treffer nach dem anderen. Zeus ballert volles Rohr, bis Asopos schreiend in sein Flußbett springt. Er ist seit diesem Feuerüberfall so angeschlagen, daß er nur noch mit halber Kraft durchs Flußbett kriechen kann.

Wie hat der das rausgekriegt? Das muß ihm doch einer gesteckt haben! mutmaßt Zeus ganz richtig und richtet sein Fernrohr ins Gebüsch, wo Aigina noch immer liebeswarm schlummert. Er läßt den Gucker weiterwandern: *Und dort ein Spanner!* Er studiert eingehend die Gesichtszüge. *Sisyphos! Der Sausack hat mich verpetzt. Den mach' ich mürbe.*

Zeus krallt sich das rote Telefon, das den Olymp mit dem Tartaros verbindet. Hades meldet sich am anderen Ende.

Stell dir vor, geifert Zeus. *Da hat dieser vorlaute Sisyphos meine Beziehung mit Aigina ihrem Alten verpfiffen. Um ein Haar hätte der mich in flagranti plattgemacht ... Was? Viel Geschrei um nichts? Du spinnst wohl! Der Schurke hat Gottvaters Geheimnisse ausposaunt! ... Wie? Ehebruch- und Entführungsabenteuer sind eben mit Risiko verbunden? Also, Hades...! Der muß eine Abreibung kriegen. Du holst ihn auf der Stelle in deinen Bunker. Das ist ein Befehl!*

Zeus knallt den Hörer auf. *Was für ein Scherzkeks! Ich soll die Sache nicht so ernst nehmen. Wozu hat man eigentlich Brüder?*

Hades mosert ebenfalls: *Der übertreibt's doch mal wieder! Als ob wir hier nichts zu tun hätten!*

Er pfeift nach seiner schwarzen Kutsche und huscht schnell wie ein Schatten nach Korinth zu Sisyphos' Wohnanlage.

Morgen, Hades! grüßt wohlgelaunt der Burgherr. *Magst du einen Schluck aus meinem Mineralwasserbrunnen? Hab' ich seit ein paar Stunden. Geschenk von Asopos.*

Ist das nicht der Vater von der süßen Aigina?

Genau, grinst Sisyphos. *Dem hab' ich einen heißen Tip gegeben.*

Hades kostet. *Köstliches Wasser. Schade, daß du es nicht länger genießen kannst. Pack deinen Krempel! Du kommst mit.*

Was? Warum? Hab' doch niemandem was getan, protestiert Sisyphos.

Tja. Tut mir auch leid. Aber Zeus hat's so befohlen. Da kann ich nichts machen.

Aber wieso denn?

Du hast ihn verpfiffen...

Das mit Aigina?

Hades nickt. Er will Sisyphos Handschellen anlegen.

Befehl ist Befehl! Verstehe. Sisyphos streckt die Arme

vor, zieht sie jedoch sofort wieder zurück. *Zeig mir doch bitte, wie die Dinger funktionieren. Du weißt, moderne Technik interessiert mich.*

Hades, froh, daß der Verhaftete sich fügt, zeigt's ihm. *Und hier mußt du den Schlüssel rumdrehen und abziehen. Das kriegt dann keiner mehr auf.*

Ehe Hades sich versieht, hat Sisyphos tatsächlich den Schlüssel umgedreht und abgezogen.

Aufmachen, aber dalli! kommandiert Hades.

Mitgegangen, mitgefangen, spöttelt Sisyphos.

Ich glaub's nicht, sagt Hades, als Sisyphos ihn jetzt zusätzlich an die Kette legt. *Wenn du mich nicht sofort losläßt, gibt's Ärger!*

Ich laß dich laufen, wenn's gut für mich abläuft, taktiert Sisyphos.

Ich kann da nichts machen. Zeus rastet sonst ganz aus.

Dann mach halt bei mir Urlaub, verabschiedet sich der Schlaumeier und sperrt den Chef der Unterwelt ein.

Kaum ist Hades einen Tag weg, bricht die straffe Unterweltorganisation zusammen. Thanatos, der Superkiller, erhält keine Anweisungen mehr aus der Zentrale. Das reinste Chaos bricht aus. Hundertjährige Greise, die den Tod herbeisehnen, liegen auf dem Sterbebett wie bestellt und nicht abgeholt, Ertrinkende robben halbtot auf dem Meeresgrund weiter, Enthauptete gehen mit dem Kopf unter dem Arm umher.

Nach ein paar Tagen herrscht totale Anarchie.

Die Sterbehilfe klappt nicht mehr, alarmiert Ares Zeus. *Nach jedem Mord und Totschlag, nach jedem Scharmützel leben die Gemeuchelten weiter. Schlimmer als im Zombiefilm! Mir wird ganz schlecht, wenn ich das sehe.*

Zeus greift zum roten Telefon. Doch am anderen Ende hebt niemand ab. *Wo steckt dieser verdammte Hades? Das ist doch sein Job!*

Zeus schnippt mit den Fingern. *Ich habe ihn vor ein paar Tagen mit einem Haftbefehl zu Sisyphos geschickt. Vielleicht hat ihn der Schlaumeier abgefüllt. Schau doch mal nach!*

Ares jagt auf einer Sturmwolke nach Korinth. Dort macht er sich unsichtbar und durchforscht die Burg. Er schaut in jeden Wandschrank, bis er Hades endlich in einem Turmzimmer findet.

Ach, Ares, knirscht Hades, als sein kriegerischer Neffe im Raum Gestalt annimmt. *Sisyphos, dieser Bauernfänger, hat mich reingelegt.*

Wird Zeit, daß du abdampfst! schimpft Ares und entfesselt ihn. *Draußen herrscht totales Chaos. Kompletter Totenstau.*

Während Hades auf seiner schwarzen Kutsche davonjagt, kreuzt Ares bei Sisyphos auf. Er legt ihn kurzerhand mit einem Kinnhaken auf den Marmor.

Hilfe! Überfall! gellt der zu Boden Gegangene.

Schnauze! sagt Ares kalt und setzt Sisyphos den Fuß auf den Hals. *Ich bin dein Rollkommando und mache jetzt mit dir eine Rolle rückwärts in den Tartaros.*

Er schnürt sein Opfer zusammen.

Halt, halt! keucht Sisyphos, *laß mich schnell noch von meiner Liebsten Abschied nehmen.*

Aber keine Zicken! Ares verläßt diskret den Raum.

Merope hat die Szene durchs Schlüsselloch verfolgt und stürzt ins Zimmer.

Hast du dein Testament gemacht, Liebster? haucht sie.

Es liegt unter meiner Matratze, flüstert Sisyphos. *Der Krieger wird mich gleich kaltmachen und Hades ausliefern. Laß auf keinen Fall meinen Körper eingruften!*

Die Tür fliegt auf, und Ares tritt mit Amtsmiene ein: *Deine Zeit ist abgelaufen!*

Kaum ist Merope schluchzend zur Tür hinaus, dreht Ares Sisyphos kunstgerecht den Hals um, packt den vom Körper getrennten Astralleib und bringt ihn zu Charon.

Hier ist der Kerl, der das Verkehrschaos verursacht hat. Sofort rüberschippern! befiehlt er.

Charon grinst: *Na, haben sie dich endlich erwischt?*

Ich bin unschuldig. Das ist ein Justizirrtum, begehrt Sisyphos auf. *Ich werde mich an höchster Stelle beschweren!*

Hades ist gerade weggefahren.

Dann gehe ich eben zu Persephone.

Charon tippt sich an die Schläfe: *In letzter Zeit hakt's hier. Erst dieser Minnesänger und jetzt du. Alles gegen die Vorschrift.*

Sisyphos geht direkten Weges zu Persephone: *Ich bin Sisyphos*, stellt er sich vor, *König von Korinth.*

Sieh an, lächelt die Unterweltdame. *Schon viel von dir gehört. Setz dich doch.*

Sisyphos lobt diplomatisch ihre vornehme Blässe sowie ihre schick dekolletierte Toga.

Die königlichen Hoheiten kommen sich schnell näher.

Und was kann ich für dich tun? ermuntert ihn Persephone nach einem Plauderstündchen.

Tja, ich habe in der Tat ein kleines Anliegen, gibt Sisyphos zu. *Durch einen Verwaltungsfehler steht meine sterbliche Hülle unbegraben auf dem Wartegleis. Jetzt bin ich halb oben und halb unten. Ein schizophrener Fall, ich weiß gar nicht, wo ich hingehöre.* Er quetscht sich ein paar Tränen ab.

Persephone schaut mitleidig. *Und was kann ich da machen?*

Ich muß sofort nach oben und mein Begräbnis arrangieren. Sobald ich eingesargt bin, kehre ich zurück. Ich hasse Unordnung.

Da bist du wie Hades, lächelt sie. *Also gut. Ordne dei-*

nen körperlichen Nachlaß. Aber sei bitte in drei Tagen zurück.

Selbstverständlich. Herzlichen Dank! Plötzlich hat es Sisyphos eilig. Wer weiß, wann Hades zurückkehrt. Er küßt Persephone die Hand und eilt zum Styx. Hier sitzt versunken Charon.

Sisyphos springt vor dem anhetzenden Kerberos in die Leichengondel.

Hab' noch was vergessen zu erledigen. Muß sofort rüber, drängt er den Fährmann.

Sisyphos eilt nach Korinth und schlüpft in seinen scheintoten Körper. Dann versorgt er sich mit dem Notwendigsten und steigt als Rucksacktourist getarnt in die arkadischen Berge. Dort macht er auf Eremit und versteckt sich in einer Höhle.

79
Der Held der Arbeit
– Sisyphos' Kampf mit dem rollenden Stein –

Das ist doch nicht zu fassen! flucht Hades, als er erfährt, daß ihm Sisyphos erneut durch die Lappen gegangen ist. *Wenn uns nicht was wirklich Schlaues einfällt, lebt der noch 300 Jahre.*

Diesmal greift er zum Nottelefon: *Dieser Sisyphos ist*

ein schweißtreibender Fall. Soviel Arbeit hatte ich noch nie mit einem Abgestorbenen.

Ich denke, Ares hat ihn in die Mangel genommen? wundert sich Zeus.

Schon. Aber der Hund hat in meiner Abwesenheit Persephone beschwätzt und ist getürmt. Was sollen wir machen?

Tja... Zeus denkt scharf nach. *Weißt du, wo er steckt?*

Keine Ahnung. Er ist in seinen Leichnam geschlüpft, hat sich revitalisiert und in Luft aufgelöst.

Ich schicke Hermes los. Er ist der einzige, der jetzt noch was machen kann.

Hermes flitzt nach Korinth zur Spurensicherung. Er schaut sich akribisch in der Burg um und kombiniert: *Ares hat ihm den Hals umgedreht. Dieser Defekt ist nicht reparierbar beim heutigen Stand der Humanmedizin. Folglich ist der Flüchtling an diesem unveränderlichen Merkmal zu identifizieren: Gesicht nach hinten oder seitwärts gedreht. Damit er mit dieser seltsamen Kopfhaltung nicht auffällt, muß er sich in die Wildnis zurückziehen. Und weil's schnell gehen muß, in die nächste Umgebung.*

Hermes jagt sofort weiter. Nach drei Tagen bekommt er einen heißen Tip von einer Sennerin.

Da oben in der Höhle wohnt seit einer Woche ein Eremit. Der ist so fromm, daß er vor Demut den Kopf zur rechten Schulter gedreht hält, damit er nicht in Versuchung auf linke Sachen gerät, plappert sie.

Danke! freut sich Hermes. *Wenn der Fall erledigt ist, komme ich mal auf einen Sprung vorbei.*

Er verwandelt sich in einen Falken und steigt steil zur Berghöhe auf. Tatsächlich! Vor dem Höhleneingang sitzt der Schiefkopf und löffelt über die Schulter verrenkt sein Frühstück.

Hermes landet in einer Zeder und heckt einen Plan aus. Dieser ist höchst simpel, aber effektiv. Als Sisyphos mittags Siesta hält, haut ihm Hermes mit einer Keule den schiefen Kopf gerade und ihn zugleich mausetot. Dann schnürt er den Astralleib zu einem transportablen Paket zusammen, schmeißt ihn über die Schulter und saust los. Unterwegs ruft er der Sennerin zu: *Der Eremit hat seine sterbliche Hülle verlassen. Bitte begrab sie! Dafür hast du drei Wünsche frei.*

Wenig später ist er bei Hades: *Hier ist der Delinquent. Was willst du jetzt mit ihm machen?*

Soll Zeus entscheiden, knurrt Hades.

Zeus kommt angerauscht.

Haben wir dich endlich! brüllt Gottvater den Schlauberger an. *Du hast uns eine Menge Arbeit gemacht. Die wirst du Zentimeter für Zentimeter abmalochen.*

Sisyphos grinst: *Wo Arbeit ist, da ist Erfolg.*

Wird sich weisen, erheitert sich plötzlich Zeus. *Du bringst mich auf eine Idee.*

Er flüstert Hades und Hermes die Strafe ins Ohr. Die amüsieren sich teuflisch.

Zeus verkündet: *Gerichtsbeschluß. Einspruch nicht möglich. Sisyphos wird wegen Blasphemie zu todeslanger Zwangsarbeit verurteilt. Er hat einen 100-Kilo-Stein mittlerer Größe einen Berghang hinaufzurollen. Die Strafe endet in dem Moment, wo der Felsen an der anderen Seite des Hügels hinabdonnert.*

Sisyphos wird an seinen Arbeitsplatz gebracht. Er wirft einen süffisanten Blick auf den Brocken: Rund wie eine Kanonenkugel, allerdings dreimal so groß.

Dann frohes Schaffen! lachen die Götter.

Sisyphos wirft seine Kleider ab und packt probeweise sein Arbeitsgerät an. Die Kugel ist zwar schwer, aber mit ein bißchen Mühe läßt sich das Ding ganz komfortabel bewegen.

Er spuckt in die Hände und wälzt und wälzt. Nach drei Stunden hat er dreizehn Meter geschafft. Die Götter beginnen sich zu langweilen und gehen. Als sie nach 14 Stunden zurückkommen, hat Sisyphos fast den Hügelkamm erreicht und machte eine kurze Verschnaufpause. Noch vier Meter trennen ihn von der Erlösung.

Der Kerl ist tüchtiger als vermutet, stellt Zeus fest.

Wird Zeit, das spezifische Gewicht seiner Arbeitsgrundlage zu erhöhen.

Sofort hext er einen hundsgemeinen Zauber in den Stein: *Ab dieser Stelle soll der 100-Kilo-Stein pro Meter sein Gewicht verdoppeln!*

Sisyphos wälzt den Stein über die magische Linie. Plötzlich erleidet er einen Schwächeanfall. Nach weiteren Zentimetern glaubt er fast an Muskelschwund. Was Wunder: Der Stein wiegt jetzt drei Zentner.

Sisyphos' Muskeln zittern. Schweiß bricht ihm in Strömen aus. So kurz vor dem Ziel darf er nicht schlapp machen. Mit letzter Kraft wälzt er den Brocken noch ein Stückchen weiter. Jetzt trennen ihn bloß vierzehn Zentimeter vom erlösenden Abgrund. Doch nun hat der Brocken satte sechs Zentner.

Sisyphos stöhnt und stemmt.

Ein Verzweiflungsschrei löst sich aus der Kehle des Verdammten. Fünf Zentimeter vor dem Gipfel rollt ihm das Ungetüm über den Fuß und zurück ins Tal. Die Götter stöhnen auf wie bei einem verschossenen Elfmeter. Sisyphos sinkt in sich zusammen.

Nimm's nicht so tragisch, Junge, tröstet Hermes. *Augen zu und durch!*

Und Sisyphos rollt und rollt. Doch immer drei bis fünf Zentimeter vor dem Ziel verlassen ihn die Kräfte.

80
Ein Königreich für ein Fell
– Pelias beschwätzt Iason –

Diese Geschichte hat eine Vorgeschichte, die erzählt werden muß.

König Kretheus hatte in Thessalien die Stadt und das Königreich Iolkos gegründet. Nach Kretheus' Urnengang steht der Thronsessel Aison zu.

Aber dessen geriebener Halbbruder Pelias klaut Aison einfach das prächtige Sitzmöbel und bunkert den rechtmäßigen Erben ein. Aison sieht über den Thronraub dahin, schafft es aber noch mit letzter Kraft, seine Gattin Polymele, die Vielgefrustete, zu schwängern. Dann folgt er seinem Vater Kretheus.

Polymele kriegt einen Sohn, was ihrem Ekel von Schwager natürlich zu Ohren kommt, weil der Bengel plärrt. Eben überlegt der Schurke, den kleinen Schreihals zum Schweigen zu bringen, da hat Polymele den genialen Einfall, ohne den diese Abenteuergeschichte bereits zu Ende wäre: Sie fängt an, wie eine Sirene zu heulen und kreischt die Frauen ihrer Verwandtschaft zusammen: *Mein Kleiner ist tot! Er ist an Pseudokrupp gestorben!*

Die Frauen eilen herbei, ziehen den schwarzen Schleier über das Gesicht und heulen vielstimmig die Totenklage in den Palast, bis Pelias die Ohren dröhnen und er entnervt zur Jagd ausreitet.

Kaum ist er weg, läßt Polymele das quicklebendige Baby aus dem Palast schmuggeln und in eine Art Internat auf dem Berg Pelion bringen. Dort zieht der Kentaur Cheiron begabte Halbgötter und Menschensöhne zu tollen Burschen heran, so Asklepios, den berühmten Heilpraktiker, oder die Kampfsportspezialisten Achilleus und Aineias.

Cheiron testet das Bürschchen und nimmt es als Meisterschüler auf. Pelias, ängstlich und abergläubisch wie alle Finsterlinge, läßt sich nach dem vermeintlichen Babybegräbnis Horoskope stellen, beschäftigt Wahrsager und sucht fleißig Orakel auf. Ein Spezialistenteam weissagt ihm eines Tages: *Vorsicht! Hüte dich vor einem Kerl mit einer Sandale.*

Pelias erfaßt Panik, und er läßt alle einbeinigen Sandalenträger im Königreich in den Kerker werfen.

In der Zwischenzeit wird Iason 20 Jahre alt und besteht sein Abitur bei Cheiron mit Auszeichnung. Er macht sich auf den Weg in seine Heimat. Nach Art der alten Recken ist er mit zwei Speeren ausgerüstet, einen zum Werfen, den anderen zum Stoßen. Und damit er zum Fürchten aussieht, hat er über die Wanderklamotten ein Pantherfell gezogen.

Weil er keine Landkarte bei sich hat, verläuft sich der

junge Held und gerät zu weit nach Westen. Dort strömt der Anauros, der jetzt Enipeus heißt. Am Ufer steht ein altes Weib und ruft: *Schöner junger Mann, ich will schon seit Tagen ans andere Ufer, aber niemand will mich hinübertragen. Wäre ich 45 Jahre jünger, wäre ich längst drüben. Bitte, hilf mir! Du wirst es nicht bereuen.*

Iason, erzogen vom berühmtesten Guru Griechenlands, erinnert sich an die Pfadfinderregel *Jeden Tag eine Heldentat* und trägt die Oma huckepack über den Fluß. Was er nicht weiß: Die knochige Alte ist die getarnte Göttermutter Hera, die ihn auf den rechten Weg bringt, um sich an Pelias zu rächen, weil er ihr keine Opfer bringt.

In der Mitte des Flusses, das Wasser steht Iason ohnehin schon bis zum Hals, wird die Göttin plötzlich zweieinhalb Zentner schwer. Iason hält die Luft an und sinkt in den Schlamm. Mit Mühe zieht er die Beine aus dem Schlick. Dabei bleibt eine Sandale hängen.

Kaum kriegt er wieder Luft, knurrt er: *Was machst du dich denn so schwer, Oma?*

Ich hatte gerade einen Anfall von Schwermut wegen deiner Mühe mit mir. Nimm's nicht übel und vielen Dank fürs Übersetzen! Die verlorene Sandale wird dir tausendfach ersetzt. Damit löst sie sich vor seinen Augen auf.

Iason schlurft murrend auf einer Sandale weiter. Kurz vor Sonnenuntergang erreicht er Iolkos. Dort steht sein

Onkel Pelias herausgeputzt am Strand und opfert mit einer Gruppe Nachbarfürsten Poseidon einen fetten Haifisch. Das Feuer züngelt am Braten, Festgesänge wallen zum Meer. Da tritt plötzlich der schmucke Jüngling in die fromme Runde.

Das Volk, im Vergleich zu ihm Gnome, raunt aufgeregt: *Das ist sicher Apollon, so groß und edel!*

Oder Ares, der ist voll in Rüstung, vermutet ein anderer.

Pelias dreht sich um. Sein Blick fällt wohlgefällig auf den feschen Krieger.

Das ist ja ein Kerl! Den könnte ich in meiner Leibgarde brauchen.

Da stellen sich ihm die letzten Haare auf. Sein Herz macht Sprünge. Der trägt ja nur eine Sandale!

Pelias stimmt nervös den Opfergesang auf Zeus an und macht eine Menge falscher Handgriffe, so durcheinander ist er.

Als endlich die Zeremonie beendet ist, fährt er den Fremden an: *Was bist denn du für ein Dahergelaufener? Wieso nimmst du halbnackt an unserer Messe teil? Wer ist dein Vater?*

Iason schluckt und muß sich am Speer festhalten, um dem unfreundlichen Greis nicht eine zu langen. Immer höflich und zuvorkommend! hat ihm Cheiron eingeschärft. Er erklärt ruhig: *Mein Name ist Iason. So hat mich mein Lehrer Cheiron getauft. Es bedeutet: Sohn des Heilers. Früher hieß ich Diomedes. Und mein Vater war Aison.*

Pelias schrickt auf: *Was? Du bist mein Neffe? Ich dachte, du bist als Säugling gestorben. Was willst du hier?*

Das Land meines Vaters sehen, strahlt der Heimkehrer. *Und nebenbei möchte ich mein Königreich wiederhaben.*

Hab' ich mir fast gedacht, muffelt Pelias.

Ich will dich nicht verdrängen, Onkel, schlägt Iason vor, noch Idealist. *Was hältst du von folgender Lösung: Du gibst mir meinen Thron und die Burg. Schaf-, Kuh-, Schweine- und Ziegenherden kannst du behalten. Die Felder meinetwegen auch. Das ist doch fair, oder?*

Er fährt mit dem Daumen prüfend über die Speerspitze.

Darüber läßt sich reden, versichert Pelias eilig, beeindruckt von diesem Angebot und dem kräftigen Daumen. *Es kommt allerdings recht plötzlich, lieber Neffe.* Und Pelias labert drauflos wie alle schlitzohrigen Politiker, um eine Idee herbeizureden, die den lästigen Konkurrenten aus dem Rennen wirft.

Er quatscht und quatscht. Iason steht sich als höflicher Zuhörer die Sandale in den Bauch. Da fällt Pelias endlich ein fieser Trick ein.

Junge! strahlt er. Sein Blick senkt sich verschwörerisch ins Neffenauge. *Wenn du mir einen kleinen Wunsch erfüllst, mache ich dich bereitwillig zu meinem Nach-folger.*

Iason, müde geschwätzt, nickt erlöst: *Schieß los! Ich mach's. Sonst stehen wir noch ewig hier.*

Mich plagen seit Jahren gräßliche Träume. Jede Nacht erscheint Phrixos als Gespenst bei mir und nervt, ich soll sein Gerippe und das goldene Vlies seines Flugbocks zurückholen, auf dem er nach Kolchis geritten ist. Wieso er mich dafür ausgesucht hat, ist mir ein Rätsel. Ich bin längst in dem Alter, wo Abenteuerkreuzfahrten schier unmöglich sind. Ich schlage deshalb vor, daß du auf die Reise gehst und das Gewünschte holst. Dann verdienst du dir deine Sporen bzw. dein Vlies, und ich danke würdig zu deinen Gunsten ab.

Iason, noch jung und unerfahren, ist dieser durchtriebenen Logik nicht gewachsen. So sagt er leichthin: *Einverstanden. Aber du mußt mir zunächst sagen, was das Vlies überhaupt ist und wo ich es finde.*

Pelias, ob der Zusage entspannt, lächelt: *Komm, mein Junge. Setzen wir uns in meinen Park. Dort erkläre ich dir alles.*

81
Der fliegende Schafbock
– Die Geschichte vom goldenen Vlies –

Während ein Schuster eine zweite Sandale für Iason anfertigt, erhellt Pelias dem Neffen die Hintergründe.

Mit dem Bocksfell verhält es sich so, hebt Pelias an. *Vor ein paar Dekaden hat der boiotische König Athamas, ein entfernter Verwandter von uns, seine Königin Nephele aus dem Schlafzimmer geschmissen und sich statt ihrer Ino geholt...*

Nepheles Kinder Phrixos und Helle werden nun von ihrer Stiefmutter betreut, doch die ist den Ablegern ihrer Vorgängerin nicht wohlgesonnen, weil Athamas die Kleinen gern hat. Ino behandelt sie wie Aschenputtel und läßt sie verwahrlosen. Aber die Kinder gehen darob nicht unter, sondern entwickeln erstaunliche Widerstandskraft. Da heckt Ino einen Plan aus, um sie endgültig loszuwerden.

Bei einem Frauenfest zu Ehren Demeters bequasselt sie die boiotischen Bäuerinnen und Gutsherrinnen, alles Saatgut zu Brot zu verarbeiten.

Die Frauen, von allen guten Geistern verlassen, folgen ihrer Anweisung. Dann laden sie Fürsten, Krieger und Bauern des Landes zum Brotschmaus ein. Alle mampfen begeistert das knusprige Brot. Im nächsten Frühjahr ist des-

halb kein Saatgut da. Ino läßt eine Sklavenschar Kiesel-
schotter in Säcke abfüllen und an Bäuerinnen und Guts-
besitzergattinnen schicken.

»Hier kriegt ihr besonderes Saatgut!«

Die Knechte säen kopfschüttelnd die Kiesel auf die Felder
und pflügen sie unter.

Es kommt der März, der April. Kein Getreidehalm
sprießt. Nur Unkraut. Gutsherren und Könige blicken ir-
ritiert auf die vergrasenden Äcker.

Keiner der Landarbeiter wagt ihnen die Wahrheit zu
sagen.

»Es muß ein Fluch über unserem Land liegen«, grübelt
ein alter Großgrundbesitzer. »Ich verwalte meinen Betrieb
seit 56 Jahren, so etwas hat's noch nie gegeben.«

König Athamas kratzt sich nachdenklich am Ohr. »Ich
werde einen Spezialisten fragen, was es mit der Unfrucht-
barkeit auf sich hat.« Er schickt einen Eilboten zum Ora-
kel nach Delphi.

Ino, die auf dem laufenden ist, kombiniert: »Jetzt wird
die Sache brenzlig«, und quartiert sich in einer Villa
an der Straße nach Delphi ein. Am nächsten Abend
kommt der Bote zurück. Ino stürzt aus dem Haus: »Du
bist ja der reinste Marathonläufer. Komm rein und erfrisch
dich!«

Der Eilbote nimmt dankbar die Einladung an und
stürzt ein Glas Wein hinunter.

»Mach's nicht so spannend«, drängelt die Königin. Was wurde orakelt?«

Der Bote atmet tief durch. Dann wiederholt er: »Nur bei dummen Maxen kann aus Kieseln Weizen wachsen, hat die Pythia orakelt.«

»Oha!« Ino tut bestürzt. »Wer kann sich so irren?«

»Tja, seltsamer Spruch«, lallt der Bursche, der inzwischen schon einige Gläser hastig geleert hat.

»Wir können doch nicht zulassen, daß es deshalb ein Massaker gibt!« ruft Ino hysterisch. Sie geht grübelnd auf und ab. »Weißt du was? Es ist besser, daß einer den Kopf hinhält, anstatt viele Unschuldige sterben zu lassen.«

Sie heult theatralisch auf: »Lieber opfere ich meinen heißgeliebten Stiefsohn, als daß ich einem Völkermord zusehe.«

Der Bote nickt, obwohl er nichts begreift. Denn Ino hat ihm immer fleißig nachgeschenkt und dabei Gehirnwäsche betrieben.

Eine Stunde später steht der Bote leicht schwankend vor Athamas und den Fürsten.

»Höret, was das Orakel verkündet. Pythia sagt: Grünzeug sprießt so lange nicht, hicks, bis Prinzenblut die Steine bricht. Das heißt: Opfere deinen Sohn Phrixos, und das Getreide wird wachsen!«

Der König erbleicht: »Das ist doch nicht möglich!«

Die Fürsten, froh, daß sie kein Opfer bringen müssen, reden auf ihn ein: »Es ist besser, einer geht drauf, bevor wir alle verhungern.«

Athamas verliert für einen Moment die Fassung. Dann ermannt er sich: »Na gut! Die Götter haben's befohlen. Düngen wir die Felder mit Phrixos' Blut.«

Sofort sammeln sich Volk und Fürsten um den Opferstein. Phrixos wird unterdessen von seiner Stiefmutter zartfühlend auf seine erhabene Verwendung als Düngemittel vorbereitet: »Dein Vater hat beschlossen, aus dir einen Märtyrer zu machen. Nimm ein Bad und zieh deine Festkleidung an!«

»Was ist denn ein Märtyrer?« will Phrixos wissen.

»Ein Zeuge. Für was, wirst du gleich erfahren«, lächelt seine Verderberin hinterlistig. »Gleich gibt's ein Feldopfer für die Götter.«

Wenig später tritt der Jüngling, schön wie der lichte Tag, zum Opferaltar. Die Feldmesse hat gerade begonnen. »Wo ist denn der Opferbock«, fragt er seinen Vater. Der meidet den Blickkontakt und murmelt: »Kommt Zeit, kommt Schaf.«

Nephele, die außerhalb der Stadt lebt, hat durch einen treuen Sklaven von der dubiosen Sache Wind bekommen.

»Diese verdammte Hexe!« schimpft sie auf ihre Rivalin, »die hat bestimmt den Boten bestochen.«

Selbst Zauberin, eilt sie in ein geheimes Zimmer. Dort steht, umgeben von Samt und Seide, ein Widder, groß und *stark wie ein Löwe, mit einem Fell aus goldener Wolle. Dieses Wundertier hat ihr Hermes für einen Liebesdienst geschenkt.*

Der Edelbock ist nicht nur das teuerste Schaf der Welt, er kann auch fliegen und folgt seiner Herrin aufs Wort. Nephele formuliert sofort einen Zauberspruch.

Der Bock scharrt mit den Hufen, steigt aerodynamisch auf und segelt durchs Fenster davon.

Gerade greift Athamas seinem geliebten Sohn ins Haar und zerrt dessen Kopf auf den Altar, da schreit die Menge: »Ein Ufo! Hilfe!«

Athamas läßt den Dolch sinken und blickt zum Himmel. Der fliegende Schafbock schießt im Sturzflug hinab und bockt den meuchelnden König um. Das Volk schreit auf vor Verwunderung über die akrobatische Nummer. Dann schwebt der Bock zu Phrixos und meckert, nur für ihn verständlich: »Deine Mutter schickt mich. Komm!«

Phrixos schwingt sich auf den Bock. Der gibt Gas und saust zur Dachterrasse des Schlosses, wo Helle dem Drama von weitem zuschaut.

»Hopp, Schwesterchen, spring auf!« ruft der kleine Prinz.

Die kleine Prinzessin, wegen ihrer blonden Haare Helle genannt, schwingt sich hinter ihren Bruder, und der Flieger hebt ab.

Sie rasen über die Ägäis. Der goldene Bock steigt höher

und höher. Phrixos sitzt wie ein Rennfahrer auf dem Bock und packt das schwungvoll gebogene Gehörn wie eine Lenkstange. Helle umklammert ihren Bruder und schließt vor Angst die Augen. Gerade überqueren sie die Meerenge zwischen Europa und Asien, da öffnet sie sie auf den Ruf ihres Bruders hin: »Schau, wir verlassen Hellas!« Helle, die nie zuvor in ihrem Leben geflogen ist, kriegt das kalte Grausen. Ihr schwindelt. Sie läßt Phrixos los und schlägt die Hände vors Gesicht. Und jetzt passiert's: Weil sie nicht angeschnallt ist, hebt sie ab und stürzt stumm vor Entsetzen in die Meerenge hinab. Phrixos, der sich auf dem Bock festkrallt, hat von ihrem Absturz nichts mitbekommen, bis er ihren Körper ins Meer sausen sieht.

»Helle, Helle!« schreit er dem Schwesterchen nach. Seit diesem Sturzflug hat die Meerenge ihren Namen: Hellespont, Meer der Helle.

Während Phrixos heult, rast der Flugbock unbeeindruckt ihrem Ziel entgegen. Nach zwei Tagen landet er an der Ostküste des Schwarzen Meeres im Land der Kolcher. Direkt im königlichen Rosengarten.

König Aietes, von den Sklaven benachrichtigt, eilt in den Garten, um das Wunder zu besichtigen.

Neugierig begrüßt er den Flugpassagier.

Phrixos erzählt das einzigartige Abenteuer. Der König bietet dem edlen Standesgenossen Zuflucht an. Und Phrixos hat nichts Eiligeres zu tun, als dem wundersamen

Flugobjekt, das ihn gerettet hat, den Hals durchzuschneiden und Zeus zu opfern.

Das abgezogene Goldfell schenkt er Aietes. Der spannt es in einem heiligen Ares-Hain als Devotionalie an eine Steineiche. Ares ist geschmeichelt und schickt zur Bewachung einen zahmen Drachen. Seit dieser Zeit hält Ares seine starke Hand über König und Kolchis.

»Solange das Goldfell da hängt, bist du unsterblich«, verkündet ein Orakel Aietes. Der Kolcherkönig, schon ein älterer Herr, blüht durch das Fell förmlich wieder auf und gibt Phrixos dankbar seine Tochter Chalkiope zur Frau. Phrixos stirbt jedoch kurz nach der Hochzeit.

So kommt das Goldfell nach Kolchis, schließt Pelias seinen Bericht. *Dort brauchst du es nur abzuholen, wozu du allerdings den Drachen töten mußt. Was für einen Kerl wie dich eine Kleinigkeit sein dürfte.*

Und wozu brauchen wir hier so dringend das Fell?

Weil das Orakel von Delphi uns mitgeteilt hat: Wenn es in Iolkos ist, wird das Land einen Wirtschaftsboom erleben. Das Goldfell ist für uns sozusagen der Garant des stabilen Staatshaushaltes. Ohne das Ding brauchst du erst gar nicht als Herrscher anzutreten!

Pelias süffelt genüßlich ein Glas Wein.

Und Iason weiß nun, was er wissen muß. Was er nicht weiß, ist, daß inzwischen Scharen von Helden das

Goldfell rauben wollten und diejenigen, die überhaupt bis Kolchis kamen, allesamt Drachenfutter wurden.

82
50 Helden schiffen ostwärts
– Iason sticht in See –

Iason macht sich blauäugig an die Planung des Abenteuers. Er sucht zunächst seine Mannen zusammen. Dann knüpft er Kontakt zu Argos, dem griechischen Stararchitekten. Gleichzeitig läßt er auf den Hängen des Pelion Eichen für sein Kriegsschiff fällen, in Bretter zerlegen und in griechischer Sonnenhitze trocknen.

Argos ist Feuer und Flamme für diese Unternehmung: *Wenn du das Schiff nach mir benennst, verzichte ich auf mein Honorar.*

Prima! freut sich Iason, *aber ein Schiffsname muß aus Tradition weiblich sein. Bist du einverstanden, wenn wir es Argo nennen? Die Schnelle. Klingt doch gut!*

Argos willigt ein. Er macht sich ans Planzeichnen. Es wird der erste hochseetüchtige Segler Griechenlands. *Der Windhund des Meeres*, wie Argos stolz versichert. Die Schnelle sieht aus wie ein Wikingerschiff und hat Platz für fünfzig bis sechzig Krieger. Im vollen Wind schafft es 250 km am Tag. Trotzdem ist es so leicht, daß es die Helden zur Not auf die Schulter nehmen und über Land tragen können.

Im Bug setzt Athene eigenhändig für alle Fälle einen Orakelbalken ein, der aus einem Ast der redenden Eiche von Dodona geschnitzt ist.

Während das Schiff langsam Gestalt annimmt, versammeln sich die Krieger, alles berühmt-berüchtigte Kämpfer.

Nachdem eine Iolkerin die Argo mit einer Flasche Schaumwein getauft hat, werden die Plätze der Argonauten, wie sich die Schiffer nennen, verlost. Iason ist natürlich Kapitän. Steuermann wird Tiphys und Lotse der teleskopäugige Lynkeus. Im Vorderschiff sitzt Herakles, der muskelreichste Mann der Welt, neben ihm Hylas, sein Schildknappe und Bettwärmer; im Heck Peleus, der Vater des Archilleus (der mit der Ferse), daneben Telamon, der Vater des berühmten Trojakämpfers Aiax. Mittendrin hüpft Orpheus als Stimmungskanone umher, damit die anderen nicht Trübsal blasen.

Nachdem den Meergöttern ein fetter Hammel geopfert ist und Iason seinen Wellenwindhund mit einer Holzinschrift Poseidon persönlich gewidmet hat, schiffen die Seehelden singend nach Osten. Pelias winkt ihnen lachend nach.

Am nächsten Tag erreichen sie die Insel Lemnos.

Dort gibt es weit und breit nur Frauen und Limonen, aber keinen Mann. Deshalb werden die sagenhaften Schiffer freudig begrüßt. Die Damen hatten vor einiger Zeit das Matriarchat eingeführt und die Kerle eliminiert. Eine wilde Party jagt die andere. Stünde Herakles zu dieser Zeit nicht mehr auf Jungen und wäre er nicht mit Hylas als Wachkameraden an Bord geblieben, die anderen hätten die Abenteuerfahrt glatt vergessen.

Als die Sexmaniacs nach zwei Wochen immer noch nicht zurück sind, steigt Herakles wütend an Land. Mit Hylas zusammen zerrt er sie von ihren Lustwiesen zurück an Bord.

Der Südwind jagt die Argo durch den Hellespont Richtung Byzantion, dem heutigen Istanbul, ins Marmarameer. Hier landen sie an der Halbinsel Kyzikos. Diese ist nach dem gleichnamigen König benannt. Kyzikos hat gerade Kleite geheiratet und lädt die Helden zur Hochzeitsfeier ein. Die gehen begeistert hin, bis auf Herakles. Der bleibt auch diesmal lieber mit Hylas an Bord.

Plötzlich, während von der Stadt her freudiger Lärm und Orpheus' Hymnen herüberwehen, kommen sechsarmige Monsterwesen aus der Wildnis gekrochen und schmeißen Felsbrocken nach der Argo.

Herakles ist sofort wach. Er schleicht zum Mast. Glücklicherweise scheint der Mond so hell, daß er das gigantische Überfallkommando, bestehend aus 37 elefantengroßen Riesen, genau erkennen kann.

Die niete ich um, knurrt er und läßt die Pfeile sirren. Die Monster schreien getroffen auf. Einer nach dem anderen beißt ins Gras bzw. in den Sand. Die Überlebenden ergreifen die Flucht.

Als wenig später die bezechten Helden zurückkehren, staunen sie ob der gespenstischen Kulisse. Überall liegen, vom Mond beschienen, Riesenleichen herum, so weit das Auge reicht.

Wo kommen denn die her? fragen sie Herakles leicht ernüchtert.

Weiß ich auch nicht, antwortet der, *aber woran sie gestorben sind, kann ich euch sagen.* Er erzählt den Überfall.

Zum Dank für die Errettung vor Schiffbruch weihen sie ihren Ankerstein ihrer Schutzmutter Athene im Tempel von Kyzikos und nehmen als Ersatz einen dickeren Stein an Bord. Dann verabschieden sie sich und rudern Richtung Bosporus.

Ein plötzlicher starker Wind treibt sie wild im Marmarameer umher. Es wird Nacht. Tempelhohe Wellen wälzen sich heran und lassen die Argo in allen Fugen krachen.

Lynkeus läßt sein Teleskopauge durch die schwefelgelbe Nacht wandern. *Da drüben ist ein Riff!* ruft er dem Steuermann zu. *Aber gleich daneben ist Sandstrand.*

Die Helden rudern hart am Riff vorbei. Mit letzter Kraft erreichen sie den rettenden Sand und zerren die Argo aufs Trockene.

Kaum sind sie in Sicherheit, stürmt eine Schar Krieger auf die Argonauten los und spickt das Schiff mit Pfeilen.

Der Sturm brüllt, die Kämpfenden schreien, Herakles röhrt Kommandos. Endlich gelingt es den Schiffern, die Angreifer in die Flucht zu schlagen.

Der Sturm flaut ab. Eos lächelt rosig durch die Finsternis. *Möchte doch zu gern wissen, wo wir sind und wer die Krieger waren*, meint Iason.

Er beugt sich über einen Gefallenen. Dann prallt er zurück: Vor ihm liegt sein entseelter Freund, König Kyzikos von Kyzikos.

Das darf doch nicht wahr sein! wettert Herakles. *Jetzt haben wir unsere Freunde gemeuchelt!*

Die entsetzten Seefahrer bahren die gefallenen Kyzikoten auf ihre Schilde und tragen sie im Morgengrauen zur Stadt. Hier klärt sich alles auf. König Kyzikos hat die Schiffer in der Dunkelheit für in Seenot geratene Piraten gehalten und wollte ihnen die Beute abjagen.

Die Stadtbewohner brechen in Tränen aus. Königin Kleite, nach einer Nacht bereits Witwe, hängt sich aus Verzweiflung auf.

Nach dem Begräbnis der toten Kyzikoten lichten die Argonauten erneut Anker und segeln weiter.

83
Halb zog sie ihn, halb sank er hin
– Hylas geht auf Tauchstation –

Kaum auf See, flaut der Wind ab. Die Helden beginnen zu rudern. Schließlich haben alle Blasen an den Fingern Sie werden matter. Da ruft Herakles: *Los, kleiner Wettkampf! Wer am längsten durchhält, wird Ruderkönig.*

Das bringt Leben ins Schiff. Die Argo schießt über das glitzernde Wasser. Nach vier Stunden sind alle abgeschlafft außer Iason, den Dioskuren-Brüdern und Herakles. Als nächster gibt Kastor auf, und aus Gleichgewichtsgründen muß ihm sein Bruder Polydeukes folgen.

Herakles und Iason lassen die Ruderblätter weiter knarren. Die Argo schnellt auf die Mündung des Flusses Chios zu. Da bricht Iason vor Erschöpfung zusammen. Im gleichen Moment geht Herakles' Ruder in Stücke. Der Sieger kann deshalb nicht bestimmt werden.

Bevor jedoch aus Meinungsverschiedenheiten Streit entstehen kann, setzt der Steuermann die Argo an Land.

Herakles strolcht sofort durch den Busch auf der Suche nach einem Baum für ein neues Ruder. Sein Blick fällt auf eine uralte Fichte. Mit einem Ruck reißt er sie samt Wurzeln aus und schleppt sie zum Lagerfeuer. Gerade will er den Baum mit seiner Machete bearbeiten, da bemerkt er, daß Hylas' Platz leer ist.

Wo ist denn Hylas? fragt er die Kameraden.

Der ist kurz nach dir Frischwasser holen gegangen, weiß Admetos.

Hylas steht am Teich Pegai. Der Vollmond steigt über den Berg und spiegelt sich im Wasser. Hylas beugt sich über den Quell, um einen Schluck Wasser zu trinken, da lächelt ihm ein Frauengesicht entgegen. Er weicht zurück. Die Brunnennymphe Dryope reckt sich aus dem Wasser und wispert: *Komm, Hübscher, küß mich!*«

Hylas, misogyn wie sein muskelbepackter Liebhaber, kriegt einen Schreck: *Eine nackte Frau!* stößt er hervor und will einen Rückzieher machen. Die Nymphe schnellt aus dem Wasser, legt ihre Arme um seinen Hals, küßt ihn sinnverwirrend und zieht ihn in den Teich.

Hilfe, Hilfe! ruft der Junge aus Leibeskräften und rudert mit den Armen. Da kraulen Dryopes Schwestern zu Hilfe, hängen sich dem Tobenden an Arme und Beine und ziehen ihn in ihre unterirdische Grotte. Dort machen sich die geilen Weiber sogleich über ihre süße Beute her, bis Hylas nach und nach alles um sich vergißt.

Wo bleibt der Boy? Herakles macht sich beunruhigt auf die Suche nach ihm. Nach ein paar Metern läuft ihm Polyphemos über den Weg.

Hey, Herakles, ich mußte eben mal kurz in die Büsche, da hörte ich deinen kleinen Freund schreien. Ich rase dem

Schrei nach und komme zum Teich. Da liegt Hylas' Krug am Ufer, und im Wasser brodelt's wie im Whirlpool.

Klingt verdächtig nach Entführung, regt sich Herakles auf, *und nach mannstollen Nymphen!*

Sie eilen zum Weiher. Von Hylas sind nicht mal mehr Luftblasen zu sehen. Herakles und Polyphemos waten vorsichtig im Teich umher, lauschen, gehen weiter, bleiben wieder stehen.

So vergeht die Nacht. Der Mond verblaßt. Manchmal hören sie Gekicher aufsteigen.

Der Morgenstern steht mittlerweile über dem Meer. Günstiger Wind erhebt sich. Tiphys weckt seine Schiffer: *Auf, jetzt heißt's den Wind an den Haaren gepackt!*

Schlaftrunken setzen die Argonauten Segel. Alle haben Muskelkater und miese Laune. Der Wind bläst ins Tuch. Sofort prescht das Schiff über Poseidons schaumgekrönte Wogen. Als der Dunstschleier aufreißt, bemerken sie, daß drei Ruderplätze frei sind.

Wo sind Herakles, Polyphemos und Hylas? ruft Kastor. *Wir müssen umkehren.*

Ach was! Wer nicht kommt zur rechten Zeit, der muß sehen, wo er bleibt, giftet Kalais. *Je weniger wir sind, um so größer wird die Beute.*

Ihr könnt doch unsere Freunde nicht im Stich lassen! empören sich mürrische Stimmen.

Iason erhebt sich lendenlahm vom Ruderwettkampf.

Rufen wir sie, schlägt er vor. *Wenn sie antworten, holen wir sie.*

Das findet die Mannschaft fair. 47kehlig röhrt es zum Festland: *Herakles, Polyphemos, Hylas, laßt euch sehen!*

Keine Antwort. Die beiden Suchenden sind vor Erschöpfung eingeschlafen.

Iason lauscht angestrengt. Dann befiehlt er: *Sie sind desertiert. Segeln wir weiter!*

Telamon springt auf: *Was soll das? Du befürchtest doch nur, daß Herakles dir den Ruhm streitig macht. Oder?* Telamon krallt sich den Steuermann Tiphys und tobt: *Jetzt ist der Teufel los! Wirf das Steuer herum, sonst knallt's!*

Du willst dich an Herakles rächen, weil er im Wettrudern besser war! gellt Phaleros.

Iason springt auf und beginnt auf ihn einzudreschen, da rumort es unter dem Schiff, und Meergott Glaukos steigt aus der Flut:

Vertragt euch, Jungs! sprudelt er und hält das Schiff am Bug fest. *Zeus ist dagegen, daß Herakles mitfährt. Er hat einen anderen Auftrag für ihn. Schifft weiter und streitet euch nicht!*

Er grüßt und geht wieder auf Tauchstation.

Telamon reicht Iason versöhnlich die Hand: *Befehl von ganz oben. Da kann man nix machen.*

Während Hylas von Dryope und ihren Schwestern

verwöhnt und umgepolt wird, läßt sich Held Polyphemos in der Nähe des Pegai-Teiches nieder und unterjocht ein paar Vortürken. Mit ihnen als billigen Arbeitskräften baut er die Stadt Krios, die er so lange regiert, bis ihm die Chalybier in einer Schlacht den Kopf abhacken.

Herakles aber zieht allein und mit wundem Herzen seinen Heldentaten entgegen.

84
Totgeboxt
– Polydeukes zeigt Amykos, was ein Haken ist –

Die Sonne brennt. Die Schiffer kriegen Durst und leeren ihre Amphoren. Doch der Durst kommt wieder, während die Krüge leer bleiben. Endlich ruft Lynkeus: *Land in Sicht!*

Sehnsüchtig spähen sie nach einer Quelle. *Dort drüben, wo der Dschungel tiefgrün leuchtet, ist Wasser!* weiß Lynkeus.

Kaum ist die Argo gelandet, erscheinen zweihundert Bebryker, die Eingeborenen der Insel, in Kampfformation am Ufer. Sie stehen unter dem Kommando von König Amykos, einem unter Wasser gezeugten Sohn Poseidons.

Der König ist ein fanatischer Sportler und hält sich für den besten Boxer der Welt. Jeden, der hier landet, will er von seiner Kunstfertigkeit überzeugen.

Frieden! ruft Iason. *Wir wollen nur etwas Wasser tanken und ein paar Lebensmittel einkaufen –.*

Das könnt ihr kriegen, wenn du mit mir geboxt hast, tönt hochfahrend Amykos. *In fünf Minuten ist Sportfest. Andernfalls machen wir euch platt!*

Er läßt herausfordernd seine Muskeln spielen.

Die Helden halten kurz Rat. *Ein Großmaul,* lächelt Polydeukes. *Auweia! Gegen den kommt man sich wie ein Gartenzwerg vor,* bangt Orpheus.

Also, sollen wir Hölzchen ziehen, oder traut sich jemand freiwillig an den Goliath ran? fragt Iason mit leisem Ziehen im Gedärm.

Was kriegt der, der dem Angeber das Maul stopft? fragt Polydeukes.

2,5% mehr Beute, versichert Iason und blickt voll Vertrauen auf Polydeukes' behaarte Pratzen.

Klingt gut. Dafür klopf ich ihm die Knochen weich, meint Polydeukes siegessicher. Er tritt auf seinen Gegner zu. *Hast du noch einen letzten Wunsch?*

Amykos' Augen verengen sich. So frech ist ihm noch keiner gekommen.

Na, dann wollen wir mal! Bruder Tod ist Schiedsrichter. Polydeukes zieht sich die Boxhandschuhe an, die Amykos in den Ring geworfen hat. Dieser kann es nun kaum abwarten und springt brüllend auf den Argonauten zu. Seine Boxfäustlinge hat er mit Bronzedornen verschärft. Wütend drischt er auf den kleineren Olympiasieger ein.

Polydeukes umtänzelt ihn gekonnt und weicht elastisch seinen mörderischen Schlägen aus. Dabei analysiert er Amykos' Kampftechnik und läßt ihn sich müde laufen.

Amykos wirbelt vor Wut um die eigene Achse. Da knallt ihm Polydeukes einen satten Haken auf die Lippe. Vier Schneidezähne knacken weg.

Amykos taumelt und rast, wie ein Mühlrad dreschend, auf den Feind zu. Polydeukes kriegt einen Schlag vor die Brust. Aus acht Löchern spritzt Blut.

Er wankt zurück. Amykos hechtet vor, landet aber mit seiner Hakennase auf Polydeukes' Rechter. Es knirscht unangenehm. Die Nase ist total platt. Amykos schreit wie ein gestochenes Schwein.

Polydeukes nutzt den Moment und landet einen Leberhaken. Dann verpaßt er ihm noch eins mit dem Knie unter die Gürtellinie.

Amykos heult auf. Er boxt ins Leere. Dann kracht es wieder furchtbar: Amykos' Kiefer ist zertrümmert. Ein schneller Nachschuß, und Amykos' Schläfenbein knackt ein. Der König tut einen letzten Seufzer und sinkt zu Boden.

Die Argonauten jubeln. Polydeukes hebt freudestrahlend die Rechte.

Auf dem Hügel jedoch gehen die feindlichen Truppen in Stellung.

Alarm! Zu den Bogen! schreit Phaeros, der Meisterschütze und setzt einen Pfeil auf die Sehne.

Die Bebryker schlagen Schwerter und Lanzen an die Schilde.

Die Argonauten, sichtlich gestärkt durch Polydeukes' überzeugenden K.o.-Sieg, schwingen ebenfalls Säbel und Lanzen und jagen die führerlosen Bebryker in den Urwald. Dann fallen sie über die Hauptstadt und alle Prinzessinnen her, plündern Vorratskammern und Weinkeller.

Am nächsten Abend sortiert Iason aus der königlichen Rinderherde zwanzig rote Stiere aus und brät sie Poseidon als Wiedergutmachung für den totgeboxten Sohn.

Man kann in der Wahl seiner Feinde nicht vorsichtig genug sein, versichert der Kapitän seinen Leuten.

Sie beladen die Argo mit frischem Proviant und stechen in die wogende See.

85
Schrille Vögel schinden Blinden
– Phineus wird von den Harpyien beschissen –

Die Helden steuern nach einigen weiteren Abenteuern gen Salmydessos im östlichen Thrakien. Dort regiert König Phineus, ein Sohn Agenors. Weil er blind ist, hat er das zweite Gesicht. Der Greis ist ein ziemliches Wrack. Denn immer, wenn er ein Mahl zu sich nehmen will, kommen die Harpyien Aillopos und Okypete sturmwindgleich angeschossen, reißen die zartesten Brocken vom Teller und kacken in alle Schüsseln. Phineus geht's deshalb so beschissen, daß er nur nachts unter der Bettdecke heimlich ein Stück Käse kauen kann.

Iason ist zu Phineus geschifft, um ein paar wertvolle Tips zur Felleroberung zu erhaschen.

Die kannst du bekommen, hüstelt Phineus, *aber dafür mußt du mich von den Vogelscheuchen befreien, die mir alles wegfressen und vollscheißen.*

Die Monster haben wunderschöne schwarzlockige Mädchenköpfe, purpurrote Kußmünder und hinreißende ellenlange Brüste. Ansonsten aber sind sie die häßlichsten Vögel, die man sich vorstellen kann. Außerdem sind sie riesig.

Denen werden wir's zeigen! Laß das Essen servieren, tröstet Iason den Ausgezehrten.

Phineus' Lakaien bringen ein Heldenmenü. Kaum dampfen die Silberschüsseln auf der Tafel, heult es am Horizont, und die schönbusigen Schreckschrauben stürzen scheißend in den Salat. In diesem Moment stürmen Kalais und Zetes, die geflügelten Söhne von Boreas, dem Gott des Nordwindes, mit ihren Schwertern auf sie ein.

Die Harpyien fliehen wie aufgescheuchte Hühner vor dem Habicht. Ihre Verfolger kommen ihnen jedoch näher und näher. Schon wollen sie den Geierinnen die hübschen Mädchenköpfe absäbeln, da trennt Iris Jäger und Gejagte mit einem undurchdringlichen Regenbogen. Dann spricht Iris: *Zeus will, daß ihr meine schönen Vögel leben laßt! Ihr habt Phineus von seiner Fastenkur erlöst.*

So wird Phineus von seinen Schmarotzerinnen befreit und ißt seitdem so herzhaft, daß er nach einem Jahr das Doppelte wiegt.

Zum Dank gibt er Iason einen Wetterbericht für die nächsten zwei Jahre und macht ihn auf alle Gefahren der Reise aufmerksam.

86
Die Vettern aus Dingsda
– Iason rettet vier Schiffbrüchige –

Dank Phineus' Prophezeiungen kommen sie wohlbehalten an den Wackelsteinen Planktai und Kyaneai vorbei, die den Schlund des Bosporus bewachen und jedes Schiff, das hindurchsegelt, zerquetschen. Nun segeln sie übers Schwarze Meer, bis eine kleine Insel in Sicht kommt.

Das müßte Areteia sein. Vor der hat uns Phineus gewarnt, will Iason gerade sagen. Da schießt ein Vogel auf sie zu, kreist über dem Schiff und kreischt.

Im selben Moment reißt es Oileus von der Ruderbank. Eine spannenlange Stahlfeder sitzt in seiner Schulter.

Das ist die Ares-Insel! Die gepanzerten Vögel… Deckung! schreit Lynkeus.

Alles greift nach Helm oder Eimer. Schon kommt ein zweiter Panzervogel herangeschossen. Phaleros verpaßt ihm einen Pfeil. Das mörderische Biest überschlägt sich und fällt aufs Deck. Angeekelt betrachten die Helden den stählernen Flattermann, bis Lynkeus sie aufschreckt: *Ein ganzer Schwarm! An die Ruder!*

Während die eine Hälfte der Mannschaft das Schiff zur Insel rudert, halten die anderen schützend die Schilde über die Helmköpfe und brüllen wie eine Löwenherde. Die mörderischen Vögel, verschreckt von diesen Lauten, fliegen rasselnd über die Argo zur Küste davon. Hunderte Stahlfedern sirren herab und spicken die Schilde. Zwei Minuten später ist der Fliegeralarm vorbei. Die Argo setzt sanft am Strand auf. Die Helden springen an Land und setzen schildbedeckt das Gejohle fort. Doch von den Stahlgeiern ist keine Schwanzfeder mehr zu sehen.

Dank sei Phineus! Sonst lägen wir jetzt tot auf der Argo. Iason ist erleichtert, er zündet das Lagerfeuer an. Sie braten ihre letzten Fleischvorräte.

Heute nacht gibt's ein Gewitter, warnt Iason. *Wir drehen die Argo um. Dann haben wir ein Wetterdach.*

Kaum liegen alle unter dem Schiffsrumpf, braust der Sturm los. Es blitzt, und faustgroße Eisbrocken donnern auf die Planken. Wasser spritzt wie aus Millionen Fontänen, und Sturzbäche umgurgeln die Helden.

Im Morgengrauen flaut der Sturm ab. Iason und Lynkeus kriechen durchnäßt unter dem Bootsrumpf hervor. Um sie herum liegen entwurzelte Bäume. Das Meer leckt noch immer wütend an der kleinen Insel.

Lynkeus späht durch die graue Gischt. *Da draußen dümpelt etwas!*

Sie steigen auf eine Klippe.

Vier Köpfe und eine Latte, sagt Lynkeus. *Wenn der Rest noch dran ist, sind es Schiffbrüchige.*

Iason läuft zum Schiff und holt ein paar Helfer. Dann binden sie einen Strick um den Schwimmreifen, und Iason stürzt sich an der langen Leine in die Brecher. Er arbeitet sich auf die schwimmenden Köpfe zu. Es wird höchste Zeit. Der Balken treibt nämlich auf die Klippe zu. Im letzten Moment erreicht er ihn, bindet das Seil fest und gibt Lynkeus ein Zeichen.

Die Argonauten ziehen die Schiffbrüchigen an Land und stellen sie auf den Kopf. Jeder der Halbersoffenen erbricht literweise Wasser.

Langsam finden sie wieder zu sich und ihrer Sprache.

Sie reden so komisch, meint Auleus. *Sicher irgendwelche Barbaren. Wir können sie als Rudersklaven gebrauchen. Kräftig genug sind sie ja.*

Wir sind Griechen, stammelt da einer.

Sieh an! Iason gibt ihnen zu essen.

Wir kommen aus Kolchis, sagt der Wortführer. *Ich bin Aigeus. Das sind meine Brüder Kytisoros, Phrontis und Melanion. Wir wollten nach Hellas, um das Königreich Orchomenos unseres Großvaters Athamas zurückzuerobern. Gestern nacht hat der Sturm unser Schiff zerfetzt.*

Iason staunt. *Wir haben unsere eigenen Vettern aus dem Meer gefischt! Wenn ich nicht irre, ist Phrixos euer Vater.*

Genau, staunt Aigeus. *Woher weißt du?*

Wir sind über ein paar Ecken verwandt, lächelt Iason und erläutert ihnen die diversen Verwandtschaftsgrade sowie den Zweck ihrer Reise.

Jetzt staunen die vier Vettern noch mehr: *Das goldene Vlies wollt ihr? Da kennt ihr aber unseren Opa Aietes schlecht. Der hat Kraft wie drei Stiere. Seit dem Besitz des Fells wird er immer jünger. Wenn es so weitergeht, ist er bald ein Baby.*

Wenn er in Gefahr ist, durch das Fell kindisch zu werden, werden wir ihn davon erlösen! schnaubt Peleus, als er sieht, daß einige Schiffskameraden blaß werden. *Wir stammen auch von Göttern ab. Mein Großvater Zeus wird's schon richten.*

Aietes' Enkel fühlen sich nicht wohl in ihrer aufgeweichten Haut. Aber was sollen sie machen? Immerhin verdanken sie Iason ihr Leben.

87
Plan mit altem Mädchen
– Olympische Liebesspiele –

Nach einer ruhigen Nacht gleitet die Argo gen Osten. Zwei Tage später schimmern durch den Morgendunst die gewaltigen Gipfel des Kaukasus.

Am Abend sind wir in Kolchis, meint Aigeus.

Plötzlich rauscht ein Riesenvogel über das Schiff. Die Mannschaft duckt sich und erstarrt. Aigeus lächelt. *Keine Sorge, das ist Prometheus' Geier. Der holt sein Frühstück. Uns tut er nichts.*

Eine halbe Stunde später hallt das furchtbare Stöhnen des gemarterten Titanen von den Bergen.

Ziemlich unheimliches Land, euer Kolchis, sagt Iason. Den Helden sträuben sich die Haare.

Bei Einbruch der Dunkelheit erreichen sie tatsächlich die Mündung des Phasis.

Wir verstecken uns am besten in einem versumpften Seitenarm, flüstert Aigeus. *Die Wachen schießen auf alles, was sich bewegt.*

Er kauert sich neben Kapitän und Steuermann und flüstert Anweisungen: *Links ist die Hauptstadt Aia, darüber die Aia-Burg auf dem Aia-Berg. Rechts hinter den Sümpfen liegt auf freiem Feld der Ares-Hain. Dort ist das Fell, bewacht von dem grauenerregenden Drachen Chrysophylax.*

Im Dickicht machen sie die Argo fest. Dann strecken sich alle todmüde an Deck aus.

Während die Helden schlafen, findet auf dem Olymp eine Beratung zwischen Hera und Athene statt.

Ein Wunder, daß Iason ohne unsere Hilfe überhaupt so weit gekommen ist. Der Junge hat Glück, meint Athene anerkennend.

Ja. Aber jetzt wird's ernst, sagt Hera. *Wenn wir ihm nicht beistehen, macht ihn Aietes fertig.*

Aber wie? Wir müssen ihm einen Nothelfer in Aietes' Lager besorgen, überlegt die schlaue Athene. *Jemand, der bedingungslos auf seiner Seite steht.*

Das kann nur eine Frau sein. Liebe ist die Geheimwaffe, mit der wir Iason beistehen, weiß Hera.

Wie wär's mit Medea, Aietes' Tochter? Sie ist zwar nicht mehr die Jüngste, aber sie bietet sich doch geradezu an, befindet Athene.

Sie weihen Aphrodite in ihren Liebesplan ein.

Eros soll Medea einen Pfeil verpassen. Aber habt ihr auch ein originelles Geschenk für ihn? Umsonst macht der nichts.

Hera zieht einen goldenen, mit königsblauen Ringen emaillierten Tennisball aus der Handtasche.

Damit hat Zeus als Kind gespielt. Wenn man ihn nachts in die Luft wirft, gibt's ein Feuerwerk. Das wird ihm sicher gefallen.

Aphrodite besucht Eros in seinem Center. Dort betrügt er gerade Ganymedes beim Würfelspiel. Sie zwinkert Eros zu und zieht ihn am Flügel auf den Balkon. Dort wirft sie den Ball in den Nachthimmel. Sofort zieht eine Sternschnuppe ihre glitzernde Leuchtspur.

Toll! freut sich Eros und ist zu allem bereit.

88

Eros in der Aia-Burg
– Medea verliebt sich in Iason –

Iason zieht in Begleitung von Aietes' Enkeln zur Königsfestung Aia.

Ich versuche, das Fell im Guten zu kriegen, verabschiedet sich der Kapitän von seinen Leuten. *Wenn ich um zwölf Uhr nicht zurück bin, haut mich raus!*

Die fünf schleichen im Morgennebel zur Burg. Hera hat die Schwaden um die Stadt gelegt, damit Iason unbemerkt in den Palast eindringen kann.

Just als sie in den Vorhof treten, kommt Chalkiope aus dem Frauentrakt. Sie denkt, sie halluziniert, als sie ihre vier Söhne sieht.

Wo kommt ihr denn her?

Durchs Tor, Mama, grüßt ihr Liebling Kytisoros, was komischerweise Sargpanzer bedeutet. Daran sieht man, daß die königliche Familie aus lauter Komikern besteht. Die anderen Söhne heißen nämlich Phrontis: Grübelgriesgram, Melanion: Finsterbrüter und Aigeus: Matratzenhorcher. Die Brüder fallen ihrer Mutter um den Hals und erzählen ihre wundersame Errettung durch Iason.

Iason, ich stehe tief in deiner Schuld. Was kann ich für dich tun? fragt die dankbare Mutter unter Tränen.

Da tritt Aietes in die gerührte Runde. Er grüßt von oben herab. Sein Geierblick fällt auf die Enkel und Iason.

Wie das? bellt er diese an. *Ich dachte, ihr macht euch nützlich und seid auf Geschäftsreise! Und wo kommt dieser Fremde her?* Er deutet auf Iason. *Erklär mir das, Aigeus!*

Aigeus gibt einen dramatischen Bericht vom Schiffbruch und der Errettung. Der König wiegt mißmutig den Kopf.

Wie kommt der überhaupt ins Schwarze Meer? Ich hab' doch überall Patrouillenschiffe, damit uns jeder Pirat ins Netz geht! Und was will er hier? regt sich Aietes auf.

Aigeus erzählt ihm, daß Iason auf Befehl des Orakels gekommen ist, um das Vlies zu holen. Aietes schäumt. Die Frechheit verschlägt ihm die Sprache. Aigeus redet hastig weiter: *Er will es natürlich nicht umsonst, Opa.*

Aietes spuckt aus. Er dreht sich um und ruft die Schildwache: *Hackt dem Griechen Hände und Füße ab und kürzt ihm die Zunge!*

Die Wache kommt anmarschiert und packt Iason, der vor Schreck erstarrt ist.

In diesem Augenblick erscheint Medea. Ihr Blick streift den Gefangenen. Sie stöhnt auf. Eros' Liebespfeil hat sie getroffen.

Eros nimmt die Gestalt einer Nachtigall an und flötet herzerweichend in den Rosenknospen.

Medea bewegt sich mit verklärtem Blick auf Iason zu. Ihre Erscheinung leuchtet förmlich vor Liebe.

Medea ist eine Zauberin. Sie kann Steine wie Frösche springen lassen und Feuerzungen leckend über den Teich schicken.

Was geht hier vor, Vater? Sie wirft einen lodernden Hexenblick auf Aietes.

Wir haben Besuch, antwortet der kurz und senkt die Augen.

Wer ist der Fremde?

Iason aus Iolkos. Er will das Vlies haben, drängt sich Aigeus zwischen Vater und Tochter. *Opa will es ihm nicht geben, sondern ihm Hände, Füße und die Zunge abhacken.*

Medea betrachtet Iason lüstern.

War doch nur ein Scherz, beeilt sich Aietes. *Ich wollte ihm eigentlich eine Wette vorschlagen. Wenn er es schafft, mit meinen feuerschnaubenden Bullen genauso gekonnt wie ich das Steinfeld umzuackern, mit Drachenzähnen zu besäen und die Krieger, die daraus erwachsen, abzustechen, darf er das Vlies mitnehmen. Ich kann es doch nicht jedem Dahergelaufenen überlassen! Wenn er versagt, stirbt er als Torero. Immerhin ein Heldentod.*

Oje! denkt Iason. *Was für ein Aufwand wegen eines Schaffells. Vielleicht sollte ich heimlich …*

Da schaut er zum ersten Mal Medea direkt in die Augen. Sofort steht sein Herz in Flammen.

Nimmst du an? fragt Aietes mit lauerndem Lächeln.

Iason nimmt an, antwortet Medea für ihn.

Iason zieht die Toga fester, damit man seine zitternden Knie nicht sieht.

Aietes grinst: *Bis morgen früh, Sportsfreund!*

Die Audienz ist beendet. Aigeus führt den benommenen Iason am Arm zur Argo zurück.

Nur nicht verzagen! Meine Tante ist eine echte Hexe. Ich glaube, sie steht auf dich. Wenn du nett zu ihr bist, hilft sie dir sicherlich.

89
Feuerfeste Hexensalbe
– Medea cremt Iason –

Chalkiope wird derweil von ihrem Lieblingssohn Kytisoros gebeten, Iason zu helfen: *Tante Medea soll ihn unterstützen. Wenn er durch Opas Machenschaften umkäme, würde ich mich fühlen wie ein Schwein.*

Chalkiope nickt bedrückt. Sie erhebt sich und geht zu Medea.

Schwesterherz, bricht es aus Medea hervor, als Chalkiope sie besucht, *ich weiß nicht, was mit mir los ist! Ich bin total scharf auf Iason. Was für ein Mann!*

Verlier dich jetzt nicht in Schwärmereien! Wenn du ihm nicht beim Pflugwettbewerb hilfst, ist er schon beim Einspannen der Bullen ein Häufchen Asche.

Für diesen Mann bin ich zu allem bereit, versichert Medea. *Sag ihm das. Aber unter einer Bedingung: daß er mich als rechtmäßige Braut auf der Argo mitnimmt!*

Chalkiope schleicht nächtes zusammen mit Kytisoros zur Argo und überbringt die Liebesbotschaft.

Iason wird heiß und kalt. Er berät sich mit seinen Freunden.

Nehm' ich ihre Hilfe an, handle ich mir mit dem Goldfell eine alte Jungfer ein. Nehm' ich sie nicht an, werde ich morgen um diese Uhrzeit längst im Tartaros sein. Was soll ich bloß machen?

Da gibt's doch nichts zu überlegen, sagt der pragmatische Phaleros. *Du kannst dir doch später immer noch eine Zweitfrau zulegen.*

Iason geht zu Chalkiope. *Sage Medea: Iasons Herz flammt. Wenn sie ihn nicht erhört, wird seine Liebe zu Asche.* Sofort eilt sie mit dieser frohen Botschaft zu Medea. *Er ist total verknallt! Mix ihm eine Spezialsalbe, damit die Bullen ihn nicht verglühen. Er erwartet dich im Park der Aphrodite.*

Medea macht sich sofort an die Arbeit. Die Grundsubstanz der Mixtur besteht aus dem blutroten Saft des doppelstieligen safranfarbigen kaukasischen Krokus. Dieser hat deshalb magische Kraft, weil er aus Prometheus' Leberblut sprießt. Dann nimmt sie ein warmes Bad und balsamiert sich mit einem Aphrodisiakum. In einem Hauch von Kleid eilt sie zum Aphrodite-Tempel. Dort wartet Iason in einer Laube. Medea huscht durchs Blattwerk wie eine Fee. Warmes Leuchten geht von ihr aus. Ihr betörender Duft nimmt Iason den Atem. Er küßt sie erst zaghaft und kommt dann langsam auf den Geschmack.

Als er richtig auf Touren kommt, erhebt sich Medea und tritt drei Schritte zurück.

Alles, was ich habe, ist dein. Alles opfere ich dir. Dafür mußt du mir bei allen Göttern des Olymps schwören, mir als Gatte die Treue zu halten. Für immer und ewig!

Iason schwört: *Alles soll sein, wie du es verlangst.*

Medea streift effektvoll das Kleid ab und beginnt, Zauberverse flüsternd, ihren Liebsten mit der Salbe einzumassieren. Heißgeknetet und vor Lust zitternd, werden sie eins. Im Morgengrauen verabschiedet sich Medea: *Und vergiß nicht, Schild und Speer einzusalben!*

Iason, durch die stundenlange Massage erquickt, eilt zur Argo. Dort steigt er in seinen Kampfanzug. Dann marschiert die Mannschaft zum landwirtschaftlichen Sportfest. Die feuerschnaubenden Bullen, groß wie indische Elefanten, scharren mit ihren Eisenhufen im Granit, daß Funken sprühen.

Aietes begrüßt seinen Mitstreiter fröhlich. *Hier sind*

meine Bullen, dort das diamantharte Joch, der Pflug aus Monderz und da der Granitacker.

Alles ist auf den Beinen, um der Sensation beizuwohnen.

Iason wirft einen zärtlichen Blick auf Medea und drückt Aietes die Hand.

Ich verstehe zwar nichts von Landwirtschaft, aber ich werde es versuchen.

Das ist tapfer, grinst Aietes.

Iason nimmt das Joch und nähert sich den angeketteten Feuerbullen. Die brüllen auf und treten aus. Da springt Iason mit einem Satz einem der beiden auf den Rücken. Der zerrt an der Kette und schnaubt Funken. Iason knallt das Joch in den Stiernacken. Dann ist der andere an der Reihe. Der Bulle bockt, wendet den Kopf zur Seite und schnaubt ebenfalls. Eine zwei Meter lange Stichflamme fährt Iason ins Gesicht. Jeder normale Mensch wäre längst verkohlt. Für Iason ist es eine frische Brise.

Aietes zieht die Augenbrauen zusammen. *Der müßte doch inzwischen durchgebraten sein!* flucht er. *Das stinkt nach Intrige.*

Er wendet sich an seinen Feldmarschall: *Sollte er tatsächlich meine Bullen auf Trab bringen und das Feld umbrechen, fackelst du heute nacht um drei das Piratenschiff samt Mannschaft ab. Falls der Kerl nicht brennt, Fels-*

brocken an die Füße und ab ins Wasser mit ihm. Die Aktion ist streng geheim.

Medea, deren Sinne seit der Liebesnacht besonders scharf sind, kriegt den Befehl jedoch mit.

Iason zwingt inzwischen die feurigen Bullen unter das Joch und spornt sie mit dem Ochsenziemer an. Der Pflug rattert wie ein Steinbrecher durch den Granit. Steinsplitter sirren wie Querschläger umher, Funken sprühen.

Iason fließt der Schweiß in Strömen. Gegen Abend ist das vier Morgen große Feld umgebrochen. Iason peitscht die Bullen an die Mauer zurück und kettet sie an. Dabei flämmen sie ihn noch zweimal ab. Aber die Asbestsalbe hält trotz Schweiß wie ein Tauchanzug.

Gratuliere! zischt Aietes verstimmt. *Deine Lederhaut scheint ja verdammt dick zu sein.*

Tja, lächelt Iason souverän. *Manche mögen's heiß.* Er schnappt den Helm mit den Drachenzähnen und sät diese in die Furchen. Sofort wachsen daraus bis an die Zähne bewaffnete Krieger. Noch halb am Boden, fordern sie Iason schon heraus. Dieser, von Medea gewarnt, muntert sie zu einem kleinen Turnier auf.

Wie die meisten Muskelprotze fallen sie sofort johlend übereinander her. Die Überlebenden tötet Iason mit. Bald ist das Steinfeld von Leichen bedeckt.

Die Aia jubeln: *Iason ist eine Sensation und kriegt das Fell zum Lohn.*

Aietes steigt wütend in die Sänfte und eilt nach Hause. Im Burghof wiederholt er dem Kommandanten: *Keine Gefangenen. Alle verbrennen!*

90
Drache mit Lidlähmung
– Medeas hypnotisierende Stimme –

Iason jubelt. Seine Kameraden heben ihn auf ihre Schultern und lassen ihn hochleben. Stolz ziehen sie zur Argo.

Auf dem Schiff nimmt Medea Iason zur Seite und erzählt ihm, was sie gehört hat: *Aietes will das Fell nicht hergeben. Morgen früh kommt sein Rollkommando, um euch samt Schiff zu verbrennen. Bis dahin müssen wir mit dem Fell längst weg sein.*

Aber der Drache!? stammelt Iason. *Können wir das nicht morgen machen? Noch so eine nervenaufreibende Sache stehe ich nicht durch.*

Morgen bist du ein Häufchen Asche.

Iason seufzt.

Ich schläfere das Biest mit Zauberliedern ein, entwickelt Medea ihren Plan. *Und sobald es schnarcht, klaust du das Fell. Währenddessen feiern die Jungs hier lautstark deinen Sieg und machen klammheimlich das Schiff klar.*

So geschieht's. Unter Führung Medeas wandert Iason mit zwanzig Helden zum Ares-Park. Kurz vor dem Ziel versteckt sich die Mannschaft in den Büschen.

Falls die Ares-Priester Wind kriegen, gebt ihr uns Flankenschutz und wehrt sie ab, sagt Medea.

Alle nicken bekommen. Der Drache, die beste Spürnase Eurasiens, hat die Heldensocken natürlich längst gerochen und scheppert nervös mit den Schuppen.

Medea nähert sich, Wiegenlieder summend, dem Ungetüm. Als der Drache sie erkennt, wedelt er freudig mit dem Schwanz.

Nett, daß du mich mal wieder besuchst, zischelt er. Medea und Chrysophylax kennen einander von Kind an.

Ich wollte dir meine neuesten Kompositionen vorsingen, flötet Medea und hebt sofort an.

Der Drache schaut sie glücklich an und kriegt allmählich schwere Lider von ihrem Gesang. Mit 51 Metern ist er fast doppelt so lang wie die Argo. Zur Sicherung des Fells hat er den Schwanz um den Baum gewickelt.

Medea krault ihm das Kinn. Der Riesenkopf sinkt schnurrend auf die Erde. Er gähnt herzhaft: *Schöööön! Könntest du mir nicht jede Nacht...*

Medea öffnet, während sie weitersingt, einen Flakon mit dem Saft frischgepreßter Wacholderzweige, ein todsicheres Schlafmittel. Das tröpfelt sie dem züngelnden Schnarcher auf die Lider. Der kriegt eine Lidlähmung, beginnt zu grunzen, zieht den Schwanz vom Baum und ringelt sich wohlig zusammen.

Medea schnippt mit den Fingern, das verabredete Zeichen. Iason trippelt auf Sandalenspitzen zur Steineiche. Das Fell strahlt wie ein Riesenscheinwerfer in die Nacht. Geblendet reißt er mit dem Schwertgriff die Goldnägel heraus und rollt seine Beute schlafsackmäßig zusammen. Medea schleicht mit ihm davon.

Mann, was ein Strahlpaket! Das wirft ein gefährliches Licht auf uns. Nix wie weg! Man kann uns dreihundert Meter weit sehen, flüstert Atalanta. Wohl wahr.

Just hat ein schlafloser Ares-Priester es blitzen sehen und ist zum verdunkelten Baum gerannt. *Das Fell ist weg!* schreit er und alarmiert die anderen. Die Mönchssoldaten springen in ihre Rüstungen und jagen dem Leuchten nach.

Einige versuchen den Drachen wachzurütteln. Doch der schläft tief und fest.

Medea lauscht in die Nacht. *Sie kommen! Schneller!*

Sie hetzen über die Ebene. Die Verfolger holen auf. Pfeile zischen. Iason schreit: *Ich bin getroffen! Weiter, weiter! Wir sind gleich auf dem Schiff.*

Ein Pfeilhagel prasselt auf sie nieder. Iphitos, Meleager und Atalanta werden ebenfalls getroffen. Mit letzter Kraft erreichen sie die startbereite Argo.

Leinen los! brüllt Iason.

Die Kampfpriester rasen heran. Von der anderen Seite marschiert feuerbereit das Spezialkommando auf.

Die Verbündeten halten sich im Finstern für Feinde und fallen übereinander her. Das ist die Rettung der Argonauten.

91
Königliche Leckerbissen
– Iason schlachtet Prinz Absyrtos –

Als die Kriegsparteien endlich ihren Irrtum erkennen, hat die Argo längst den Hauptstrom des Phasis erreicht und gleitet zum Meer. Der Feldhauptmann schickt einen Hiobsboten zu Aietes.

Dem kommt die Galle hoch: *Wenn man nicht alles selber macht.* Er befiehlt totale Mobilmachung.

Eine Viertelstunde später brettern sämtliche Kampfeinheiten durch die Nacht. Medea sitzt im Heck der Argo und horcht angespannt.

Schneller, schneller! Mein Vater hat seine schnelle Eingreiftruppe losgeschickt.

Die Argonauten rudern sich die Hände wund. Jetzt hören auch sie das unheimliche Gerassel. Da steckt Eos ihre Rosenfinger ins Haar der Nacht. Ein zartes Leuchten wandert über den Kaukasus.

Das Meer! schreien die Griechen. Und gerade, als Aietes' Truppen die Landzunge erreichen, rauscht die Argo in 30 Metern Entfernung vorbei. Aietes kaut vor Wut an seiner Toga. Er läßt zum Rückzug blasen.

Medea weint vor Glück und Erschöpfung und wirft sich ihrem Liebsten an die Heldenbrust. Indes frischt der Wind auf und bläst die Argo westwärts übers Schwarze Meer.

Während Medea die Verwundeten mit ihren Spezialsalben einreibt, versammelt Aietes seine Flottenkommandeure. Fünf Stunden später sind die Kriegsschiffe startbereit.

Die Argo durchschneidet die Wogen. *Kurs westwärts!* befiehlt Iason vom Krankenlager aus. *Phineus hat geraten, scharf am Krimkap vorbeizusegeln. Immer der Nase nach bis zur Donaumündung. Dort verstecken wir uns in den Sümpfen.*

Am vierten Tag erreichen sie das versumpfte Donaudelta.

Wir rudern ein paar Meilen stromaufwärts und vertäuen den Kahn an einer Insel! kommandiert Iason. *Hier erholen wir uns ein bißchen und lassen Schilf über die Angelegenheit wachsen.*

Du bist gut! Medea schüttelt die Locken. *Man braucht doch kein Hellseher sein, um zu wissen, daß uns Aietes die*

Hölle auf den Hals schickt. Ohne sein Verjüngungsfell wird er rapide altern.

Die Schiffer schlagen die Warnung in den Wind und werfen an einer versumpften Inselbucht Anker, fangen Fische, plündern ein paar Hütten und schwängern einige Frauen.

Wenn's hier nicht so viele Mücken gäbe, lebte man wie Zeus auf dem Olymp, sagt Iason nach ein paar faulen Tagen. Da kommt Phaleros fahl angehechelt.

Ich war mit einer Fischerstochter drüben am Sandstrand, da ist zwanzig Meter von uns entfernt ein Boot durchs Schilf geglitten. Mit fünf Mann in voller Rüstung. Alles Kolcher! Sie haben mich nicht bemerkt.

Die Nachricht schlägt ein wie eine Bombe.

Still! Sie können nicht weit sein, sagt Orpheus. *Ich tarne mich als Fischer und versuche sie auszuhorchen.*

Iason ist einverstanden. Orpheus schleicht durch den Schilfgürtel Richtung Sandbank. Kaum sitzt er auf einer entwurzelten Eiche über dem Ufer, haben ihn die Späher entdeckt. Die Ruderer kommen mit entsichertem Bogen auf ihn zu. Orpheus singt zum Steinerweichen und zupft virtuos die Leier.

Der Spähtrupp läßt die Ruder sinken. *Du da*, ruft der Bootsführer, *bist du von hier?! Du mich verstehen?*

Ich wohnen in Nähe. Wo kommen ihr her? Was ihr suchen? fragt Orpheus radebrechend in einem griechisch-thrakischen Sprachmischmasch.

Wir sind aus Kolchis. Und wir suchen ein großes Schiff. Hast du hier noch andere Fremde gesehen?

Vor Wochen kam eins vorbei. Mit vielen Kriegern und schwarzer Fahne, erzählt Orpheus.

Das sind sie! freut sich der Anführer.

Wie wollt ihr sie finden? fragt Orpheus harmlos.

Wir haben 25 Schiffe und durchkämmen die Sümpfe. Der Rest bewacht die Mündungsarme, plaudert der Anführer Admiral Apsyrtos' geheimen Fangplan aus.

Dann viel Glück! Aber falls ich das Schiff irgendwo sehen sollte, soll ich es euch dann verraten? Was gebt ihr mir dafür? Und wo finde ich euren Chef?

Der Sprecher erläutert Orpheus, wo Absyrtos' Admiralsschiff dümpelt. Nämlich genau dort, wo der Hauptarm der Donau ins Schwarze Meer strömt. Die Männer rudern weiter. Orpheus eilt zum Versteck zurück.

25 Schiffe? Da haben wir keine Chance, entsetzt sich Medea.

Außerdem werden sie bald von den Leuten erfahren, wo wir stecken, überlegt Phaleros. *Wir müssen schnell handeln!*

Nein, wir müssen verhandeln, sagt die kluge Medea. *Das Fell ist rechtmäßig erworben. Das Problem bin ich.*

Iason stöhnt. *Immer sind Frauen das Problem! Wir setzen dich an der Mündung auf der Artemis-Insel aus. Sozusagen auf neutralem Boden. Dann bitten wir den für seine*

Gerechtigkeit berühmten König der Bryger zu entscheiden,
was geschehen soll. Du bleibst solange als Unterpfand in
der Obhut der Priesterinnen.

Gerissen! sagt Lynkeus anerkennend. *So gewinnen wir*
Zeit zum Verschwinden.

Und wenn der entscheidet, ich soll zurück nach Kolchis?
weint Medea. *Jetzt, wo es schwierig wird, wollt ihr mich*
loswerden! Ohne mich wäre Iason ein Häufchen Asche,
und ihr würdet geblendet und kastriert in Aietes' Bergwer-
ken schuften. Iason hat geschworen, mich als Gattin mit-
zunehmen!

Medea macht eine Szene, daß Iason der Kopf rauscht
und die Knie schlackern.

Ohne mich hättest du nie das Fell gekriegt! Jetzt willst
du mich einfach aussetzen und dich mit meinem Goldfell
auf und davon machen! kreischt sie weiter.

Den Helden wird ungemütlich.

Ich werde mich rächen und euch vorher noch allen die
Impotenz in die Hosen hexen! Medea wird immer hysteri-
scher.

Genug! ruft Orpheus dazwischen. *Keiner hat gesagt,*
daß wir dich aussetzen.

Genau! pflichtet ihm Iason bei. *Das ist doch nur eine*
Kriegslist. Wenn es mit deinem Bruder zur Seeschlacht
kommt, können wir uns gleich selbst versenken.

Medea, inzwischen still, richtet sich nun mit einem

Ruck auf. *Ich hab's!* Ihre Stimme bekommt metallischen Klang.

Wir müssen Absyrtos beiseite schaffen. Sobald die Flotte kopflos ist, nutzen wir das Chaos zur Flucht.

Aber wie, Honey? fragt Iason atemlos über den kühnen Plan.

Absyrtos bekommt eine geheime Nachricht. Darin steht, ich sei gewaltsam entführt worden. Er möchte allein kommen und mich von der Artemis-Insel befreien. Den Rest erledigst du, spricht Medea kalt.

Iason fröstelt. *Aber*, stottert er, *töten auf heiligem Boden…?*

Du nimmst es doch sonst nicht so genau, wundert sich Medea und kommandiert kurzentschlossen: *Orpheus rudert sofort als mein Bote getarnt los! Ich möchte meinen Bruder Punkt Mitternacht vor dem Tempel treffen.*

Sie wendet sich an Iason. *Sobald es dunkel ist, rudern wir die Argo zur Rückseite der Artemis-Insel.*

Und so geschieht's.

Orpheus paddelt zu Absyrtos. Zum Glück hält gerade der ihm bereits bekannte Anführer Wache. Er bringt Orpheus sofort zu Absyrtos.

Was gibt's? fragt Absyrtos lahm, als Orpheus in seine Kajüte geschoben wird.

Eilbote von deiner Schwester, Admiral!

Absyrtos erhebt sich überrascht. *Von meiner Medea?
Wo ist sie?*

Sie wurde entführt, sagt Orpheus schnell. *Derzeit ist sie
auf der Artemis-Insel, unter Tempelarrest.*

Absyrtos schaut ungläubig.

Orpheus redet weiter: *Du sollst heimlich kommen, um
mit ihr über die Freilassung zu sprechen. Hier ist der Beweis: ein Siegelring und ein Brief von ihrer Hand.*

Absyrtos betrachtet Ring und Post. *Zweifellos echt.
Aber warum ist sie nicht gleich mitgekommen?*

Weil, Orpheus senkt seine Stimme, *sie befürchtet, daß
du sie...* Er haut sich mit der flachen Hand an die Kehle.

Unsinn! entrüstet sich Absyrtos. *Wie kann sie nur so
etwas glauben? Ich komme mit und hole sie. Wenn sie befreit ist, machen wir die Piraten zu Fischfutter und holen
uns das Fell zurück.*

Aber, warnt ihn einer seiner Leute, *du kannst dich
doch nicht allein in den Tempel der Artemis wagen!?*

Doch, doch, schnellt Orpheus vor. *Wenn die Piraten
merken, daß ein Kriegsschiff oder mehrere Krieger in einem Beiboot kommen, dann ist Medea sofort tot.*

Kurz und für ihn nicht gut: Trotz Warnung steigt Absyrtos in Orpheus' Kahn und schaukelt mit ihm im
Dunkeln zur Artemis-Insel.

Da drüben ankert die Argo, flüstert Orpheus und zeigt
auf den schwankenden Schatten.

Hoffentlich liegen die Hunde nicht auf dem heiligen Eiland im Hinterhalt, gruselt sich Absyrtos.

Dazu sind sie zu gottfürchtig, beruhigt ihn Orpheus. Der Kahn gleitet in eine Bucht. *Folge dem Pfad. Der führt direkt zum Tempel. Ich warte hier*, raunt Orpheus.

Der junge Prinz schleicht den schimmernden Sandweg entlang. Käuzchen schreien. Raschelt da nicht etwas? Absyrtos bleibt stehen und lauscht. Nichts.

Der Mond schimmert fahl durch die Pinien.

Gespenstisch, denkt der Prinz und steigt den Hügel hinauf. Oben leuchtet der Tempel weiß in die Nacht.

Heraus tritt Medea in flatternden Schleiern. Absyrtos läuft mit ausgebreiteten Armen auf sie zu. Sie fallen sich weinend um den Hals.

Ach, Bruderherz. Warum bist du gekommen?!

Du hast doch den Boten geschickt! Laß uns schnell gehen! Morgen früh überfallen wir Iason und fahren dann mit dem Fell heim. Ohne dich und das Vlies brauche ich mich bei unserem Alten nicht mehr blicken zu lassen.

Ich kann nicht, stammelt Medea hysterisch, als sie jetzt Iason mit blankem Schwert aus dem Gebüsch treten sieht. Der Schmerz zerreißt ihr die Brust.

Wird ja alles gut! tröstet Absyrtos die Schwester.

Nichts wird gut! schreit Iason nun hinter seinem Rücken. Absyrtos wirbelt herum und erkennt den

Meuchler. *Iason! Das ist heiliger Boden!* stößt er hervor. Da blitzt das Schwert.

Absyrtos weicht dem Hieb aus und versucht sich hinter Medea zu verstecken. *Du hast mich verraten!*

Iason schlägt erneut zu. Ein gräßlicher Schrei. Absyrtos' Unterarm fliegt in den Sand. Medea kriegt einen Schreikrampf, daß die Artemis-Priesterinnen aus ihren Betten fallen.

Mein Blut komme über euch! röchelt Absyrtos. Iason säbelt wie ein Metzger an seinem Schwager herum. Nach zehn Minuten ist der Prinz in zwölf handliche Teile zerlegt. Iason wickelt jedes Leichenteil in ein Stück Toga. Nach altem heidnischen Brauch leckt er jedes Teil ab und spuckt das Blut dreimal rückwärts über die Schulter, damit Absyrtos' Geist ihn nicht verfolgt. Dann packt er den Tranchierten in einen vorsorglich mitgebrachten Kessel.

Medea wankt herum wie von Sinnen. *Komm!* herrscht sie der Held an. *Pack an! Dein Bruder ist schwer.*

Doch letztlich schleppt er Kessel und Frau zum Boot, wo Orpheus das hysterische Geheul der Priesterinnen mit zarten Akkorden übertönt.

Alles geklappt? raunt er Iason zu. Der hievt Frau und Kessel ins Boot und knurrt: *Nichts wie weg! Ziemlich grusliger Ort!*

92

Mit Volldampf zur Reinigung
– Bußfahrt zu Kirke –

An Bord der Argo stürmen die Helden auf ihn ein: *Alles paletti?*

Iason nickt und zeigt auf den Kessel: *Ich habe ihn platzsparend verpackt. Anker gelichtet! Jetzt, da dem Feind der Kopf fehlt, kommen wir durch.*

Die Argo gleitet lautlos mit der Strömung zum Meer. Unterwegs wirft Iason Absyrtos stückweise über Bord: *Für ein standesgemäßes Begräbnis müssen sie all seine Einzelteile komplett zusammenfischen. Das dauert. Bis dahin sind wir über alle Berge.*

In diesem Moment erklingt ein Signalhorn vom rechten Ufer.

Sie haben uns entdeckt! Volle Kraft voraus!

Die Argonauten rudern, was das Zeug hält. Das Schiff gewinnt an Fahrt. Da schießt Absyrtos' Admiralsschiff blitzschnell auf sie zu. Lynkeus sieht die Gefahr. Ein Ruck mit dem Steuerruder, und die Kriegsgaleere jagt um Fingers Breite am Bug der Argo vorbei.

Iason brüllt: *Wir haben Absyrtos zwei Meilen donauaufwärts über Bord geworfen! Fischt ihn auf, bevor ihn die Fische fressen!*

Verwirrung an Bord der Kolcher. Ist das eine Finte?

Ich wußte, es geht schief, stöhnt der Unteradmiral und läßt per Lichtfunk die Flotte sammeln.

Die Argo gleitet durch die feindlichen Galeeren zum offenen Meer.

Athene, die vom Olymp aus mit einem Teleskop die Tragödie verfolgt hat, eilt zu Hera.

Unsere Idee, Medea und Iason zu verkuppeln, war ein Fehler. Sie hat ihren Lieblingsbruder auf der Artemis-Insel von Iason zerhacken lassen!

Wie? Hera ist für einen Moment geschockt. *Auf heiligem Boden? Wie pietätlos! Blutbesudelt wie sie sind, müssen sie sofort zur Reinigung. Sonst können wir sie nicht weiter unterstützen. Das hätte ich von Iason nicht erwartet.*

Kirke soll sie vom Mord rein waschen, schlägt Athene vor.

In Ordnung, nickt Hera.

Athene läßt den Orakelbalken an Bord der Argo sprechen: *Achtung, Achtung! Olymp an Argo. Hier Athene. Hört ihr mich?*

Medea schreckt aus ihrer Apathie. *Da spricht eine Frau. Wo kommt die denn her?*

Achtung, Achtung! wiederholt Athene.

Oha, flucht Iason, *jetzt gibt's Zoff mit denen da oben!*

Er legt sein Ohr an den Balken. *Hallo? Hier Iason. Was gibt's?*

Hier Athene. Sag mal, bist du von allen guten Geistern verlassen? Du kannst doch an einem heiligen Ort keinen Mord begehen! Was sind denn das für Sitten? So blutbesudelt könnt ihr jedenfalls nicht weiterfahren. Die Argo dümpelt so lange auf derselben Stelle, bis man euch aussetzt. Ihr begebt euch auf dem Landweg zu Kirke zur Reinigung. Bis eure Toga fleckenlos ist, seid ihr vogelfrei! Klar?

Iason kann es kaum fassen. *Wo wohnt denn deine Tante Kirke?* fragt er Medea.

In Istrien an der Adria.

Was? Das ist ja am anus mundi! Und das zu Fuß? nörgelt er. Tatsächlich sind es rund 1500 km Luftlinie von der Donaumündung bis Istrien. *Rund 80 Tage Gewaltmarsch durch Balkangestrüpp! Ziemlich herbe Strafe für den kleinen Zwischenfall,* mault der Held.

Vielleicht sollten wir den Befehl ignorieren, flüstert er Medea zu.

Da ruft Lynkeus: *Unter uns ist ein Riesenstrudel! An die Ruder!*

Die Argonauten lassen die Ruder rotieren. Doch der Segler kommt nicht vom Fleck.

Da haben wir den Salat! Totalblockade, resigniert Lynkeus. *Athene läßt uns im Kreis laufen, bis uns die Möwen fressen.*

Ihr müßt sofort von Bord, sagt Akastos, der Sohn von

Pelias, der ohne Erlaubnis seines Vaters mitgefahren ist. *Wir holen euch auch in drei Monaten bei Kirke ab.*

Iason stampft wütend auf. Die Argo dreht und dreht. Die Sonne knallt unbarmherzig auf sie nieder. Das Trinkwasser wird knapp, und Bremsen saugen ihnen die letzte Flüssigkeit aus den Adern. Am Nachmittag sind Iason und Medea mürbe.

Also gut, stöhnt Iason, *setzt uns an Land.* Kaum gesprochen, verschwindet der Strudel, und die Argo treibt ans Ufer.

Iason packt das Goldfell in den Rucksack. Dann macht sich das kriminelle Pärchen auf seinen Weg durch die Sümpfe. Während der Rest der Mannschaft Griechenland umschifft und Abenteuer erlebt, wandern Iason und Medea donauaufwärts, dann die Sava entlang und die Kupa.

Schließlich in Vitopolis (heute Rijeka) angelangt, fragen sie einen Sandalenmacher nach der weltberühmten Zauberin Kirke.

Kirke? fragt der zurück. *Was treibt die?*

Zaubereien aller Art, erklärt Medea den Beruf ihrer Tante.

Ach, Zirze! fällt beim Schuster die Drachme. *Die wohnt in einem Zauberschloß in einem Überraschungspark. Einmalig! Aber wer unangemeldet auftaucht, verliert seine Identität. Bleibt lieber hier! Einer meiner Freunde wurde in sprechende Ziegenscheiße verwandelt.*

Die Horrorgeschichte schreckt sie nicht. Am nächsten Tag stehen sie vor dem mysteriösen Schloß.

Ist das toll! begeistert sich Medea. Von der Adria weht ein kühles Lüftchen durch die Korkeichen des verwunschenen Parks.

Eichhörnchen hüpfen herum, von fern brüllen Löwen, eine Elster rauscht neugierig heran: *Haut ab! Wer hierbleibt, wird zum Tier.*

Schwertlilien recken die Hälse, über einem Teich schwirren armlange Hornissen. Zwergengroße Frösche quaken im Schlamm.

Wie im Märchen, will Iason gerade sagen, da fliegt meckernd ein geflügelter Topf an ihnen vorüber. Medea lacht auf: *Was die kann, kann ich auch!* Und verwandelt den Topf in einen Arsch mit Ohren. Sie dreht sich stolz zu Iason um, doch der schrumpft unter ihrem Blick zu einem Kaktus. Sie will ihn umarmen, versucht dabei ebenfalls zu zaubern, da wird ein Stachelschwein aus ihm. Medea ergreift die Flucht und verbirgt sich in einer Grotte. Jetzt kommt meckernd das goldene Vlies angelaufen und nimmt sie auf die Hörner. Medea rutscht aufs Fell. Und schon geht's ab durch den Wald, bergauf, bergab, millimeterscharf vorbei an Felszacken und Bärenkrallen.

So plötzlich Leben in das Fell kam, so plötzlich sinkt es unter ihr zusammen. Medea öffnet vorsichtig die Augen. Sie sitzt in einem Park voller Löwen, Känguruhs,

Grizzlybären, Nilpferden, alle jedoch aus Marmor. Zwei ineinander verschlungene Wale bilden einen Swimmingpool. Auf dem Wasser schaukelt eine Liege. Auf dieser züngelt eine Flamme in Frauengestalt.

Na, mein Äffchen, lacht die Feuerfrau. Medea fühlt sich seltsam. Sie schrumpft. Ihr Gesicht wird faustgroß, und aus ihrer Haut sprießen überall Haare hervor. Sie blickt ins Wasser und kreischt auf: Sie ist zur Schimpansin geworden.

Kirke, inzwischen in menschlicher Gestalt, betrachtet das zeternde Äffchen: *Sei ruhig!* zischt sie. *Oder hast du mir etwas Bedeutendes mitzuteilen?*

Die Schimpansin nickt und fuchtelt heftig mit Armen und Beinen.

Kirke bespritzt sie mit etwas Wasser. Sofort hat Medea ihre Sprache wieder: *Mensch, Tante, spinnst du? Ich bin deine Nichte Medea!*

Hab' ich mir doch immer gedacht, daß mein Bruder ein Affe ist, lacht die Zauberin.

Laß jetzt deine blöden Witze, ruft Medea empört. *Ich bin mit meinem Mann 80 Tage von der Schwarzmeerküste hierher gelaufen, damit du uns reinigst!*

Mir ist sonst langweilig, verteidigt sich Kirke. *Man kann nicht immer nur lieben, singen und tanzen. Vor allem, wenn man unsterblich ist. Also verkürze ich mir die Zeit mit Zauberei.*

Du kannst doch auch mal was Nützliches machen,
drängelt Medea und erzählt den Grund ihres Besuches.

Kirke schaut sie streng an. *Welcher Affe hat dich denn gebissen? Den Bruder meucheln für einen Dahergelaufenen! Wäre ich nicht deine Tante, würde ich dich als Äffin für immer in den afrikanischen Busch schicken.*

Kirke ist eigentlich nichts Menschliches fremd. Aber die Familienbande sind ihr heilig. Sie verwandelt Medea ins Original zurück und hext Iason aus seiner Stachelschweinschwarte.

Ihr seid mir ein feines Pärchen! Das wird eine aufwendige Reinigung.

Sie schnippt mit den Fingern. Ein Gnom wächst aus dem Boden.

Bring den beiden eine Kanne Mondkrauttee und laß alles weitere herrichten!

Kaum haben die Meuchler den Mondkrauttee getrunken, liegt ihre Seele offen da wie das Sündenregister bei der Kriminalpolizei. Kirke studiert sie und fahndet nach der Ursache der mörderischen Tat. Plötzlich sind ihr die Zusammenhänge klar.

Sieh an! Ein transparentes Geschoß im Herzen. Eros hat mal wieder zugeschlagen. Ich sag's ja immer: Liebe ist eine Krankheit, die zum Tode führt.

Nach der Psychotherapie kommen die Sünder in ein

dampfendes Sühnebad, das ihnen die Blutflecken förmlich aus der Haut ätzt.

So, und nun raus hier! herrscht Kirke die Gereinigten an. *Verwandtenmörder haben in meinem Park nichts verloren!*

Medea und Iason eilen zum Strand. Dort liegt tatsächlich die Argo. Die Wiedersehensfreude ist groß. Und schon rauscht der Segler die dalmatinische Küste entlang Richtung Hellas.

93
Roboter mit zarter Ader
– Medea macht Talos unschädlich –

Gerade schimmern freundlich die Berge Arkadiens aus dem Meer, da braust ein Orkan über die Wellen und pustet sie bis an die libysche Küste. Neun Tage lang wütet das Meer und verschlingt alles, was nicht niet- und nagelfest ist. Schließlich taumelt die Argo durch die Große Syrte, die riesige Bucht östlich von Tripolis.

Es scheint, als wäre das Unwetter vorbei, da bäumt sich der blanke Hans ein letztes Mal auf. Eine riesige Welle rollt heran, erfaßt das Schiff, rauscht über die Küste hinweg und tief in die libysche Wüste hinein. Die gewaltige Springflut verströmt in den Wadis und setzt die Argo in den Sand, meilenweit vom Meer entfernt.

Lynkeus schaut sich die Augen aus. Weit und breit kein Baum, kein Strauch, kein Wasserloch. Nur Wind, Sand und Sterne. Zum Glück hat die Dreifaltige Göttin Libya das Malheur gesehen. Damit die Schiffer nicht verdursten, schickt sie ihnen ein mammutgroßes zottiges Meerpferd. Wenn es sein Fell schüttelt, sprühen die feinsten Süßwasserfontänen. Die Helden nehmen Duschbäder und trinken sich satt. Kaum sind sie gestärkt, wiehert das Roß aufmunternd.

Sie schultern ihr federleichtes Schiff und folgen dem Fabelwesen zwölf Tage und Nächte durch die Wüste, bis sie wieder am Mittelmeer stehen. Dort springt das Pferd in die Wogen und verschwindet auf Nimmerwiedersehen.

Die Schiffer setzen den Kahn ins Wasser, und mit frischem Mut geht's Richtung Heimat.

Nach ein paar Tagen taucht eine Insel auf.

Wo mögen wir sein? überlegt Iason. *Wir brauchen Wasser und Proviant. Gehen wir an Land!*

Es ist Kreta. Unter Minos und seinem Nachfolger ist das Paradies zum Polizeistaat verkommen. Um die Insel perfekt abzuschirmen, hat Minos kurz vor seinem Badetod bei Hephaistos eine todsichere Überwachungsanlage mit Namen Talos in Auftrag gegeben. Das ist ein Ungetüm aus Eisen. Dieser Blechkerl rast täglich wie aufgezogen im Laufschritt um die ganze Insel, um

Fremde, die landen wollen, mit Felsbrocken zu bewerfen und in den Grund zu bohren.

Wer nicht zerschmettert wird oder ersäuft, sondern das Unglück hat, sich an Land zu retten, wird von Talos spezialbehandelt. Kaum erblickt er einen Gestrandeten, springt er in eins der Feuer, die Tag und Nacht um die Küste lodern, heizt sich auf, bis er glüht. Dann rast er dem Gestrandeten zu Hilfe und trägt ihn an Land. Wehe dem armen Würstchen, das nicht sofort vor Schreck stirbt.

Kaum nähert sich die Argo dem Ufer, klettert Talos auf ein Riff und schmeißt schreiend mit Felsen nach ihr.

Zum Glück schmeißt er entweder zu weit oder zu kurz. Phaleros legt einen Pfeil auf und schießt. Das Geschoß knallt dem Metallmonster voll auf die linke Brustseite, doch der Pfeil prallt ab. Talos röhrt triumphierend.

Die Argonauten machen, daß sie außer Wurfweite kommen. Das Monster rast hin und her und stößt dabei entsetzliche Laute aus. Die halbverdursteten Seefahrer sind ratlos.

Was sollen wir machen? fragt Iason.

Jetzt weiß ich, wer das Monster ist: Talos, der Roboter, fällt Medea plötzlich ein. Sie berichtet von seiner Funktion.

Dann kommen wir nie an Land, meint Akastos.

Vielleicht doch, läßt sich Atalanta vernehmen. *Er soll eine Art Achillesferse haben. Und zwar eine armdicke Ader, die vom Hals bis zum Fußknöchel läuft. Seine einzige.*

Lynkeus richtet seinen Fernblick auf Talos. *Das stimmt. Wenn es uns gelingt, die Ader anzuritzen, läuft er aus.*

Die Helden spannen ihre Bogen und lassen einen Pfeilhagel auf den Eisenmax niedergehen. Doch der lacht nur und zeigt den rostigen Hintern.

Keine Chance, wir verpulvern bloß unsere Munition, bläst Iason den Angriff ab.

Ich werde ihn hypnotisieren, verkündet Medea. *Falls er tatsächlich einschläft, laß ich ihn zur Ader.*

Aber wie? fragt Akastos.

Ihr lenkt ihn ab. Währenddessen schwimme ich im Bogen an ihn heran und verstecke mich zwischen den Felsen unter ihm.

Iason stimmt zu. Die Helden postieren sich in einer Kampflinie, lärmen, fuchteln mit den Waffen, schießen und pfeifen. Medea springt, durch die Männer gedeckt, auf der Rückseite über Bord und taucht ab.

Talos schleudert röhrend Felsbrocken. Er hat jetzt kein Auge frei für Badenixen. Medea nähert sich langsam dem rasenden Roboter.

Jetzt ist sie gelandet, drei Meter unter ihm. Wir legen eine Kampfpause ein! ruft Lynkeus.

Stille beherrscht plötzlich die Szene. Talos steht starr und glotzt wie ein Kriegerdenkmal. Da beginnt Medea mit Zauberstimme zu singen.

Talos rührt sich noch immer nicht. Niemals zuvor hat er so liebliche Worte gehört. Er wird schwach und muß sich setzen. Medea krabbelt singend den Felsen hinauf. Talos blickt sie an wie ein Weltwunder. Da übermannt ihn der Schlaf. Aufschnarchend sinkt er zurück.

Medea hockt singend zu seinen Füßen, zieht ein Messerchen hervor und säbelt an der Blechvene am linken Fußknöchel. Der Roboter zuckt einmal kurz und wälzt sich grunzend zur Seite.

Da! Medea atmet auf. Das Messer hat die Vene gekappt. Ein dünner Blutstrahl rinnt über die Klippe ins Meer. Talos beginnt zu brabbeln. Medea hört auf zu singen. Das Monster erwacht wie aus tiefer Ohnmacht, blickt Medea erstaunt an und erhebt sich scheppernd.

Na, ausgeschlafen? neckt ihn Medea.

Talos blickt auf seinen Knöchel, aus dem unaufhaltsam sein Lebenssaft rinnt. Er reißt entsetzt das Maul auf. Doch er bringt vor Schwäche keinen Ton mehr hervor. Ein Beben geht durchs Eisen, er kippt vornüber und versinkt mit dem Kopf voran im Mittelmeer.

Die Argonauten schreien vor Freude und rudern begeistert an Land. Sie stürzen zur nächsten Quelle, fangen und schlachten Ziegen und plündern ganze Gemüsegärten.

Nachdem sie sich ein paar Tage gut genährt haben, hissen sie die Segel und kreuzen heim nach Iolkos.

94
Mordserfolg einer Verjüngungskur
– Medea leistet Pelias Sterbehilfe –

An einem milden Herbstabend kreuzt die Argo am Strand von Pagassi, zehn Kilometer südwestlich von Iolkos, auf.

Ich geh mal die Lage peilen, sagt Iason. Im Abenddämmer hat niemand das Schiff kommen sehen. Er schleicht am Ufer entlang. Im Mondlicht sieht er einen Fischer, der gerade auf Nachtfang auslaufen will. Der Fischer hält Iason für einen späten Kunden.

Sag mal, läßt Iason nebenbei einfließen, *hat man bei euch etwas von Iason gehört, der im Frühjahr auf Goldfellsuche gegangen ist?*

Nee, meint der. *Das mit dem Fell soll nicht geklappt haben, und alle wären ersoffen, heißt es. Das war ja eh eine hirnrissige Idee! Als wenn Pelias sich auf so einen Kuhhandel einließe! Der ist viel zu gerissen. Kaum waren die Hel-*

den ausgelaufen, hat Pelias Iasons sämtliche Verwandt-schaft kaltgemacht.

Dieses Ungeheuer! schreit Iason auf. *Und was ist mit Iasons Mutter Polymele?*

Die hat Hand an sich selbst gelegt, mit Dolch oder Strick. Jedenfalls wurde sie seitdem nicht mehr gesehen.

Iason fängt an zu schluchzen.

Sag mal, kanntest du sie? fragt der Sardinenfänger.

Iason nickt: *Sie war meine Mutter!*

Bei Zeus! Du bist Iason? fährt der Mann hoch. *Geh bloß nicht zu deinem Onkel! Der verfüttert dich an die Wachhunde. Iolkos ist seit der Meuchelei gerüstet wie Sparta. Die reinste Diktatur!*

Iason bedankt sich großzügig. Er drückt dem Fischer ein Säcklein Gold in die Hand und verschwindet im Dunkeln.

Dieser Mistkerl hat uns reingelegt! regt sich Lynkeus auf. Alle Helden sind wütend.

Wir überrennen die Stadt! tönt es.

Wir paar Mann gegen 2000? bremst Iason den Selbstmord.

Da mach' ich nicht mit! läßt sich jetzt Akastos vernehmen. *Mein Alter ist zwar ein Schurke, aber ihr könnt nicht verlangen, daß ich zum Vatermörder werde und meine Heimatstadt verwüste.*

Jeder fährt heim und stellt ein Kampfbataillon zusam-

men. Vereint lassen wir dann die Fetzen fliegen, schlägt Phaleros vor.

Es wird heftig diskutiert. Da tritt Medea in den Heldenkreis. *Warum eine Stadt zerstören, wenn man sie friedlich gewinnen kann? Ich werde Pelias zur Abdankung bringen.*

Warum nicht? ruft Iason ins Gemurmel. *Wenn's nicht klappt, können wir immer noch zuschlagen.*

Na gut, wir geben dir drei Tage, stimmt Atalanta zu. *Das ist Pelias' Galgenfrist.*

Medea lächelt hintersinnig. *Spätestens übermorgen hat Pelias den Thron geräumt. Versteckt die Argo in den Sümpfen. Wenn morgen nacht eine Fackel vom Palastdach aus Signale gibt, ist die Sache gelaufen.*

Im Morgengrauen zieht Medea mit zwölf phaiakischen Sklavinnen, alle kostümiert, nach Iolkos. Hymnen singend und eine hohle Holzstatue der Göttin Artemis mittragend, erreichen sie das Haupttor. Die Wache blickt blöde aus der Rüstung, als die Frauengruppe mit ihrer übermannshohen Devotionalie Einlaß begehrt. Medea erklärt ihnen, daß sie aus Kaledonien kommen und mit ihrer Göttin Artemis Glück ins Haus bringen.

Kaum sind sie in der Stadt, verwandelt sich Medea in eine schrumplige Alte. Wenig später tanzen die Frauen kreischend um den Königspalast.

Pelias schreckt hoch. Schließlich ist es erst fünf Uhr früh.

Was ist denn das für ein Geheule? fragt er verwirrt seinen Kammerdiener. Der linst über den Balkon und betrachtet die Weiberhorde, die barbusig um die Holzfigur kreist.

Ein Dutzend Mainaden, Majestät.

Pelias ächzt rheumatisch aus dem Bett. Dann äugt auch er auf die Exotinnen. Und nicht nur er. Inzwischen hat ganz Iolkos von ihnen Kenntnis genommen.

Leute, laßt das Frühstücken, Artemis will euch beglücken! Jeder, der hier alt und gichtig, wird verjüngt und frohgesichtig, singt Medea, vom Chor begleitet.

So ein Blödsinn, raunt Pelias auf den Platz hinunter. *Niemand ist durch solche Mätzchen je wieder jung und gesund geworden.*

Es herrscht gespannte Stille.

Medea ruft: *Ha, du ungläubige Königsmumie! Ich beweise es dir!*

Das Volk lacht schallend. Die Alte sieht schließlich selbst wie eine Mumie aus.

Medea streift ihr Kleid ab – wahrlich kein erhebender Anblick – und kniet sich feierlich vor die Holzartemis. Die Frauen umringen sie. Plötzlich springen sie wieder zurück, und in ihrer Mitte steht nunmehr jung und frisch Medea. Die Menge ist entzückt und klatscht begeistert.

Medea spricht: *Dies ist die Macht der herrlichen Artemis!*

Pelias fallen fast die Augen aus dem Kopf. *Ja, aber... da ist doch ein Trick bei...*, stammelt er.

Medea läßt einen alten Hammel bringen, der kaum noch kriechen kann. Unter Absingen magischer Lieder sticht sie ihm die Kehle durch und zerlegt ihn in dreizehn Stücke. Sie entzündet ein Kochfeuer und wirft das Hammelfleisch samt Fell in den Kessel. Pelias beobachtet alles genau.

Medea streut eine Kräutermixtur in die Soße und rührt, Formeln murmelnd, um. Es duftet verführerisch. Nach einer Weile legt sie ihr Gewand über den Kessel und trägt ihn mit ihren Gehilfinnen zur hölzernen Artemis. Medea spricht ein Gebet. Die Frauen wiederholen es singend. Das Publikum fällt schließlich in den Gesang ein, sogar Pelias. Alles ist in Trance.

Medea reißt das Gewand vom Kessel, und ein Lamm hüpft hervor. Allerliebst springt es scheu über den Platz. Das Volk jubelt und streichelt das Tier fast tot.

Im allgemeinen Jubel unbemerkt schieben zwei Gehilfinnen die gekochten Hammelstücke durch ein Türchen in die hohle Holzstatue. Dorthin, wo sie das Lamm zuvor versteckt hatten.

Pelias schüttelt fassungslos seine letzten Locken. Er läßt sich erschöpft wieder ins Bett sinken.

Seine Töchter Alkestis, Euadne und Amphinome stehen bewundernd um Medea.

Phantastisch! Könntest du nicht unseren greisen Vater wieder etwas auf Zack bringen? fragt Amphinome.

Das hat Medea ohnehin vor. *Klar, Mädels.*

Ihr spinnt wohl! wehrt Alkestis ab. *Wenn das schiefgeht, ist er hin. Laßt ihn lieber noch ein paar Jahre leben, so wie er ist.*

Aber das ist doch eine todsichere Sache. Wir haben es eben selbst erlebt!

Ich mach' auf keinen Fall mit. Ihr wollt euch doch nur wichtig machen! verabschiedet sich Alkestis kurz.

Ihre beiden Schwestern hingegen glühen vor Eifer. *Wir brauchen die Zicke nicht. Wenn du bereit bist, können wir heute nacht das Experiment starten. Niemand merkt was. Nicht mal der Alte selbst, bis er verjüngt aus dem Kessel steigt.*

Medea bespricht mit den Prinzessinnen Strategie und Taktik und zieht sich mit ihren Begleiterinnen in einen Pavillon im Garten zurück.

Nachts, beim Schein einer kümmerlichen Laterne, wird Medea durch eine Geheimtür in Pelias' Gemächer geführt. Der Palast liegt in tiefer Ruhe.

Pelias grunzt im Halbschlaf. Als die drei Frauen vor ihm stehen, schreckt er hoch.

Ja Mädels, spielt ihr Gespenst? Ich dachte schon, ihr seid die drei Schicksalsgöttinnen!

Wir haben Medea zu dir gebracht, lacht Amphinome.

Pelias wirft ihr einen lüsternen Blick zu. *Komm, setz dich zu mir. Unterhalte mich ein bißchen,* säuselt er. *Ihr beiden könnt gehen!*

Medea setzt sich gehorsam an seine Seite. Sie nimmt zart seine Hand.

Du hast eine feengleiche Ausstrahlung, raunt der Greis. Er versucht sich ein wenig näher an Medea heranzuschieben. Da beginnt sie zu singen.

Schön..., nuschelt Pelias und sinkt in Schlaf.

Medea zwickt ihn probeweise. Der Patient ist in Vollnarkose. Die Töchter haben das Geschehen durchs Schlüsselloch beobachtet. Auf Zehenspitzen kommen sie herein.

Wir können mit der Verjüngungskur beginnen, sagt Medea. *Tragt ihn in die Küche! Dort haben wir mehr Bewegungsfreiheit.*

Die Töchter schleppen den schlaffen Alten durch dunkle Gänge. Als er schließlich auf dem Tranchiertisch liegt, ziehen sie ihm den Nachtrock aus. Medea heizt dem Herd ein und prüft die Schärfe der Messer und Beile.

Ich hole noch ein paar Kräuter aus dem Garten. Fangt schon mal an!

Euadne und Amphinome fallen sofort über ihren Papa her und machen Kesselfleisch aus ihm.

Euadne holt Medea: *Alles im Topf!*

Ausgezeichnet, Mädels! Laßt ihn nun ordentlich kochen. Ich gehe derweil auf die Terrasse und erflehe von der Mondgöttin den Segen.

Sie eilt mit einer lodernden Fackel aufs Dach und gibt Leuchtsignale.

Sie hat Pelias zum Abdanken gebracht, entziffert Lynkeus.

Iason gibt das Zeichen zum Angriff. Eine knappe Stunde später stehen sie vor dem Stadttor. Akastos ruft: *Iason kehrt heim von erfolgreicher Fellsuche. Macht hoch die Tür, das Tor macht auf!*

Der Torkommandeur schreckt auf: *Was, die Fellsucher? Sofort Pelias benachrichtigen!*

Kurz nach Mitternacht stehen die Helden in der Residenz. Alle Burgbewohner sind auf den Beinen und umschwirren sie aufgeregt. Nur Pelias erscheint nicht. Indes hält Medea den törichten Prinzessinnen einen Vortrag.

Fünf Minuten über der Garzeit! Ihr habt euch nicht an meine Anweisungen gehalten! Jetzt ist er verkocht. Da ist nichts mehr zu machen, ihr Mörderinnen!

Die Töchter heulen auf vor Frust und Schmerz. *Was machen wir bloß? Wenn das rauskommt...!*

Versteckt euch im Gebirge! Euer Bruder Akastos muß je-

de Minute auftauchen. Ich werde ihn um eure Begnadigung anflehen.

Die Vatermörderinnen flüchten durch einen unterirdischen Geheimgang just in dem Augenblick, als Iason, Akastos und Pelias' Kammerdiener die Küche betreten.

Alle Achtung! lobt Iason. *Hat der Alte freiwillig abgedankt, oder hast du nachgeholfen? Wo steckt er überhaupt?*

Medea deutet auf den Kessel. *Seine Töchter Euadne und Amphinome haben eine Verjüngungskur mit ihm veranstaltet. Auf eigenen Wunsch, versteht sich. Leider haben sie's vermasselt!*

Akastos blickt in den Kessel. Blässe überzieht sein Gesicht. Ihm ist auf einmal schlecht. *Meine Schwestern, diese Hexen! Ich bring sie um!* Totenstille. Nur Pelias blubbert leise vor sich hin. Iason zieht die ratlose Gesellschaft zur Tür hinaus. Da hat der Kammerdiener, ein ehemaliger Unteroffizier, eine Erleuchtung. Er knallt die Hacken zusammen und ruft: *Der König ist tot. Es lebe König Akastos. Dreimal hoch!*

Küchenmägde nehmen den Ruf auf, in Windeseile verbreitet er sich im ganzen Schloß. Die Wachen brüllen die Botschaft weiter, das Volk jubelt.

Iason stammelt verblüfft: *Ja, aber ... Es war doch ganz anders vereinbart. Fell gegen Thron ...!*

Gut möglich, lächelt Akastos schlau. *Natürlich erfülle*

ich jede Vertragsverpflichtung meines so plötzlich verstorbenen Vorgängers. Sofern ein rechtskräftiger Vertrag vorliegt.

Iason könnte vor Wut das Fell fressen. Die Frechheit verschlägt ihm die Sprache. Akastos macht eine charmante Verbeugung.

Entschuldige mich. Ich muß traditionsgemäß vom Balkon aus die Huldigungen des Volkes entgegennehmen.

Medea bebt vor Wut der Busen.

Er hat uns gelinkt! Alles war umsonst, resigniert Iason. *Sogar als Leiche hat Pelias mich noch reingelegt!*

Im Morgengrauen machen sie sich heimlich mit der Argo davon.

95
Mit Gift und Tücke
– Medea verarztet Korinthos –

Das kostbare Fell dient immer noch als Ehebett. Doch Bett und Ehe werden Iason langsam unheimlich. Daher stiftet er das goldene Vlies in Orchomenos dem Tempel des Laphystischen Zeus als Devotionalie.

Was hat das Ding uns Nerven gekostet, und du gibst es einfach weg! zürnt Medea.

Ich kann's nicht mehr sehen, antwortet Iason, *und die Argo übrigens auch nicht!*

Laß uns nach Korinth gehen. Durch meinen Vater habe ich Ansprüche auf den Thron. Zur Zeit wird er nur von Vizeking Korinthos verwaltet.

Iason ist einverstanden.

Als der Schnellsegler am Isthmos, der Landenge von Korinth, auftaucht, läuft das Volk am Strand zusammen. Die Korinther bereiten Iason und seiner Mannschaft einen sensationellen Empfang. Korinthos hat sich im Thronsessel zum Hafen tragen lassen. Er weiß ja nicht, daß Iason es auf das klobige Möbel abgesehen hat. Die Begrüßung ist herzlich. Iason macht Scherze: *Iason sprach zu den Korinthern: Im Winter wärmt das Haar am Hintern,* und alles lacht. Er zwinkert Medea zu: *Die Stadt gefällt mir. Hier soll die Argo als Denkmal auf dem Strand bleiben.*

Abends gibt es ein Staatsbankett. Iason berichtet den Patriziern von seinen sagenhaften Abenteuern.

So einen wie dich bräuchten wir hier als König, vertraut ihm ein Kaufmann an. *Während wir Korinth zur Handelsmetropole der Welt aufbauen, spielt Korinthos bloß Bilderbuchkönig.*

Iason nickt aufmunternd.

Während Iason sich unterhält, sitzt Medea bereits im Nebenzimmer und mixt einen giftigen Gutenachttrunk zusammen. Als die Stunde des letzten Verdauungstropfens naht, stellt sie dem Königsmundschenk ein zierliches Fläschchen aufs Tablett.

Gewohnheitsgemäß greift Korinthos zum Kräuterlikör.

Möchtest du vielleicht auch, liebste Medea? schwenkt er einladend das Fläschchen.

Medea lehnt charmant ab. *Danke nein, Königliche Hoheit! Alkohol schadet meinem Teint.*

Der König toastet ihr zu und trinkt ex.

Eine Gruppe Tänzerinnen betritt den Saal. Die Gäste lehnen sich wohlig zurück. Korinthos werden die Lider schwer. Er gähnt herzhaft: *Ich bin auf einmal so müde.*

Sein Kopf sinkt auf den Tisch.

Hat mal wieder zuviel getrunken, lästert der Gast neben Iason. Er winkt die Wache herbei. *Majestät ist bereits müde. Bringt ihn unauffällig zu Bett.*

Korinthos, mittlerweile leichenblaß, wird abtransportiert und zur Ruhe gebettet. Zur letzten. Der herbeieilende Leibarzt kann nur noch des Königs Tod feststellen.

Wir werden seinen Abgang erst morgen bekanntgeben, sonst gibt's eine schlaflose Nacht, vertraut er dem Kammerdiener an. *Alkoholiker sterben meist im Schlaf.*

So kommt Iason wegen ein paar Tropfen Kräuterlikör zu einem Königreich. Die Korinther sind begeistert. Erstens weil Medea als Aietes' Tochter ohnehin Anspruch auf den Thron hat, zweitens weil Iason so ein weltberühmter toller Bursche ist.

Iason regiert, Medea gebiert ein Kind nach dem anderen. Nach vierzehn Schwangerschaften fällt ihm eines Tages auf, daß seine Holde ganz schön zerknittert aussieht.

Bei einem Staatsbesuch in Theben fällt sein Blick um so heftiger auf Glauke, König Kreons zartes Töchterchen. Iasons Herz ist sofort entflammt. *Die muß ich kriegen. Koste es, was es wolle!*

Es kostet mehr, als er sich zunächst vorstellt.

Zwei Nächte später im königlichen Schlafgemach beschwatzt er Medea auf die sanfte Tour.

Hör mal, Süße. Schön, daß du schon wieder schwanger bist, obwohl deine Fruchtbarkeit mich stets vor Probleme stellt. Du fällst ja dann sozusagen aus, und Männer haben nun mal ihre Bedürfnisse...

Worauf willst du hinaus? fragt Medea scharf.

Ich finde, da du meistens schwanger bist, steht mir eigentlich eine Zweitfrau zu.

Was? schreit Medea, *du willst mich betrügen?*

Nicht doch, Schatzi, beruhigt Iason. *Das hat doch nichts mit Liebe zu tun. Nur aus gesundheitlichen Gründen.*

Medea kriegt einen Tobsuchtsanfall. Sie keift und beißt, bis Iason aus dem Bett flüchtet.

In einer Atempause schreit er: *Wenn du so ein Theater deshalb machst, mache ich publik, daß du Korinthos vergiftet hast!*

Na und? Ohne mich würdest du doch gar nicht mehr leben! Du hast mir in Aia bei allen Göttern geschworen, treu zu sein bis in den Tod. Wehe, du brichst den Eid!

Das war erzwungen, kontert Iason, *du hast meine Notlage ausgenutzt!*

Ein richtig toller Ehezoff wie im Amphitheater. Zofe und Kammerdiener genießen das Hörspiel durchs Schlüsselloch.

Medea hat natürlich sofort begriffen, daß er sie loswerden will, weil sie ihm inzwischen nicht mehr sexy genug ist.

Sie schluchzt: *Dann tu, was du nicht lassen kannst. Nur verlaß mich nicht.*

Iason atmet auf: *Ich wußte, daß du mich verstehst. Ich habe mich zwar in Glauke verknallt, aber du hast deshalb nichts zu befürchten.*

Glauke, ausgerechnet diese Ziege! denkt sich Medea und sagt: *Glauke? So?*

Die ist doch süß, nicht wahr? macht Iason gut Wetter und schiebt sich erleichtert rückwärts aus der Tür, während Medea ins Leere starrt.

Am nächsten Morgen schon hält Iason bei Kreon um die Hand seiner Tochter an. Die Verbindung scheint

Kreon vorteilhaft. Aber er hat Bedenken: *Und Medea... Hat die nichts dagegen?*

Ach woher! Die ist bereits jenseits von Gut und Böse, das reinste Muttertier, grinst Iason.

Verstehe, erheitert sich Kreon. *Wenn Frauen verblühen, verduften Männer.*

Wenig später ist Fürstenhochzeit in Korinth. Medea hat sich diskret auf ihren Alterssitz vor der Stadt zurückgezogen.

Am Morgen vor der Trauung schickt sie ihre Söhne Mermeros, Alkimedes, Tisander und Argos in Begleitung der sieben Töchter mit einem aparten Hochzeitsgeschenk zur Feier. Das Brautgeschenk besteht aus einer flammend leuchtenden Krone und einem langen weißen Seidenkleid mit herrlichen Stickereien.

Die Hochzeitsgesellschaft staunt.

Glauke ist vom Kleid verzaubert. Sie zieht es sofort an. Bei ihrem Anblick klatscht der ganze Saal. Iason nähert sich ihr voll Besitzerstolz und wagt den ersten öffentlichen Kuß auf ihre Lippen. Da funkt's zwischen den beiden. Im wahrsten Sinne des Wortes. Glauke steht auf einmal in Flammen.

Iason weicht vor Schreck zurück und fällt unversehens durchs Fenster.

Feuer! Hilfe! kreischt es durcheinander. Kreon reißt Glauke mit ein paar beherzten Helfern zu Boden und versucht die Flammen mit einem Teppich zu ersticken. Doch Medeas Feuerzauber ist unlöschbar. Jeder, dem ein Funke aufs Hemd springt, beginnt zu lodern. Die Gäste rasen schreiend als lebende Fackeln durch den Palast.

Glauke, wahnsinnig vor Schmerz, springt in den Brunnen. Doch das mörderische Feuer frißt sich unaufhaltsam in ihr schönes Fleisch.

Nun brennen der Palast und alles Leben in ihm. Nur Iason ist dem Inferno entkommen.

Umgeben von einigen Gartensklaven, betrachtet er weinend das schreckliche Szenario. Seine Liebste ist zu Asche gworden. Da kommt ihm ein furchtbarer Gedanke: *Wer hat meine Kinder gesehen? Die waren alle im Palast!*

Iason sinkt in sich zusammen. Sein Leben zieht sekundenschnell an seinem geistigen Auge vorbei. Ein Flop nach dem anderen.

Warum ich? Womit habe ich das verdient? Bin ich schlechter als andere? ruft er zum Himmel und zerfetzt verzweifelt seine Toga. Doch Zeus ist gerade beschäftigt.

Iason irrt von Kummer gehetzt durch die Gegend, bis er zufällig vor Medeas Villa steht. Stumm betritt er den Salon.

Ja Iason! strahlt Medea. *Hochzeit schon vorbei? Das ist aber nett, daß du mich nicht vergessen hast.*

Iason antwortet nicht, sondern zittert still vor sich hin.

Was ist denn passiert? heuchelt Medea. Stammelnd berichtet Iason die Katastrophe.

Alle meine Kinder verkohlt? schreit Medea bühnenreif. Iason nickt. *Zum Glück habe ich unsere Jüngsten nicht mitgeschickt!*

Iason kann sein Glück kaum fassen. *Was? Zwei sind noch am Leben? Ach, Medea. Du bist doch die Beste! Laß es uns noch einmal versuchen*, weint Iason und will an ihren Hängebusen sinken.

Medea hält ihn auf Distanz. *Langsam, langsam! Du änderst mir deine Meinung zu schnell. Hier, trinkt erst mal einen Ouzo zur Beruhigung.*

Iason bricht wieder in Tränen aus, diesmal vor Rührung.

Medea eilt in die Küche und zieht ein Tranchiermesser aus der Lade. Damit begibt sie sich in den Park, wo Medeios und Pheres Räuber und Gendarm spielen.

Hallo, Mama, ruft Medeios, *ich habe Pheres gefangen! Was soll ich mit ihm machen?*

Einen Kopf kürzer, sagt Medea. *Ich zeig's dir.*

Sie zieht das Messer, greift Pheres in die Goldlocken und – zack der Hals ist ab! Medeios glotzt dumm aus der Wäsche. Aber nur kurz, dann hat Medea auch ihrem Jüngsten die Kehle durchtrennt.

Mit blutigen Händen eilt die Kindsmörderin in den Stall. Dort stehen zwei riesige Drachen. Medea hat sie selbst aus Dracheneiern ausgebrütet. Ihrer Ziehmutter folgen sie aufs Wort. Medea zischt Befehle. Die Drachen stampfen in eine Heckenallee, eine Art Start- und Landebahn. Dort steht ein Flugwagen. Medea spannt die Riesenflieger vor den Karren.

Dann winkt sie dem Stallmeister: *Iason sitzt im Salon. Er soll in den Park kommen.*

Der flitzt los. Kurz darauf steht Iason im Rosengarten. Sein Blick fällt auf die Hingemetzelten. *Ja, aber...* schreit er verzweifelt, als er die Knabenleichen erkennt. *Man hat meine Kinder getötet!*

In diesem Augenblick startet Medea durch. Die Drachen jagen die Startbahn entlang. Die Kiste hebt ab. Medea dreht zehn Meter über Iason und ihren toten Kindern eine Runde.

Du hast mich verraten, die Götter verhöhnt! Ewige Treue hast du mir geschworen. Nichts mehr soll übrig sein von unserer Liebe! Nur Knochen und Asche und ewiger Kummer. Die Drachen jagen fast senkrecht in den Himmel und düsen durch die Wolken davon.

Iason bricht neben seinen toten Söhnen zusammen. Dann rappelt er sich wieder auf und pilgert zum nächsten Hera-Tempel. Dort fleht er um Hilfe. In diesem Fall ist er natürlich bei Hera, der Göttin des ehelichen Haussegens, an der falschen Adresse. Sie verdammt ihn.

Jammernd zieht er fortan als Penner durch die Welt

und irrt dreißig Jahre seines verpfuschten Lebens umher, bis er eines Tages wieder in Korinth landet. Matt legt er sich in den Schatten der Argo, um noch einmal von seinem Ruhm zu träumen. Doch der Kahn ist so morsch wie der Kapitän. Es knackt, und das Museumsstück bricht über Iason zusammen. Nun ist auch er tot.

In gewisser Weise hat er Glück im Unglück. Seine schreckliche Geschichte mit Medea wird unsterblich. Ein Hit von Euripides bis hierher und sicher noch weiter.

97
Glückliches Fleisch
– Zeus' und Heras Streit über das höchste der Gefühle –

Das Starpublikum auf dem Olymp hat Iasons Abenteuer mit Spannung verfolgt. Nach der letzten Folge lehnt sich Zeus geschockt zurück: *Was für ein Drama. Das entsetzliche Massaker wegen Iasons läppischer Liebesaffäre. So etwas kann nur Frauen einfallen!*

Damit streift er Heras empfindlichsten Nerv. *Was heißt hier läppisch? Es geht schließlich um eheliche Treue. Das ist geradezu ein klassisches Beispiel für eure Unzuverlässigkeit!*

Und warum? kontert Zeus, *weil ihr euch nach ein paar*

Ehejahren in herrschsüchtige Xanthippen verwandelt. Männer sind von Natur aus sowieso benachteiligt. Und ihr wollt uns vollends zu Haustrotteln machen.

Da stockt mir die Milch! fährt Hera auf. *Geordnete Familienverhältnisse garantieren die Ordnung in der Gesellschaft, die durch euch immer wieder in Gefahr gerät.*

Der Mann braucht nun mal hin und wieder einen kleinen Seitensprung, weil bei euch der Orgasmus intensiver ist als bei uns. Wir müssen die Qualität der Empfindung durch Quantität ersetzen. Und dieses kleine Glück wollt ihr uns auch noch nehmen.

Woher willst du denn wissen, daß Frauen lustvoller empfinden? echauffiert sich Hera.

Erstens findet das Fest in eurem eigenen Haus statt – Heimvorteil, und zweitens bestätigen das die selig verzückten Gesichter, trumpft Zeus auf.

Wessen Gesichter? Heras Augen blitzen gefährlich.

Zeus denkt: *Au weia! Jetzt hab' ich mir die Zunge verbrannt. Man soll sich eben nicht auf tiefenpsychologische Probleme einlassen.*

Mit einem Ruck zieht er sich an der Sessellehne hoch. *Du jedenfalls schaust verklärter drein als dereinst die Jungfrau Maria! Aber,* setzt er schnell hinzu, *konsultieren wir einen Spezialisten. Der soll entscheiden.*

Zeus schlägt Teiresias vor. Der hat die Liebe sowohl als auch genossen.

Wer ist denn dieser Transsexuelle? fragt Hera neugierig. *Wie kommt der überhaupt zu seinem Fachwis-
sen?*

Zeus, glücklich, daß sein Hausdrache mehr an Teiresias Transformation interessiert ist als an seinen geheimen Lustsprüngen, berichtet: *Teiresias ist ein Hirte am
Berg Kyllene in Argolis. Als er sechzehn, siebzehn ist, beobachtet er zwei Schlangen, Kobras oder was dort herum-
kreucht, beim Liebesspiel. Plötzlich fühlt sich die Schlan-
gendame beobachtet.*

*»Ein Spanner«, zischt sie ihrem Lover ins Ohr. »Dem
machen wir Beine!« Das Liebespaar bäumt sich umschlun-
gen auf und will ihm in die Nase beißen. Teiresias federt zurück und haut mit seinem Hirtenstab zu.. Reine Notwehr!
Die Brillenschlange zischt ein letztes Mal auf, dann ringelt
sie sich tot zusammen.*

*Der Schlangerich zieht den Schwanz ein und verschwin-
det im nächsten Mauseloch. Aus sicherer Entfernung
spricht er einen bösen Fluch über den Liebestöter, was Teiresias erst bemerkt, als er Pipi machen muß.*

*Er knöpft sich die Hose auf und angelt nach seinem
Schwanz. Er denkt, er träumt. »Ja, wo ist er denn? Heute
morgen war er doch noch da!« Sosehr er auch sucht: Der
Pillermann ist weg.*

*Jetzt gerät Teiresias in Schweiß. Er zieht sich die Hose
herunter, hebt die Toga hoch und betrachtet seinen Intim-*

bereich: Statt seines gewohnten Adams hat er eine kuschelige Eva zwischen den Beinen.

Teiresias schreit vor Schreck auf. Die Stimme ist eine Quart höher. Er rast zu einem spiegelklaren Weiher, reißt sich die Kleider herunter und glotzt: Sein Spiegelbild ist herrlich. Auf seiner Brust prangen zwei allerliebste Hügel, die Hüften sind zwei sanftgerundete Halbmonde, das Gesicht sinnlich wie ein Maimorgen.

Kurz und wundersam: Teiresias ist von Kopf bis Fuß eine Jungfrau und zum Anbeißen schön.

Die Metamorphose haut ihn um. Erst nach und nach gewöhnt er bzw. sie sich an die kurvenreiche Verwandlung.

Klar, daß solch tolle Fee kein Mauerblümchen bleibt. Bald spricht es sich in den arkadischen Bergen herum, welch süßer Vogel gelandet ist. Und nun probiert Teiresias am eigenen Leibe aus, was er früher bei den Mädels nicht durfte.

Nach sieben süßen Jahren und Dutzenden verbrauchten Liebhabern hat Teiresias plötzlich wieder Bock auf Mädchen, um seine Erfahrungen von der Herrenseite aus zu machen. Er fragt einen Spezialisten nach der einfachsten Methode der Geschlechtsumwandlung.

»Das ist doch heutzutage überhaupt kein Problem mehr«, rät das Apollonorakel. »Such zwei Vipern in liebender Umarmung, dreh dem Schlangerich beim Orgasmus den Hals um, dann wächst dir an geheimer Stelle eine Latte.«

Gesagt, gedreht. Durch diesen Kunstgriff kommt Teiresias wieder zu einem Glied, endet Zeus den Tatsachenbericht.

Hera klatscht in die Hände. *Das ist der Mann, den wir brauchen!*

Wenig später sitzen sie in Teiresias' guter Stube und tragen ihm ihre Sexualtheorien vor. Teiresias, inzwischen ein schmucker Dreißigjähriger, saugt an seiner Huflattichpfeife und nickt: *Der Orgasmus der Damen ist bockstark, neunmal stärker als bei Männern! Es ist schöner als fliegen. Wenn ich daran denke, würde ich mich am liebsten wieder transsexualisieren.*

Über Heras Gesicht huscht ein Schlangenlächeln und verschwindet zwischen den Zähnen.

Die Glückseligkeit der Frauen erkennt man an den selig verzückten Gesichtern beim Vögeln, seufzt Teiresias wohlig.

Schurke! Ihr habt euch vorher abgesprochen. Du benutzt dieselben Worte wie Zeus! Hera springt wütend auf und drückt ihm die Daumen in die Augen. *Jetzt wirst du die glückseligen Gesichter nie wiedersehen!*

Teiresias stößt einen Schmerzensschrei aus.

Blinder Eifer schadet. Daran wirst du dich bis an dein Lebensende erinnern! Zack! Sie haut die Tür hinter sich zu.

Zeus ist vor Schreck der Ouzo aus der Hand gefallen.

Teiresias blinzelt blind aus der Wäsche. Er kann's nicht fassen. Eben noch begehrter Junggeselle, jetzt blinder Krüppel.

Ja, so was! stammelt Zeus. *Kannst du noch etwas sehen?*

Nicht das Schwarze unter dem Nagel! jammert Teiresias. *Kannst du den Schaden wiedergutmachen?*

Tut mir leid. Wo Hera hinlangt, wächst kein Gras mehr.

Zeus überlegt. *Ich hab's. Ich statte dich mit dem zweiten Gesicht aus und spendiere dir sieben Leben ohne Ischias oder Potenzschwäche. Was meinst du?*

Danke, o Zeus! Aber ich bräuchte noch einen Blindenstock, der mich sicher durchs Leben führt.

Zeus flitzt in den Wald und kommt mit einem kunstvoll geschnitzten Wildkirschenkrückstock zurück.

Teiresias probiert die Lebenshilfe aus und ist rundum zufrieden.

Dann los! sagt Zeus. *Ich begleite dich jetzt nach Theben. Dort hast du eine sagenhafte Karriere vor dir.*

98

Schleichverkehr in Theben
– Zeus doubelt Amphitryon –

Zeus drängt es ebenfalls nach Theben. Dort hat er die tolle Alkmene entdeckt, die aussieht wie ein Engel, der sich von Rohkost ernährt. Sie ist die Tochter von Elektryon, dem Hochkönig von Mykene, welcher Perseus' Sohn ist. Folglich ist Alkmene eine Urenkeltochter von Zeus. Alkmene hält sich mit ihrem Ehemann Amphitryon auf Einladung König Kreons in Theben auf, der ja, wie wir wissen, im 96. Kapitel verbrannt ist.

Dieses hübsche Geschöpf hat Zeus zu seiner Jungfrau Maria auserkoren. Er will nämlich einen sensationellen Burschen in die Welt setzen, eine Art Überjesus mit Muskeln, unerschrocken wie Don Quijote und lendenstark wie er selbst.

Der noch zu zeugende Held soll bei der großen Endschlacht die schlangenschwänzigen Giganten mit seiner Keule plattmachen. Zeus sieht nämlich am Horizont Zoff mit den Unterweltlern heraufziehen.

Aber Alkmene ist doch mit dir in direkter Linie verwandt, schaltet sich unterwegs der hellsichtige Teiresias ein. *Ist das nicht Inzest?*

Das habe ich ja noch gar nicht bedacht! Zeus freut sich über diesen weiteren Aspekt familiärer Nähe.

Und wie willst du Alkmene herumkriegen? fragt Teiresias vorsichtig. *Die ist doch frisch mit Amphitryon verheiratet.*

Tja, grübelt Zeus laut, *darüber denke ich gerade nach. Sie ist derart konsequent, daß sie Amphitryon so lange nicht ranläßt, bis er ihre acht Brüder gerächt hat. Die sind bei einem Rinderklauscharmützel mit den Taphern und Teleboern umgekommen.*

Teiresias pfeift durch die Zähne und konzentriert seine hellseherischen Fähigkeiten auf Theben. *Da ist ja das keusche Paar! Ich glaube, er zieht jetzt endlich los, in voller Rüstung, um anschließend in Alkmenes Genuß zu kommen.*

Dein zweites Gesicht funktioniert ja erstklassig, lobt Zeus. Er richtet ebenfalls seinen Ferngucker nach Theben. *Das läßt sich doch gut an! Komm, wir sollten uns beeilen!*

In Theben steigt das seltsame Paar in einer bescheidenen Pension ab. Von dort blicken sie gespannt in die Ferne und beobachten, wie Amphitryon die Mörder tartarosfertig macht. Begeistert kommentieren sie Amphitryons Kampfkünste. Nach ein paar Stunden ist die Schlacht geschlagen. Die Feinde sind tot oder geflüchtet. Jetzt geht's ans Plündern, Foltern, Vergewaltigen. Amphitryons Truppen leisten ganze Arbeit. Im allgemeinen Chaos sichert sich Amphitryon den berühmten Goldbecher des zerhackten Oberkönigs Pterelaos.

Der Beweis für den Erfolg, erklärt Zeus. Dann sinkt die Armee samt General in tiefen Schlaf.

Zeus erhebt sich: *Ich muß mich jetzt vorbereiten. Und spioniere mir bloß nicht nach! Beim Liebesspiel bin ich schamhaft.*

Teiresias winkt ab.

Zeus zischt auf einer Gewitterwolke zu Amphitryons Feldherrenzelt. Hier schnappt er sich ungesehen den Goldbecher und rast zurück nach Theben zum Zeus-Tempel.

SOS Hermes! funkt er. Fünf Minuten später landet Hermes im Sturzflug und völlig atemlos auf dem Dach des Tempels.

Was ist denn nun wieder? japst er.

Zeus enthüllt Hermes kurzerhand seinen Eroberungsplan. *Ich brauche mindestens 36 Stunden. Helios soll die Sonnenrösser einen Tag auf der Koppel lassen. Der Mond wandert im Schneckentempo weiter. Niemand auf der Welt darf merken, daß wir die Nacht um 24 Stunden strecken!*

Alles wegen so einem bißchen Bumsvergnügen? Du hast Nerven! keucht Hermes.

Was heißt Bumsvergnügen?! Ich will mit Alkmene einen Mordskerl zeugen. Das ist per Schnellschuß nicht zu machen. Und ihr Angetrauter braucht davon nichts zu wissen. Der soll sich mal ordentlich ausschlafen.

Hermes taut auf. Für einen Spaß ist er immer zu haben.

Während Hermes den nörgelnden Helios zum Verstoß gegen die Dienstvorschrift ermuntert, doubelt Zeus Amphitryon. Er betrachtet sein Spiegelbild wohlgefällig in Pterelaos' Goldbecher. *Sehr gelungen!*

Zeus schwebt zur Burg. Der schlafende Wachposten fährt angesichts der plötzlichen Erscheinung Amphitryons erschrocken hoch. Er öffnet geschwind das Tor. Zeus segelt durch die dunklen Gänge direkt zu Alkmenes Lager. Leise entledigt er sich der Rüstung und schiebt sich, etwas klamm vom Flug, nackt an ihre Seite.

Alkmene wacht auf. Zornig fragt sie: *Wer rückt mir denn hier so leichenkalt auf den Pelz?*

Ich, tönt es zärtlich.

Wer ist ich? Nimm die Hand weg!

Ja, erkennst du mich denn nicht? Ich bin's, Amphitryon!

Alkmene schnüffelt: *Du riechst schärfer als sonst!*

Das kommt, stottert der Beischläfer, *von der Schlacht.*

Doch Alkmene macht Licht. Sie leuchtet Amphitryon mißtrauisch ab. *Irgendwie bist du heute so anders,* sagt sie irritiert.

Ach, Süße, schiebt Zeus die Zweifel weg. *Ich bin so glücklich! Ich habe die Mörder deiner Brüder bei Oichaleia fertiggemacht. Eine irre Schlacht, sage ich dir...* Und nun kommt er richtig ins Erzählen und berichtet gestenreich, was er durch seinen Ferngucker alles gesehen hat. Zum Schluß schwenkt er triumphierend Pterelaos' berühmten Goldbecher: *Hier ist der Beweis!*

Alkmene, hingerissen von dem Erzähltalent, jubelt: *Toll, Liebster! Schönster! Ich komme mir richtig mies vor. Wie habe ich nur an dir zweifeln können!?*

Hingebungsvoll zieht sie den vermeintlichen Gatten an sich.

Zeus macht sich mit Kraft und Konzentration ans Werk. 36 Stunden lang singt das Bett die süße Weise, bis Alkmene nicht mehr weiß, wo ihr der Kopf steht. Als sie zwischendurch mal kurz verschwindet, klemmt Zeus schnell den Ferngucker vors Auge.

Oha, gleich kommt Amphitryon zurück! Besser, ich verdufte.

Als Alkmene wieder ins Bett kriecht, stellt sich Zeus schlafend. Sie küßt und kuschelt sich an ihn. Kaum beginnt sie gleichmäßig zu atmen, streut ihr Morpheus ein Pfund Schlafpulver in die Augen. Zeus betrachtet seine schöne Beischläferin. Dann fliegt er leise wie ein Schatten zum Olymp.

Der Morgen graut. Soeben kommt Amphitryon auf seinem Streitwagen angerasselt.

Hab acht! brüllt er den schlafenden Torwächter an.

Der fällt aus süßen Träumen: *Das gibt's nicht. Du warst doch vorhin...* Er zwickt sich heimlich.

Amphitryon eilt liebeshungrig zu Alkmene. Er läßt krachend die Rüstung neben und sich selbst ins Bett fallen. Alkmene schreckt auf. *Was, Liebster? Schon wieder...?*

Amphitryon: *Ich habe Pterelaos das Schwert durch den Scheitel gehauen...*

...und so den Goldbecher erobert, gähnt Alkmene.

Ja, aber... staunt Amphitryon. *Woher weißt du?*

Doch Alkmene schläft schon wieder.

Amphitryon denkt, er träumt. Ohne langes Präludium nimmt er seine Braut im Sturm.

Wo du die Kräfte herhast..., seufzt sie nach der dritten Attacke.

Amphitryon ist jedenfalls so in Schwung, daß er bei Alkmene zum zweiten Mal ins Schwarze trifft. So wird in dieser denkwürdigen Nacht vom 21. zum 23. September nicht nur Herakles in ihren Schoß gepflanzt, sondern auch Iphikles.

Nachdem Amphitryon ordentlich ausgeschlafen hat, fällt ihm der seltsame Empfang seiner Gattin ein. *Irgendwas ist faul*, denkt er. *Entweder ich habe Halluzinationen, oder es spukt hier. Ich werde mal einen Spezialisten konsultieren.*

Er fragt Kreons Zeremonienmeister. *Es hat soeben eine*

Koryphäe ihre Praxis eröffnet. Teiresias heißt das Wunder der Weisheit.

Amphitryon läßt sich einen Termin geben, kommt aber zu seiner Überraschung sofort dran. Der blinde Seher verneigt sich: *Kalimera, General. Wohl geruht?*

Amphitryon staunt: *Woher weißt du? Ich bin doch inkognito hier.*

Ich sehe alles, lächelt der Blinde. *Was dein Anliegen betrifft: Du brauchst dir keine Sorgen zu machen. Du hast keine Halluzinationen, sondern ein potentes Double.*

Was!? schreit Amphitryon, *wer ist der Schurke? Ich zerfetz' ihn in der Luft!*

Zeus, sagt Teiresias sachlich wie ein Zahnarzt.

Amphitryon sinkt zusammen. *Zeus – mein Bauchschwager...*

Das ist doch eine Ehre, versucht ihn Teiresias aufzubauen. *Außerdem wird Alkmene Zwillinge kriegen. Iphikles ist von dir.*

Und Alkmene, hat sie...?

Nein, beruhigt der Seher den göttlich Gehörnten. *Sie ist zu Zeus gekommen wie die Jungfrau zum Kind.*

Amphitryon atmet erleichtert auf. *Na, dann Schwamm drüber. Soll ich ihr reinen Wein einschenken?*

Ja doch! Das ist eine einzigartige Geschichte. Welche junge Frau kriegt schon von ihrem Uropa ein Kind, der zudem Gottvater in Person ist?

Und mit diesem weisen Satz, verehrte Leser, verlassen wir aus drucktechnischen Gründen den vorchristlichen Sex and Crime. Der folgende Band berichtet über die verbrecherischen Machenschaften Heras zur Verhinderung von Herakles' Geburt, die Entstehung der Milchstraße, Herakles' ungeheure Taten, Theseus' Abenteuer mit Ariadne und Minotauros, Oidipos' Suche nach sich selbst und vieles Wunderbare mehr. Demnächst im gleichen Verlag. Same size, same price.

EPILOG

Unser Glaube fängt zwar bei Adam und Eva an, aber unsere Bildung – BEI ZEUS! – zweifellos bei den alten Griechen.

Ob Philosophie, Staatstheorie, Dichtkunst, Musiktheorie, Mathematik etc., kurz, die Grundlage unserer gesamten Kunst und Wissenschaft – das kleine quirlige Volk am Südzipfel Europas hat sie in die endgültige logisch-ästhetische Form gebracht, die bis heute die Basis der gesamten europäischen Kultur bildet. Ein Fundament, auf dem die gotische Kathedrale ebenso aufbaut wie unser Bildungswesen, die Medizin, Bachs wohltemperiertes Klavier, die Musical-Kunst oder die Logistik des modernen Managements. Und ohne die prägnanten Begriffe der Griechen – von Akademie bis Zyniker – wäre unsere Sprache und damit unser Denken um vieles ärmer. Was sollten wir anstelle von Atomphysik, Technik, Therapie, Ökologie, Musik oder Biokäse sagen? Wie würde Europa heißen, wie das Amen in der Kirche oder das Ozonloch über der Antarktis?

En archä än ho lógos beginnt das Johannesevangelium im griechischen Original. Im Anfang war das Wort, übersetzt Martin Luther. Goethe läßt Faust verfeinern: Im Anfang war der Sinn. Das Wort, das Zeichen, welches jedem Ding die sinnvolle Klangform gibt – die Griechen haben es stets mit souveräner Meisterschaft getroffen. Warum? Weil sie eine unerschöpfliche Phantasie besaßen. Sie hatten Sinn für alles. Ihr rastloser Geist, ihr organisiertes Sehen, Hören, Empfinden, ihre Entdeckerfreude entwickelten ihre atemberaubende Vorstellungskraft. Oder war es umgekehrt?

Ihre geradezu unheimliche Phantasie spiegelt sich in ihrer prächtigen Mythologie. Ihr Götterhimmel ist eine rasante Theaterwelt mit ständigen Überraschungen, greulichen Schurkereien, düsteren Tragödien und umwerfender Komik. Nichts ist ihnen am Heiligen heilig, nichts Göttliches fremd, alles ist tragisch und komisch zugleich.

Der Reichtum ihrer Phantasie ist grenzenlos wie der Kosmos, durch den Zeus wie der geölte Blitz flitzt. Jedes Dorf, jeder Stamm dichtete die phantastischen Storys weiter in endlosen Variationen. Jede Generation schliff sie durch mündliche Überlieferung, überflügelte sich selbst im Fabulieren neuer Effekte, bis vor ein paar Jahrtausenden von so modernen Dingen berichtet wurde wie genmanipulierten Zwitterwesen (Minotauros, Kentauren etc.), Leihmutterschaft im Körper des Vaters (Zeus mit Dionysos oder Athene), Geschlechtsumwandlung hin und retour (Teiresias), Flugmaschinen (Hermes' Düsensandalen oder Phrixos' aeronautischer

Schafbock), Emanzipation (Amazonen) oder leistungs-
starker Roboter (Talos).

Die Außerirdischen gehen durch Wände, verwandeln
Menschen in Tiere oder sich selbst in Regen, Wolken,
Statuen, Pflanzen, Schildkröten, Adler. Die ganze grie-
chische Natur ist von Göttern und Geistern beseelt.

Wer durch das moderne Griechenland reist, trifft auf
Schritt und Tritt auf Landschaften, Berge, Inseln, Flüsse, Meere und Ortschaften, die bis heute nach Gestalten
der alten Mythologie heißen. So ist zum Beispiel der
Mythos von der Verwandlung Daphnes in einen Lorbeerbaum durch ihren Vater, den Flußgott Ladon (Kapitel 27), topographisch auf dem Peloponnes im Ort
Daphné in der Nähe des Flusses Ladon verewigt. Pan,
der Hirtengott, erschreckt wie eh und je zur Mittagszeit
Schläfer. Jeder Hirte, den man im Gebirge trifft, kann
ein Gott sein, jede Kräutersammlerin eine Baumnym-
phe. Tithonos, der unsterbliche Exliebhaber von Eos,
schrillt, noch immer zur Zikade geschrumpft, durch die
griechische Nacht.

Der Held der klassischen Sagen ähnelt verblüffend
dem modernen Erfolgsmenschen. Kein Ideal christli-
cher Nächstenliebe mildert das Recht des Stärkeren. Erfolg um jeden Preis ist das Credo. Da wird betrogen, bestochen, gemeuchelt. Der Schwur ist heilig, doch lachend hebt selbst Gottvater die Hand zum Meineid.

Maßlos wie die Gier nach Erfolg sind auch die Perversionen. Es werden Kinder gebraten, Pasiphae läßt sich vom Stier besteigen, Zeus vergewaltigt Mutter, Schwester und Enkeltochter, Artemis läßt Aktaion von Hunden zerreißen, weil er sie nackt beobachtet hat, Daidalos König Minos aus Rache zu Tode kochen, Kronos kastriert seinen Vater Uranos während des Beischlafs mit ihrer beider Mutter Gaia. Eine haarsträubende Geschichte nach der anderen, aber von solch poetischer Kraft, daß die daraus entstandenen Sinnbilder im deutschen Wortschatz leuchten wie Sterne im Haar der Nacht. Was ist griffiger als Sisyphosarbeit, Achillesferse, Amazone, Tantalosqualen, Musenkuß, Ödipuskomplex oder Panikmache?

Diese Geschichten sind unsterblich. Seit ihrer Wiederentdeckung im Mittelalter (via Ovids Metamorphosen) und in der Renaissance (durch das Aufspüren griechischer Manuskripte durch die Humanisten) erfreuen sie von Generation zu Generation. Medea ist ein Dauerbrenner wie Odysseus oder Amphitryon. Dichtung und Musik in all ihren Gattungen Drama, Oper, Ballett, Film, Musical werden von den Unsterblichen der griechischen Mythologie inspiriert, eine unübersehbare Fülle von Statuen, Reliefs und Bildern führt uns die phantastische Welt der Hellenen vor Augen. Zunächst erfreuten die Trouvaillen nur einen kleinen Kreis von

Kennern und Gelehrten. Doch nach und nach wurden sie einem größeren Publikum bekannt. Besonderes Verdienst für die Verbreitung im deutschen Sprachraum kommt dem Oberstudienrat und Konsistorialrat Gustav Benjamin Schwab zu, der 1838-40 »Die schönsten Sagen des klassischen Altertums« in drei Bänden herausgab.

Schwab komponierte erstmals den Sagenschatz nach verschiedensten Überlieferungen und Quellen zu einer großen Nacherzählung. Ein Werk, das alle seine übrigen Bücher überlebte.

Die gediegene Arbeit hatte nur einen Schönheitsfehler: Der Oberstudienrat schrieb mit pädagogischem Pathos für die Jugend des 19. Jahrhunderts. Unter seinem Biedermeierblick wurden aus den Orgien der Phantasie prüde Gipskopien. Heidnischer Sex and Crime wurden vom gestrengen Konsistorialrat radikal ausgelassen oder so verwässert, daß der ursprüngliche Sinn der Geschichten oft nur zu erahnen blieb. So kommen in seiner Nacherzählung die tollsten Geschichten gar nicht vor oder werden höchstens zart gestreift.

Schwabs Bearbeiter wiederum schliffen so lange an dem studienrätlichen Torso herum, bis die vitalen Mythengestalten oft wie die Trauerschatten des Tartaros daherkommen.

Wollte der moderne Leser eine Lustreise in die unzensierte Welt der griechischen Mythen unternehmen, so mußte er sich durch die dickleibigen Gelehrteneditionen mit ihren Variantenwüsten und Erläuterungsdschungeln kämpfen. Diese Wälzer sind eine Fundgrube (besonders Robert von Ranke-Graves »Griechische Mythologie«) und bringen die Quellen mit feinsinnigen Interpretationen je nach Autor unter historisch-mythischem oder religionswissenschaftlichem Aspekt.

Alle diese scharfsinnigen Untersuchungen fußen auf den Schrift- und Kunstwerken der antiken Kultur. Von den literarischen Quellen sind am wichtigsten die Dichter, voran Homer und Hesiod, dann die Logographen und Mythographen, welche schon im Altertum Mythensammlungen verfaßten. Davon sind allerdings nur zwei vollständig erhalten: Apollodoros in griechischer und Hyginus in lateinischer Sprache.

Aus diesen Quellen habe ich die inspirierendsten Mythen zusammengetragen, sie in eine – soweit möglich – logische Folge gebracht, an die Brust genommen und neu beatmet. Was Schwab und seine Epigonen kastrierten, sollte BEI ZEUS! wieder zu heidnischer Potenz kommen.

Der Stoff ist so robust und voller Leuchtkraft, daß jeder seiner Phantasie entsprechend etwas Neues daraus hervorzuzaubern kann. Wem meine Fassung nicht gefällt, der soll sich nach Lust und Laune seine eigene machen.

»Frech wie Oskar und dabei absolut bibelfest«

(Der evang. Buchberater)

So hat noch keiner das Neue Testament
erzählt: Frech, fromm, fröhlich, frei
erzählt Michael Korth den Text der
Evangelien nach. Und das tut er so
überzeugend, daß das Werk mittlerweile
einen festen Platz im Religions- und
Konfirmandenunterricht gefunden hat.

Michael Korth
Der Junior-Chef
Das Neue Testament lammfromm neu
416 Seiten, Paperback
16,80 DM, 131,– ÖS; 16,80 S
ISBN 3-8218-0097-6